DAVID ALSOBROOK

COMO SER LIVRE DE VOCÊ MESMO

A verdadeira transformação da alma

Alsobrook, David

Como Ser Livre de Você Mesmo / David Alsobrook; [tradução de Dayse Marluce Vieira Fontoura e Cátia Baker]. Curitiba, PR : Editora Atos, 2015.

240 p.

Tradução de: *You Can Be Free From Yourself.*

ISBN: 978-85-7607-157-0

1. Cristianismo. 2. Intimidade com Deus. I. Título

CDD: 212.1

CDU: 231.11

Coordenação Editorial
Manoel Menezes

Capa e projeto gráfico
Leandro Schuques

Primeira edição
Maio de 2015

Atos

www.editoraatos.com.br

Agradecimentos

Este livro é dedicado a todas as almas famintas de todas as eras que em sua ávida busca por encontrar Deus, finalmente se aquietaram interiormente e se deixaram encontrar por Ele. Vocês me ajudaram muito.

Índice

Antes de Começar

O que você tem em mãos é um livro diferente da maioria pelo fato de ter sido escrito em um estado de quietude espiritual. Ele deve ser lido com o mesmo espírito para que você se beneficie ao máximo. Se sua mente quiser lê-lo vorazmente, ignore-a. Em vez disso leia-o devagar sem o objetivo de terminá-lo logo. Pegue uma porção, saboreie-a e depois ingira. Se fizer assim o milagre do qual o livro fala poderá acontecer mais rapidamente em você.

A verdade da transformação de alma é apresentada por todas essas páginas. Não há necessidade de terminá-lo para receber a graça que ele apresenta. Tudo o que é preciso é uma submissão interior à verdade que descobrirá em vários momentos "tcharam" — quando sua mente reconhece uma verdade que seu espírito esperava que você descobrisse. Quando esses momentos acontecerem, ponha o livro de lado e fique silente. Permita que a mensagem penetre mais profundamente em você.

Quando Jesus falava aos Seus discípulos sobre sua iminente crucificação disse-lhes: "Prestai atenção nestas palavras" (Lucas 9:44). Este livro é sobre a sua crucificação, que é o caminho que deve seguir para entrar no Reino de Deus de forma prática. Então, leia-o devagar. Deixe que sua mensagem entre em seus ouvidos. Às vezes vai sentir que deve voltar a uma porção que já leu e relê-la. Quando sentir isso é importante que volte. Ao fazê-lo estará dando espaço em seu interior para seu Auxiliador, o Espírito Santo, para aplicar a verdade necessária a seu coração. O Espírito do Senhor, disse Paulo, é o que nos transforma (2 Coríntios 3:18). Submeta-se a Ele enquanto lê.

Abra mão dos vínculos mentais também e permita que um senso de distanciamento aconteça entre seu espírito e sua mente. É só então que verá seu falso *eu* e o quanto ele o tem impedido, atormentado, molestado e torturado a vida toda com ambição, arrependimento, ansiedade, stress, temor, preocupação, ganância e outras coisas na vida exterior. Quando sentir esse distanciamento entre o verdadeiro *você* e a natureza falsa, deixe que aconteça. Observe as diferentes formas com que sua mente carnal tem atuado por toda sua vida. Esse é o começo de sua dissolução e sua verdadeira liberdade em Cristo. Você está deixando a Luz entrar. A escuridão está desaparecendo.

Boa parte deste livro é repetitiva de propósito. Só há uma tese apontada em suas páginas. Se você deixar que ele lhe aponte a direção certa, sua vida irá sofrer uma metamorfose. Essa metamorfose, ou transformação, é a obra de Deus em sua alma. É a mudança que você tem desejado há muito tempo, mas que até agora não conseguiu receber por causa da influência e do impedimento causado pelo *eu*.

É prudente pedir ao seu Auxiliador, o Espírito Santo, que lhe faça conhecida a verdade do que lê. Peça Sua iluminação sempre que algo "novo" lhe surja ao entendimento. É muito mais importante receber o que lê em seu espírito do que o captar com sua mente.

As referências bíblicas que são mencionadas, mas não transcritas no livro estão lá para sua pesquisa. Pode ser útil lê-las em sua Bíblia, para que observe de onde o pensamento derivou.

David Alsobrook
Nashville, Tennessee

Capítulo 1

O dia em que o EU se dissolveu

Certo dia, há cinco meses eu e meu filho Jordan, que ama diversão e não tem preocupações, jogávamos bilhar no porão. Ele estava me derrotando como sempre, colocando todas as bolas no buraco que escolhesse. De repente me olhou com uma seriedade não característica e disse: "Pai, não acha que está na hora de escrever outro livro?" Respondi: "Por que deveria escrever outro livro? Tenho milhares deles empilhados em um armazém neste momento". Sua solenidade permanecia intocada quando reagiu: "Mas você não tem um livro sobre a grande mudança e toda a purificação que aconteceu a você nestes últimos anos". Senti-me iluminado e disse: "Tudo bem, eu escreverei".

Estava ao lado da mesa de bilhar enquanto Jordan exibia suas tacadas de mestre. De repente me lembrei de uma profecia incrível que me fora entregue alguns meses antes por um notável profeta do Senhor. Silenciosamente observei esta lembrança, propus em meu espírito a obedecer àquela palavra e continuei de pé em profunda paz enquanto o jogo se desenrolava. A partida terminou em poucos minutos. Então anunciei com aquela costumeira voz dos narradores esportivos: "E aí está ele, o vencedor e sempre campeão desta casa: *Jordan Alsobrook*!" Mal sabia meu filho que a cada manhã cedinho, durante meu tempo a sós com Deus, eu vinha recebendo a mesma impressão para escrever um livro.

Naquela manhã específica, eu havia pedido ao Senhor que confirmasse Sua vontade em meu coração. A razão para pedir Sua confirmação sobre Sua vontade para que eu voltasse a escrever é porque eu não tinha nenhum desejo de escrever um novo livro. Para falar a verdade, a paz de Deus era tão firme em meu interior que eu não tinha vontade de *fazer* nada. Estava só aproveitando a vida. Em vez disso a vida, sua essência e existência, fluía em abundância de meu interior. Ao contrário de meus cinquenta anos anteriores de um *fazer* constante, eu passara o último ano simplesmente existindo. A palavra "deliciosa" é a melhor que conheço para descrever essa vida abundante e transbordante na qual se constituía minha vidinha atual.

Eu sabia que a observação estranhamente séria do Jordan era a confirmação que eu pedira a Deus (observações sérias são tão avessas ao que meu filho é!). Então, depois de alinhar minha vontade à do Senhor, como eu sempre fizera, pedi-Lhe na manhã seguinte que me desse desejo de agir em obediência à Sua vontade. Logo comecei a escrever este livro sem anotações prévias, esboços ou premeditação. Este é o primeiro que escrevo em catorze anos e foi escrito em um estado muito diferente que os títulos anteriores. Todas aquelas mais de quarenta obras foram escritas sob muita meditação. Este parecia requerer pouco ou nenhum pensamento enquanto meus dedos se moviam sem esforço no teclado. Este livro foi escrito, em sua forma bruta, em pouco tempo. Não seria muito correto chamá-lo de produto do trabalho, embora a edição exija um considerável trabalho mental e a ajuda de outras pessoas experientes em gramática e revisão. Mas, no final das contas, escrevê-lo pareceu mais uma brincadeira. Então, ele chega às suas mãos com alegria. Deixe que toque seu coração também.

Um encontro inesperado com Deus

Não tinha jeito, pensei: "Deveria escrever um livro sobre isto". Também não havia jeito de eu saber que um encontro divino me esperava durante uma caminhada pela natureza no verão de 2008. Foi quando uma Voz disse: "**Sente naquela pedra**". Era uma pedra grande e achatada que estava a poucos passos da trilha por onde eu andava. Quando obedeci a ordem, uma mudança profunda aconteceu dentro de mim que desmontou aquilo que era falso e que eu chamara de *eu* por muitos e muitos anos. Uma transformação no cerne do meu ser aconteceu lá, sem qualquer esforço meu. Tudo o que foi preciso foi que me sentasse sobre aquela rocha. Naquela manhã o "eu" que eu achava que era "eu" por toda minha vinha foi dissolvido. Então, uma nova identidade emergiu de seu recôndito. O verdadeiro "eu" estivera lá todo o tempo, debaixo de muitas camadas de outras coisas, igualzinho meu guarda-roupas!

A pedra em si não tinha nenhuma virtude especial, assim como a sarça que Moisés viu. Aquela era uma sarça qualquer até que Deus colocou Sua glória sobre ela em um fogo que não a consumia. Assim era aquela pedra. Quando a glória veio sobre ela e o ambiente que a circundava, uma mudança profunda aconteceu dentro de mim. Não aconteceu de forma imediata quando me sentei sobre ela, mas quando fiquei absolutamente tranquilo e silente em meu interior. Não sei por quanto tempo fiquei lá antes que uma luz muito forte brilhasse naquele local. Estava totalmente despreocupado com o tempo, enquanto descansava em tranquilidade interna. Ainda era manhã após aquela transformação, mas o sol se movera consideravelmente pelo céu.

Esperando no Senhor

A quietude era algo que vinha se aprofundando em minha vida ao longo dos dois anos anteriores. Ela havia se aprofundado através do "*esperar no Senhor*". Com isto estou me referindo ao ato de uma oração com foco. Podia ser sobre meus joelhos, sentando em uma cadeira ou prostrado ao chão. Talvez um período dedicado à espera no Senhor envolva uma combinação destas três posições físicas.

Durante este tempo de espera não há preocupação com tempo, problemas, necessidades urgentes ou até mesmo de intercessão pelos outros. **É simplesmente um tempo dedicado a Deus com o objetivo de se ligar a Ele e desfrutar de Seu Ser, Sua Presença.**

A palavra hebraica *qavah*, traduzida como "esperar" no versículo abaixo, significa "enrolar-se com ou entrelaçar-se com". Era usada na antiga cultura judaica para se referir à fabricação de cordas.

Mas os que esperam no Senhor renovarão as forças, subirão com asas como águias; correrão e não se cansarão; caminharão e não se fatigarão. Isaías 40:31

"Esperar no Senhor" vai além do âmbito da operação, compreensão ou entendimento mental. O coração do crente está se ligando a Deus, tornando-se profundamente entrelaçado como se fossem um Ser:

Mas o que se une ao Senhor é um espírito com ele. 1 Coríntios 6:17

Não há nada que eu tenha praticado durante os últimos 40 anos que tenha produzido tanta felicidade, brilho e vida vibrante como a quietude de alma enquanto espero no Senhor. Esta prática Lhe permitiu ligar meu espírito ao Seu. É interessante que a palavra usada em 1 Coríntios 6:17 para "unir" é *kallao* no grego neotestamentário. Ela é usada para descrever a união física do casamento quando o marido e a esposa se tornam uma só carne. *Que lindo que Deus, que é Espírito, queira Se ligar a cada um dos Seus filhos na sua parte mais profunda: o espírito*. Quando espera no Senhor e se torna profundamente íntimo dEle, espírito com Espírito, o crente se torna um com seu Deus.

Ao longo dos anos tenho ouvido as pessoas se referindo a "esperar no Senhor" como separar um tempo no calendário. Este ponto de vista deve ser válido, já que alguns recebem uma direção especial de Deus para que simplesmente deixem o tempo passar. Eu só posso dizer o que essa espera significa para mim. É algo que eu faço todo dia por um extenso período do que é conhecido por "tempo". Não há muita consciência temporal enquanto eu o pratico. A única percepção que há é de uma ligação profunda com Deus, um fortalecimento dessa **união com Ele** dentro da parte mais íntima de mim — meu espírito nascido de novo.

Experiências na juventude

Esperar no Senhor era algo que eu praticava bastante na minha juventude, logo após meu novo nascimento. Lia o Livro de Atos e era visitado por um colega de turma que havia sido "batizado no Espírito Santo". Passei uma noite com ele e recebi o dom mais proveitoso do meu Pai. Nele havia uma capacitação divina para oração. Assim, comecei a esperar no Senhor, orando no Espírito, depois desta experiência capacitadora, muito antes que meu ministério itinerante começasse. Como um jovem evangelista que viajava pelo país e pregava em várias cidades e vilarejos, muitas vezes eu passava extensos períodos em solidão com Deus, esperando nEle e em íntima comunhão. Com frequência, como se dizia naquela época, eu "caía de joelhos orando horas a fio" e entrava em um estado de preciosa consciência de quietude divina. Uma Presença que eu sabia que era Deus vinha e ficava mais forte à medida que eu permanecia diante do Senhor. Parecia-me que Ele enchia a sala onde eu esperava nEle. Naquele tempo, muitas vezes eu me referia a esta prática como "bronzeamento no Senhor" porque eu sentia como se fosse um banho de sol em minha alma. Havia um calor gostoso que queimava em meu peito e abdômen durante esses "bronzeamentos". Minha mente se aquietava e o tema para a reunião daquela noite era impresso pelo Espírito. Depois de um dia a sós com Deus o culto daquela noite seria classificado como "especial" por algumas pessoas que o assistiam.

Mesmo que eu soubesse quão preciosas eram essas reuniões na igreja, ricas da Presença do Senhor, eu não entendia o significado que aquela quietude tinha em minha vida pessoal. É estranho admiti-lo agora, mas *eu nunca percebi a verdadeira natureza espiritual de me abandonar, ficar quieto e permanecer assim por um período de tempo em minha vida diária*, mesmo que eu a tivesse praticado com frequência nos primeiros anos de meu ministério. Olhando em retrospectiva, só posso dizer que era o "eu", o falso, que escondia a importância de "orar em quietude" e permanecer assim até que o Senhor viesse com aquilo que Ele quisesse realizar em meu coração naquele dia. É verdade que eu lia a Palavra, orava e louvava a Deus o dia inteiro, mas isso acontecia em meio a uma porção de coisas que ocorriam ao meu redor em meu escritório. Esperar no Senhor sempre foi importante para mim e eu programava o despertador. Acordava cedo para orar por duas ou três horas, mas minha mente começava a discorrer sobre as coisas que eu precisava cuidar antes da próxima viagem ministerial, e eu acabava por abreviar esse tempo indo me ocupar no escritório.

Meu ministério crescia e com ele as responsabilidades. Com o tempo elas acabaram me dominando. Escrevia livros, fazia programas de rádio e falava em algum lugar quase todas as noites. Minha popularidade bem como as demandas de tempo aumentavam. Eu era jovem, ativo e zeloso "pelo Senhor" e havia tantos que precisavam dEle, e assim eu justificava o tempo cada vez menos frequente de espera no Senhor, bem como minha negligência com minha recém-iniciada família na área de "tempo de qualidade", porque eu tinha coisas "importantes" para fazer *para* Deus. (Ah, *eu*, você é enganador!) Então, mesmo quando estava sozinho no quarto do hotel me preparando para a reunião daquela noite, o meu tempo de oração era sobre a mensagem que estudava, ou pelas necessidades da igreja onde eu falaria. Perdi quase completamente minha quietude interior e me tornei cada vez mais dominado pela minha mente.

Minha alma secou

De vez em quando eu sentia uma sequidão em minha alma. Então, lembrava-me de como costumava esperar no Senhor. Ficava a sós com Deus, esforçava-me para me aquietar e tentava renovar minha profunda conexão com Ele, mas nós nunca ficamos realmente a sós, um com o outro ou juntos como se fôssemos um. Éramos interrompidos por barulhos — não exteriores, mas os da minha mente. Muitas coisas começavam a saltar em minha cabeça e com elas um senso de urgência para que cuidasse delas imediatamente. Mesmo que estivesse fisicamente sozinho e não houvesse ninguém por perto, minha mente estava cheia de barulhos e de pensamentos clamorosos. Assim, eu me levantava do tempo de oração e enfrentava os muitos problemas em meu gabinete.

Embora o ministério prosperasse exteriormente, eu secava em meu interior! Outros ministros a quem eu conhecia estavam igualmente ocupados, continuamente distraídos pelas necessidades das pessoas e pelas outras coisas pelas quais éramos responsáveis. Eu tinha a mesma posição mental que muitos dos meus colegas — que enfrentava essa dor e problemas por Deus e por Sua glória, claro! Na verdade era pelo *eu*, mas eu não conseguia ver isso naquela época. Minha vida espiritual decaía e com o tempo eu falhei com o Senhor, com minha família e com os outros por pecado carnal.

Esse fracasso todo aconteceu nos anos 80. Eu voltei ao ministério itinerante depois de um período de dois anos de restauração. O ministério não era tão grande e não demandava tanto tempo como antes. De alguma forma eu voltei a ter mais tempo de espera no Senhor para aprofundar nossa intimidade. Eu sabia que manter meu "primeiro amor" era de suma importância. Mas a maior parte das vezes em que estava "a sós com Deus" eu orava por uma mensagem para pregar ou ensinar, ou por reuniões com grande unção e muitas vezes por suprimento financeiro. Muito do meu tempo de oração consistia de implorar ao Senhor por isto ou aquilo. Não era puro e imaculado como fora em minha juventude, quando esperava no Senhor só para ficar mais unido a Ele. E até mesmo naquele tempo havia muitos pensamentos sobre o futuro. Isso normalmente me distraía quando eu sentia a Presença de Deus, porque o *eu* não fora crucificado ainda. Hoje tenho ciência de que dos entre os anos 90 até 2005, eu muitas vezes mantinha uma agenda secreta em meus períodos a sós com Deus (escondida para mim, mas não para o Senhor). Era meu desejo de *conseguir algo de Deus* que fosse ajudar o ministério. Não tinha a motivação pura que há hoje — de ser um com Ele.

No final de 2005, voltei para casa de uma viagem ministerial e descobri que fora abandonado pela minha segunda esposa (a primeira se divorciara de mim não muitos anos depois do período de "restauração"). Eu estava ligado mais profundamente à minha segunda esposa do que estivera à primeira. Esta segunda vez não tinha só o propósito de evitar os erros anteriores, mas esta esposa queria viajar e ministrar comigo. Isso era algo que nunca tivera antes e nos permitiu ter tempo de qualidade juntos. Ela não só viajava comigo ministerialmente, mas era ativa nos encontros e desenvolvia seu próprio ministério. À medida que os anos passaram, no entanto, lentamente percebemos que tínhamos grandes diferenças e muita "bagagem" de nossas histórias passadas. Porém eu jamais imaginara que ela me deixaria! Recentemente havíamos renovado nosso compromisso de restaurar a qualidade de nosso casamento diante do Senhor. Fizemos isso em um tempo santo de oração em nossa casa em agosto. Eu estava grato por nosso "novo começo" e fiz os ajustes necessários que achava que iriam ajudar nosso relacionamento.

Sua partida em outubro me chocou e deixou em sofrimento intenso. Um sentimento de fracasso total permeava minha consciência. Tudo isso me deixou em um senso de dor horrível que não passava. Eu estava emocionalmente destroçado e não conseguia ficar diante da congregação para pregar, assim sobrevivi à base de cartões de crédito e orava para morrer. Queria que minha vida terminasse. E no final acabei fazendo terapia e participando de grupos de aconselhamento para recuperação após o divórcio que seguiam 12 passos (veja CelebrateRecovery.com). Com o tempo Deus respondeu todas aquelas orações por morte, mas de uma forma muito diferente do que eu jamais imaginara.

Ao seguir o programa de recuperação e "trabalhar os passos", aconteceu um progresso notável em minha mente e estado emocional geral. Outra coisa que Deus fez foi um aprofundamento em minha vida de oração. A fome de Deus que eu conhecera na minha juventude retornara à minha alma. Na verdade, ela era mais profunda do que naquela época. Não estava mais concentrado no futuro. *Eu chegara ao ponto de querer uma experiência com o Senhor enquanto esperava nEle simplesmente pela alegria de conhecê-lo intimamente.* Achei que meu ministério público estivesse acabado depois de dois divórcios e sinceramente não me preocupava tanto com isso. Sabia que havia ministrado por décadas e viajado por praticamente toda parte. Havia publicado 48 livros que foram traduzidos em muitas línguas e eles estavam lá ministrando a Palavra de Deus às pessoas, mesmo que eu tivesse sido colocado na prateleira. No que tange ao ministério, sabia que tinha entregue minha vida enfrentando adversidades e dificuldades diferentes. O que me preocupava era que eu jamais conhecera a Deus como desejava. Meu ministério havia na verdade interferido no meu relacionamento com Ele, bem como em minhas relações familiares.

Com esta renovação dos preciosos tempos de espera na Presença do Senhor e pela prática dos vários princípios que estava aprendendo nos programas de recuperação, meu sentimento de paz interior começou a crescer. Mais uma vez estava aprendendo a ficar quieto na Presença de Deus. De fato, aprendi como ficar ainda mais silente do que quando era adolescente. O Senhor havia purificado minhas motivações mais profundamente do que quando era uma criança "ardendo por Deus". Esse é o lado positivo do fracasso público. O *eu* perde o poder de seduzi-lo diante dos homens, já que eles se afastaram de você. Perdoa-se sua instabilidade, mas não há mais o desejo de ser estimado por eles. São como relva que murcha ou nuvens que esvanecem.

Antes de me sentar sobre aquela pedra na reserva natural, a quietude havia se aprofundado consideravelmente. Minha vida tinha se tornado "mais controlável" — este era o objetivo dos grupos de recuperação nos quais estava envolvido naquele período. Pessoas que estiveram envolvidas com esses grupos por anos a fio se aproximavam de mim depois das reuniões e me diziam como desejavam ter a paz que percebiam que emanava do meu espírito. E essas eram reuniões das quais eu participava sem dizer uma palavra durante todo o tempo. A paz era evidente.

O Dia em que o "Eu" morreu

Enquanto eu estava sentado sobre aquela pedra orando no Espírito, em pouco tempo não eu não tinha uma atividade mental consciente. Uma quietude muito maior e uma paz mais profunda do que eu jamais tivera veio sobre mim. Algumas percepções chegavam ao meu espírito enquanto eu estava sentado em quietude. Eu tinha um conceito de que havia buscado a Deus muitas vezes e com intensidade em várias épocas da minha vida durante as últimas quatro décadas. Sem que houvesse nenhum processo de pensamento, o Espírito Santo deixou claro que eu nunca tinha buscado ao Senhor; ao contrário, era Ele quem me procurava. Não era Deus a quem eu precisava encontrar. Era a mim que Ele havia procurado e agora achara. Foi quando Ele me encontrou, enquanto eu estava sentado em absoluta quietude interior naquela reserva natural, que eu vim a saber quem sou.

Até esta altura de minha vida o "quem eu sou" sempre viera com um rótulo: "evangelista", "professor", "escritor" — algum tipo de função. Assentado naquele lugar vim a entender quem sou em um nível muito mais profundo. Percebi que quem achara que era todo o tempo era somente uma história na superfície de minha vida, não era minha vida efetivamente! Não era eu — o *eu* real, mas uma história criada que se baseava em qualquer coisa que estivesse fazendo na "parte exterior" da vida. É a esta parte que me refiro como "vida superficial". Você verá esse termo com frequência neste livro.

Quando entendi quem eu sou, também fiquei ciente da realidade da eternidade e a vi como uma Luz brilhante e sobrenatural que brilhava embaixo, através e acima da grama, das folhas e das árvores. Cintilava por todo o ar. O vento tinha vida. A cinzenta rocha sobre a qual me assentara estava luminescente; tudo estava vivo. Um pardal pousou em um pequeno galho do arbusto que se projetava por cima da pedra. Enquanto sua cabecinha se virava de um lado para outro, seus olhos olharam diretamente para os meus, a poucos centímetros de distância. Ele obviamente estava confortável com minha presença. Começou a piar como se estivesse conversando comigo. Nunca antes um pardal estivera tão próximo e tão pessoal para mim. Senti-me ligado a ele de uma forma diferente de todas que já experimentara com animais anteriormente (mais tarde a confirmação de que as pedras tem vida vieram quando eu contemplava Lucas 19:40).

Ele então voou para uma árvore próxima e continuei sentado em minha profunda paz; eu estava unido a toda a vida que me cercava.

Minha mente não estava envolvida em nada disso; era algo muito mais profundo do que a mente. Era meu espírito que captava e desfrutava da VIDA — em sua essência e total extensão. Observei a árvore na qual o pardal pousara. Ela também começou a emanar uma Luz sobrenatural, que brilhava por tudo ao seu redor da mesma forma que a luz emana de uma lâmpada. Irradiava sua vida em forma de Luz. Era um dia de verão ensolarado e iluminado, porém esta Luz era ainda mais brilhante, mais intensa e tinha substância. Estava vibrantemente viva. Então, olhei para a relva, e de cada uma de suas folhas a Luz de Deus brilhava por tudo ao redor (Ezequiel 43:2). O que as tornava luminescentes também. A irradiação resplandecia ao seu redor dando-lhe um contorno perfeito. Cada folha refletia de forma absolutamente maravilhosa.

Fiquei lá, porém não havia uma consciência do "eu" que sempre tivera. Era o *eu real* que vinha de um lugar mais profundo da concha da minha identidade terrena. A liberdade do fardo deste "outro eu" produziu uma sensação de ser um com o Criador e Sua criação. Não havia mais o "eu" — não o *eu* ferido e atribulado. Porém eu estava lá, absorvendo tudo isto.

Felicidade suprema!

Meu relato do que aconteceu naquele lugar pode não fazer muito sentido para sua mente. Ainda não é compreendido ou entendido no meu nível mental, mas seu efeito foi profundo em mim. Era *transformação*. Havia acontecido através da obra de Deus em meu interior enquanto eu estava sentado passivamente em Sua Presença.

Em outras palavras, essa obra de transformação foi toda dEle e não minha. O Espírito Santo foi quem efetuou a mudança em minha alma enquanto colocava em ação os benefícios adquiridos pela Cruz. Se essa transformação ocorrer em sua alma, ela será tão profunda e especial para você, quanto a minha foi para mim. Em palavras não se consegue transmitir o estado de paz que lhe é dado por esta transformação. É tudo graça, tudo amor, tudo paz e tudo vem de Deus.

Essa metamorfose foi uma morte — um ponto final naquele que não era o verdadeiro "eu"! Este outro "eu" me ferira por meio século.

Ele precisava de cuidados constantes, tinha que ser controlado, restringido e sempre me causara dor de uma forma ou outra. A emersão do verdadeiro "eu" que estivera escondido em algum lugar dentro do meu corpo por todos esses anos, só poderia acontecer depois que o falso desaparecesse na Presença de Deus. Ao invés do Senhor curar minhas feridas como orara por anos para que Ele fizesse, Ele matou aquela parte de mim, a parte que sempre fora tão dolorida. Deus respondeu minhas orações que fizera pela morte nos três últimos anos, e eu realmente morri. Então, fez com que o verdadeiro *eu*, que havia nascido em 30 de novembro de 1969, a vir à vida de forma vibrante e *dominante*, de uma forma que eu jamais sentira antes.

A Graça da transformação de alma

Essa guinada de conhecer *quem eu sou* produziu uma mudança profunda. Foi uma metamorfose, nas palavras de Paulo. Foi mais profunda do que qualquer outra coisa que conhecera em mais de 40 anos, depois da experiência do novo nascimento. Na verdade, foi mais evidente, definitiva e gratificante do que fora a de ter nascido de novo. Embora eu tivesse experimentado Deus de forma real ao longo desse tempo, essa mudança fundamental tornou os toques divinos anteriores, por mais preciosos que fossem, menores em significância. A transformação permanente que foi vivida em silêncio fez a metamorfose tão vívida para mim, quanto a de uma borboleta saindo de seu casulo. O animalzinho não está mais preso na escuridão do interior de um casulo apertado. É livre para voar na luz. Eu também sou, agora.

Esta mudança profunda não é só para algumas pessoas — *a obra divina da dissolução do eu está disponível para crentes de toda parte*. Ela também não é nova; ocorreu nas vidas de muitos cristãos ao longo dos milênios. As "muitas pessoas" que foram transformadas nos séculos passados formaram na verdade um número reduzido durante qualquer período de tempo, de acordo com os registros da história da Igreja. Recentemente o Senhor tem falado que "uma transformação repentina e radical" está para acontecer "numa escala mundial nas vidas de muitos" de Seus seguidores.

Todos os que vivem uma vida de derrota, frustração, confusão e dor interior, assim como eu vivi por muitos anos, estão para despertar e nunca mais serem os mesmos. O Senhor não irá curar a parte deles que está ferida, mas irá removê-la completamente, matá-la na essência. Então, aquela parte que já foi renovada no novo nascimento (o espírito) poderá florescer sem nenhum impedimento por qualquer coisa na alma. Se você chegou a um ponto em sua vida cristã em que gostaria de morrer e ir para o céu, essa mensagem é boa-nova para seus ouvidos. Se estiver em um ponto de sua caminhada em que está animado sobre todas as coisas boas que está fazendo para Deus ou irá fazer por Ele, essa mensagem não significará muito para você. Esse tipo de cristão não está pronto para a transformação porque está cheio pelo "eu". É só quando estiver cansado do "eu", quando estiver muito desiludido por ele e chegar no seu limite que estará pronto para essa mensagem. Você também pode colocar esse livro em sua estante, mas, por favor, não o descarte. Pegue-o novamente daqui a alguns anos, depois que o "eu" tiver exaurido você. Quando estiver se sentindo infeliz como consequência de permitir que o *eu* governe sua vida, aí é que estará pronto para ler este livro.

Mudanças produzidas pela transformação da alma

A alma do crente, depois de transformada por uma mudança radical, não luta mais contra seu espírito. Em vez disso, retoma sua função original de serva dele. Torna-se o veículo através do qual ele expressa Cristo no corpo deste crente (ações e palavras). A alma não é mais antagônica como antes, tendo pensamentos contrários ao espírito e até lutando contra ele. A paz enche todo o indivíduo e até seu corpo dorme melhor. A parte física vive em harmonia como parte do ser total e o crente sente a unidade em si mesmo. Não está mais dividido. Nas palavras de Jesus: "Estás curado" (João 5:14).

Foi isso que aconteceu comigo. E isso é duradouro. É real. É transformador. É obra de Deus. Já que minha alma está perpetuamente renovada não há perturbações nela agora. Parece que "tudo é novo" que é exatamente o que Jesus nos prometeu quando Ele se sentou sobre a Sua "rocha".

"O que estava assentado no trono disse: Eis que faço novas todas as coisas. E disse-me: Escreve, porque estas palavras são fiéis e verdadeiras." Apocalipse 21:5.

Toda criação será transformada

Nas eras porvir, Cristo, o Rei, irá refazer a terra, o universo e até o Céu. As Escrituras nos dizem que os céus serão enrolados, todos os planetas desaparecerão e alguns serão refeitos (para ter algumas referências leia Salmo 102:25-27; 2 Pedro 3:10; Apocalipse 21:1). Se o Senhor irá recriar ou reformar tudo no universo material, você acha que Ele não pode transformar você? Aquele que um dia irá incendiar todas as obras deste planeta é capaz de queimar a palha que há em você. Se Ele criará novos céus e nova terra, você não consegue imaginá-Lo criando uma nova pessoa em você? Não é isso que você tem desejado?

Seus problemas são gigantescos? Ele também é. Você luta há anos e Ele ainda tem o que transformar em você? Você ainda está vivo.

Eu lutei interiormente por décadas. Nada parecia realmente me ajudar. A metamorfose pode acontecer repentinamente. Se você ama ao Senhor, mas não entende porque Ele não respondeu as orações do seu coração para que o transforme, anime-se! Você é um dos "muitos" a quem Ele se referiu quando falou de uma "transformação repentina e radical" que acontecerá nas vidas de muitos crentes no mundo todo.

Em última análise o que aconteceu a mim, foi algo simples que o Senhor me pedira — que sentasse em uma pedra. Sou um cara que gosta de sentar-se em bancos, e havia um próximo à margem do lago. Já me sentara lá algumas vezes e observara a natureza em oração. Sim, havia esta lembrança naquela trilha. Eu olhei 25 metros adiante e lá estava aquele banco familiar. Não havia ninguém perto dele. Mais próxima à trilha estava aquela pedra grande e escarpada. Lembro o que minha mente disse: "Por que Deus lhe diz para sentar-se sobre aquela pedra quando há aquele banco confortável ali?"

Na verdade eu era assim tão guiado pela minha mente até aquele ponto de minha vida. Mas naquele dia eu não gritei aquele "Por quê?". Obedeci.

Será uma coisa simples que Deus lhe pedirá que terá enorme efeito transformador em sua vida também. Jesus nunca foi complicado em Seu trato com as pessoas, especialmente os doentes como nós. Jamais disse mais que umas poucas palavras a todos o que curou. Eram palavras simples, por exemplo, como "toma teu leito e anda" para um paralítico, ou "estenda sua mão" para um homem que tinha a mão atrofiada. Todas as pessoas a quem deu essas ordens simples poderia ter discutido com Ele. Afinal o Senhor pedira que fizessem algo impossível! Mas, como desejaram obedecer ao que Ele lhes ordenara que fizessem, eles conseguiram obedecer. Foram curados por causa de sua disposição de cumprir Seu mandamento. Da mesma forma Jesus me ordenou: "Sente-se naquela pedra".

Eu me contorci um pouco sobre aquela rocha dura e pontiaguda na tentativa de ficar confortável. Mas interiormente nunca resisti à Sua vontade de que me sentasse lá. Não era o melhor lugar para ficar naquela reserva natural, mas era o melhor para mim já que fora o que Ele me ordenara. Sentei-me, contorci-me um pouco, e então fiquei quieto. Ele fez todo o resto. O que Deus me pedira não era difícil, algo grandioso ou até mesmo importante como as pessoas podem imaginar. No entanto, a obediência era necessária. E eu obedeci. O resto Ele fez.

Este livro não chega às suas mãos por coincidência, mas há um propósito nisto. Você também terá um encontro inesperado com Deus.

Capítulo 2

O que é quietude?

Aquietai-vos e sabei

Meses antes da transformação que tinha acontecido quando eu obedeci Sua ordem e me sentei naquela pedra, eu tinha uma impressão recorrente em meu coração: "Aquietai-vos e sabei que eu sou Deus..." (Salmo 46:10). Intuitivamente sentia que esta era a missão do Senhor para mim. Assim comecei a praticar a quietude e a permanecer diante de Deus em minha casa (1 Crônicas 16:17). A Nova Versão Internacional diz: "**Parem de lutar! Saibam que eu sou Deus!**" Eu, então, sabia que tinha que "parar de lutar" contra as coisas da minha vida que me perturbavam — contas não pagas, ausência de agenda para viagens e outros pensamentos importunos. Sabia que "parar de lutar" significava que eu teria que deixá-los como estavam. Também sabia que tinha que "aquietar-me" e não funcionar mais como o multi tarefa sempre ocupado que eu fora por décadas. E sabia que tinha que "saber que Ele é Deus" de forma mais profunda... conhecer o Senhor como meu Tudo — meu Provedor, que me ama, meu Rei, meu Tudo (Colossenses, 3:11).

Um especialista em hebraico traduziu este versículo da seguinte forma: "Abra mão, pare de lutar, relaxe e você saberá que eu sou Deus..." (Não me recordo de onde li ou ouvi isto, mas lembro de tê-lo visto em algum lugar). O conceito de "abrir mão" das coisas e ficar quieto diante do caos que acontecia na superfície de minha vida era exatamente o contrário do que minha mente me dizia para fazer. Minha mente (e outros cristãos) me dizia que eu estava "consertado" e que era hora de me ocupar. "Preciso ir para a estrada. Preciso me ocupar e pagar minhas contas". Este tipo de pensamento, de se ocupar novamente, girava sem parar em minha cabeça. Se eu o tivesse ouvido e me ocupado com a parte mais superficial da minha vida, eu teria perdido a maior bênção que já tive em minha vida cristã. O Senhor, ao contrário de minha mente e de meus amigos, me dizia o oposto — eu devia "abrir mão, parar de lutar e relaxar" — sobre tudo o que se relacionasse à minha vida exterior.

"Abrir mão" era algo muito estranho a mim quando o Senhor o colocou em meu coração em janeiro de 2008. Meus amigos na igreja perguntavam: "David, você já está enchendo sua agenda?" Eles podiam testemunhar que o Senhor fizera uma grande obra em mim, mas não sabiam, nem eu sabia, que a uma obra mais profunda ainda estava por vir. Não sabiam que o Senhor me dizia que Ele queria que eu abrisse mão de tudo o que precisava ser feito, para que eu relaxasse nEle e "contemplasse a formosura do Senhor" (Salmo 27:4). Intuitivamente eu sentia que devia simplesmente permanecer em confiança calma em Deus e não me apoiar em um entendimento que não era confiável. Percebi como meus amigos na igreja olhavam para mim com desconfiança quando compartilhei o que o Senhor tinha colocado em meu coração, então parei de falar sobre este assunto.

A maioria das pessoas que me conheceram durante as décadas de meu ministério me achava bastante consagrado ao Senhor (apesar de minha confissão pública de fracasso nos anos 80). Era dessa forma que "eu" me avaliava nos anos anteriores — o "eu" fizera um bom trabalho em mim. Desde a adolescência sempre me vi como um "cristão profundamente comprometido" e que estava "rendido ao Senhor". No entanto, a verdade era que eu não era nem de perto tão "rendido" quanto meu "eu" me dizia que era!

Havia em meu coração muita teimosia e grandes traços de carnalidade durante aqueles anos. Eu variava entre o compassivo e o crítico, na mesma hora e às vezes com a mesma pessoa. Podia tagarelar versículos bíblicos como um gravador (e tinha orgulho que conseguisse, também). Por várias vezes, desde os anos 70, muitos me diziam que eu tinha uma atitude "melhor que a dos outros". Eu era "mais espiritual" que meus irmãos crentes — ou, achava que era. As pessoas vinham a mim dizendo coisas do tipo: "nunca ouvi um professor de Bíblia tão profundo. Seus livros me ajudaram muito. Para uma pessoa que sabe tanta coisa você é excepcionalmente humilde". O problema com suas declarações bem intencionadas era que eu acreditava nelas. Tinha orgulho pelo fato de que embora eu fosse tão bem dotado por Deus, ainda permanecia muito humilde!

No começo de 2008, respondi a impressão repetitiva que recebia do Senhor para "me aquietar e saber que Ele é Deus". Renovei meu compromisso com o "esperar no Senhor" em longos períodos diários de oração e ficava sozinho em silêncio sempre que sentia a Presença de Cristo em meu coração. Eu experimentara muito sofrimento em minha infância — vieram de um pedófilo e de outros abusos traumáticos que me deixaram com um sentimento de que era muito defeituoso ou que tinha sido prejudicado de forma irreparável. Como adulto experimentara dores profundas causadas por meu fracasso e pelo de outras pessoas. Os dois casamentos faliram, causando-me um trauma que nem mesmo muito aconselhamento, grupos terapêuticos de 12 passos, ou visitas a cultos especiais haviam curado. Tudo isso ajudara, mas havia algo profundamente machucado dentro de mim que só Deus podia curar. Estava em um ponto em que desejava devotar longos períodos de tempo esperando no Senhor e ficando absolutamente quieto. Finalmente fiquei disposto a ter força de vontade — queria fazer qualquer coisa que Ele me pedisse sem manter uma agenda escondida.

Observando a mente de fora da mente

Logo esse tempo de espera no Senhor se tornou "precioso" à minha alma. Com eles recuperei o calor e ocasionalmente uma profunda Presença de Deus. Durante esses períodos o Salmo 46:10 se repetiria sem parar em meu espírito, como se fosse um vento gentil sussurrando: "Aquiete-se e saiba... aquiete-se e saiba que sou Deus... aquiete-se e saiba... aquiete-se e saiba que sou Deus". Foi durante essa quietude que algo novo começou a acontecer dentro de mim: comecei a observar meus processos de pensamento como se estivesse fora de mim. Não mais os identificava como provenientes da minha parte mais profunda, meu espírito, mas entendi que eram produto da minha alma (mente).

Percebi como minha mente havia atuado como um brutal tirano por toda minha vida. Foi durante meu "tempo em silêncio" com o Senhor a cada dia, na primeira metade de 2008 que tive outra experiência. De repente me via fora de minha mente, olhando para ela de um lugar ainda mais íntimo — meu espírito. Esse foi um exercício libertador já que me dava a oportunidade de ver como minha mente funcionara todo esse tempo. Não funcionava bem. E era isso que eu achava, havia confiado nela, me apoiado nela e buscado resolver problemas usando-a! Esse exercício não era só libertador porque me permitia vê-la do lado de fora, mas também porque sabia que quando estava fora de minha mente, ainda era eu mesmo, mas não o "eu" que existia em minha cabeça. Um novo amanhecer veio sobre meu entendimento e percebi que havia dois "eus" — um real e um fabricado. Esse último era o que se dissolveu enquanto eu estava assentado sobre aquela pedra em completo silêncio interior.

Fiquei ciente através dessa quietude crescente, de que por toda minha vida a minha mente sempre focara somente no presente. Sempre havia a pressão das coisas que precisava realizar. Também me ocupara muito com o passado e o futuro. Sessenta a setenta por cento de minha mente estava em um ou outro período de tempo, durante o curso de um dia, mesmo que estivesse concentrado na tarefa que realizava no momento. Sei que parece estranho, mas era assim que eu funcionava.

Observar seus pensamentos é uma chave importante para destravar a consciência de que você e de quem não é. Isso vai ser discutido mais tarde, mas todos temos um sentimento falso de quem somos. Isso é consequência direta da queda do homem. O impostor que há dentro de nós é chamado de formas diferentes no Novo Testamento. Neste livro usamos a palavra "eu" para descrever a identidade que enganosamente chamamos de "nós". Em outras palavras, o "eu" é quem você acha que é, mas não quem realmente é.

Essa observação da mente veio a ser uma função nova para meu espírito que despertava. Era uma graça especial de Deus me capacitando a ver o que se passava dentro de mim e me deu uma grande oportunidade de reconhecer fortalezas mentais na forma de padrões de pensamento. Foi só durante a quietude profunda que comecei a perceber esses padrões que permaneciam enterrados em minha mente por quase toda minha vida. O Senhor me mostrava como ela atuava para que eu pudesse ver a operação do *eu* em mim. Algo no meu íntimo me garantia que Ele podia me libertar desse tirano interior. Enquanto esperava no Senhor, Ele deixou claro que não podia me permitir distrair por qualquer pensamento que se aproximasse e implorasse atenção. Sabia lá no fundo do meu espírito que Deus queria que eu desse atenção total à questão da observação da mente para ver como ela trabalhava, sempre que Ele me influenciasse a fazê-lo.

O silêncio aumenta a presença de Deus

Durante os períodos diários de espera no Senhor, a mente normalmente se rebelava. Isso é devido ao que Paulo chama de "mente carnal", mas com o tempo ela se aquietava e eu esperava me concentrando em Cristo. Durante essa quietude periódica outra coisa começou a acontecer. Tinha a sensação de que meu "eu" encolhia. Na verdade, pelo fato de viver mais no espírito durante a quietude, comecei a ver que eu era bem pequeno, minúsculo como um bebê. Como Davi fizera um dia eu estava "calando minha alma dentro em mim" como "uma criança desmamada para com sua mãe" (Salmo 131:2). Não somente eu era pequeno, meus problemas e preocupações também eram. Era uma criatura minúscula, não maior que um bebê, mas meu Pai era enorme! À medida que eu diminuía, Ele crescia (era assim que me sentia durante o processo. Deus não mudou de forma alguma. Foi minha compreensão dEle que se ampliou).

Um dia, enquanto essa doce imagem mental — minha pequenez e Sua grandeza — meu espírito (através da união dele com o Espírito Santo) se levantou em mim, me cercou e se expandiu para fora através de mim. A Presença de Deus me envolvia de uma forma que jamais conhecera. Essa expansão de Sua Presença ficou não só em mim, mas também na minha casa, onde ocorrera o fato. As pessoas que apareciam lá diziam: "Amo sua casa. Parece tão calmo aqui. Por que esse lugar é tão gostoso?" Minha casa é bem comum e precisa de alguns consertos. Não havia nada no lugar físico que fizesse com que as pessoas se sentissem mais calmas quando me visitavam. O que acontecia era que Deus havia fixado residência em meu lar depois que meu coração clamara por mais dEle através dos períodos de quietude e espera.

Uma jovem, cuja vida fora totalmente transformada por nosso Senhor, morou em minha casa por um tempo, sob ordem divina. Stephana veio para meu lar profundamente machucada, uma jovem sofrida que passara por anos de abuso sexual por seu padrasto durante a infância, e por outros anos de abuso em um orfanato. Dia desses ela me ligou do seminário e disse: "Tenho saudades de sua casa, David. Tudo aqui na escola é legal, mas seu lar é tão doce. É uma incubadora para a minha alma". Veio morar comigo como uma lésbica rebelde, que odiava tudo e muito ferida. Hoje é uma grata filha de Deus que compartilha de Cristo com os outros ousadamente.

As pessoas podem ser tocadas pela presença curadora de Deus quando estão em uma área geográfica onde Ele pode se mover à medida que Seus filhos se rendem à Sua vontade. Há uma Presença radiante do Rei sendo derramada do coração em que ele domina. Seu Reino está sempre em expansão (Isaías 9:6, 7).

Outro benefício que esperar no Senhor produziu foi uma adoração mais profunda. Durante os períodos de quietude aprendi o que o salmista queria dizer quando afirmava que o silêncio é louvor para Deus (Salmo 65:1 – *The Message Bible*).

A adoração mais profunda acontece durante a adoração silente a nosso amado Senhor. Durante esse tempo você como que se perde em Deus e é liberto dos cuidados desta vida. Fica mais leve por dentro, menos pesaroso e menos preso à mente. Fica mais "fora de si mesmo", por assim dizer. Em grego Paulo chama isso de "enlouquecer" (2 Coríntios 5:13).

Enlouquecendo

Paulo experimentou períodos de "enlouquecimento" quando era "para Deus". Isso com certeza se refere a seu tempo a sós com o Senhor quando sentia que estava ao seu próprio lado. Essa é uma linda experiência libertadora que espera por você também. É quando fica "enlouquecido" que se vê a si mesmo. Vê como o falso *eu* em você confunde sua mente e a leva a ficar fora de ordem.

Foi durante esses períodos de silêncio que vim a conhecer o quanto minha mente tinha se tornado desorientada, desordenada e disfuncional por causa de anos de mau uso. Um dia, foi uma grande surpresa quando percebi que o que eu tomava como uma atividade mental "normal" era na verdade bem anormal. Eu sofria de deficiência nos processos de pensamento em um nível maior do que havia reconhecido. "Diante de ti puseste nossas iniquidades [que gostaríamos de ocultar até de nós mesmos], e nossos pecados ocultos, à luz [reveladora] do teu rosto" (Salmo 90:8). Minhas orações se tornaram rogos a Deus por cura dos meus problemas de pensamento, da confusão mental, da distração e da falta de foco.

Agora entendo que Deus estava me mostrando meu verdadeiro estado de mente através da prática do silêncio em Sua Presença para que Ele pudesse me separar do meu falso sentimento do *eu*. Isso é em parte o que Jesus quis dizer quando disse a Seus discípulos que eles precisavam se negar (vamos estudar Suas instruções em Mateus 16 mais tarde no capítulo 8).

Durante este período em que esperava pelo Senhor cedo de manhã até que percebesse Sua libertação para continuar com meu dia, vários livros começaram a misteriosamente vir parar em minhas mãos. Haviam sido escritos séculos antes e eram escritos por santos ou a respeito deles: Teresa de Ávila, Francisco de Assis, Madame Guyon, Thomas a' Kempis e outros. Todos eles haviam praticado a arte do silêncio interno e externo e atribuíam a este estado seu grande crescimento espiritual. George Fox e todo o movimento Quaker tinham experiência em esperar no Senhor em Sua quietude, assim como eu descobrira. Foi durante essa espera que Fox teve sua "luz interna" que lhe trouxe a percepção de Cristo e que experimentou uma mudança profunda em sua alma. Eu me beneficiei muito da leitura daqueles livros que nosso Pai Celestial jogara em meu colo.

O Passado e o futuro são inatingíveis

Como foi mencionado anteriormente, nesse tempo eu estava envolvido com um programa de 12 passos e em aconselhamentos para recuperação de divórcio. Enquanto ouvia a várias pessoas nestes grupos compartilharem suas experiências, ficava em silêncio e observava seus padrões de atividade mental. Eles, assim como eu, não estavam só surpresos com o que estava acontecendo em sua vida presente, mas também estavam continuamente focados no passado ou no futuro. Durante o tempo em que alguém estava compartilhando com o grupo eu ouvia e contava as vezes em um período de três a cinco minutos em que ele saltava do passado para o futuro, para o presente, para o futuro, para o passado, para o presente, para o futuro. Normalmente era uma dúzia ou mais de vezes, algumas vezes eram umas doze mudanças de "fuso horário" durante sua fala. Percebi que todos nós parecíamos compartilhar uma crença não declarada de que esses conceitos mentais de tempo são reais, e que eles realmente existem em algum lugar.

Durante o tempo em que praticava o silêncio tornei-me totalmente consciente de que tanto o passado quanto o futuro não existem. São fusos horários ilusórios. O presente é um único tempo que existe. Essa percepção foi impressionante para mim, especialmente enquanto esclarecia meu entendimento de quanto do meu pensamento era dedicado a duas coisas que nem sequer são reais. Eu havia tentado viver nos três fusos horários de uma só vez, e dois deles são inexistentes!

Ao longo dos anos eu havia desperdiçado incontáveis horas me preocupando com o futuro e com coisas que podiam ou não acontecer. Continuamente formava diferentes cenários de "e se" em minha mente, como um círculo infinito. Normalmente repassava todas as contingências possíveis que podiam acontecer durante um evento futuro, e quando ele acabava sendo totalmente diferente do que previra, eu ficava cego pela insanidade à qual minha mente estivera desnecessariamente presa por horas.

Gastara horas incontáveis me arrependendo de coisas do passado. Várias vezes dirigi por horas indo ou voltando de uma reunião na igreja aliviando acontecimentos dolorosos do passado. Desejava poder voltar no tempo e mudar o que eu ou outras pessoas haviam dito ou feito. Mesmo que conscientemente soubesse de que a viagem no tempo era impossível, inconscientemente escolhia permanecer no passado remediando os mesmos acontecimentos desagradáveis. Todos os anos em que fiquei perdido em pensamento também estava desconectado da realidade e do que acontecia no presente. As pessoas me pegavam sonhando acordado ou divagando enquanto conversava com elas. Alguns até perguntavam: "David, o que eu estou dizendo está te entediando? Você parece desinteressado". Eu me desculpava e me concentrava novamente, todo o tempo lamentando por ter me desviado de ter ouvido de verdade à outra pessoa. Como consequência disso eu lhes fazia sentir desvalorizadas. No dia seguinte iria me sentar em meu quarto de hotel pensando em como fizera com que a pessoa sentisse que eu não me preocupava com ela, e me punia por me permitir a distrações mentais.

Comecei a entender no meu íntimo durante essa quietude diária que não tinha só desperdiçado energia mental e feito com que os outros se sentissem menos importantes do que realmente eram, mas que também havia esgotado a energia física. O sentimento do futuro criava ansiedade em mim, como um momento propulsor de incerteza que me forçava de dentro e causava desconforto físico. Sentia como se precisasse ir a algum lugar, mas onde? Isso me fazia ficar ansioso em ponderar os "e se" do que podia vir a acontecer neste lugar ou naquela situação. Durante meu primeiro casamento, minha esposa muitas vezes reclamava de que nunca conseguia sentar quieto e ficar ali. Parecia-lhe que havia uma agitação dentro de mim todo o tempo. Décadas mais tarde percebi que ela estava certa.

O que sentia em relação ao passado era diferente do sentimento causado pelo futuro, mas não menos doloroso. Na verdade, em meu caso, pensar sobre ele era muito mais sofrido. Havia memórias doídas de coisas negativas que foram causadas por outras pessoas a quem eu lutava para perdoar e liberar, bem como memórias penosas de coisas erradas que eu havia feito. Essas eram coisas pelas quais já havia confessado e me arrependido sinceramente, mas que ainda me causavam um sofrimento prolongado que nunca me deixara completamente. Às vezes a dor se acalmava em parte, mas sempre voltava com um sentimento de vingança. O passado me sobrecarregava com dor e desespero, um sentimento urgente de desesperança e um profundo sentimento de perda. Isso gerava dores na boca do estômago. Eram oportunidades perdidas para sempre, eram erros passados que jamais podiam ser desfeitos. Esses sentimentos de perda às vezes produziam um senso de que estava caindo em um poço sem fundo, caindo mais e mais, e um pouco mais ainda.

Que jeito torturante e agonizante de viver! Como era diferente da vida de Jesus e daquela pela qual Ele morreu para nos dar. Conscientizei-me de que podia ser mais parecido com Ele se me tornasse quieto dentro de minha mente.

Praticando o aquietar-se com a ajuda de Deus

Passei quantidades de tempo considerável a sós com Deus diariamente, desfrutando da liberdade que vinha com a prática da quietude interior. Aquietar se constitui basicamente de assistir sua mente enquanto se alegra com Sua Presença, e permite que seus pensamentos corram soltos. À medida que eles se levantavam e eram ignorados, eles desapareciam. Os pensamentos da mente carnal só se desenvolvem se você der atenção a eles. Se escolher permanecer focado em Deus eles se desfazem.

A quietude mental é mais difícil de aprender quando você não está em oração profunda ou esperando no Senhor. Com um pouco de prática, porém, ela se torna uma arte adquirida, como o andar, dirigir ou andar de bicicleta. Só assim, com a ajuda de seu Auxiliador, o Espírito Santo, sua fraqueza mental será fortalecida (Romanos 8:26). Uma das razões porque o Espírito de Deus foi-nos concedido é para produzir em nós um "espírito forte" (2 Timóteo 1:7). Ele o ajudará a permanecer livre em sua mente até mesmo em meio aos dias corridos, enquanto você aprende a se submeter às Suas gentis sugestões. Com a ajuda dEle você se tornará habilidoso na arte de pensar somente quando necessário. E essa habilidade lhe dará uma liberdade gloriosa. Uma vez que você prove dela irá praticar essa arte todo dia. **Não vai ter que pensar o tempo todo!** É claro que falar isso para as pessoas do mundo irá produzir observações de que você enlouqueceu e outros comentários depreciativos.

Jesus nos alertou a sermos "prudentes como as serpentes e símplices como as pombas" (Mateus 10:16), então você não precisa compartilhar sua habilidade de não pensar com os outros.

A diferença entre você e uma pessoa com desafios mentais é que ela pode não ser capaz de pensar de forma convincente. Você escolhe não pensar. A luz e a doçura entram em sua vida interior sempre que escolhe não pensar e descobre que consegue ser "não pensante". Ou, se escolher pensar, consegue escolher pensar só sobre coisas que são puras, amáveis, virtuosas e nobres (Filipenses 4:8). Eventualmente os mundanos são atraídos aos cidadãos do Céu quando nós conseguimos nos manter "sem pensar" em nossas vidas diárias por causa da abundância de paz que desfrutamos (Salmos 37:11, 72:7, Efésios 2:6). Nossa serenidade é nossa sanidade mental.

Só a título de diversão, tire um dia para procurar todos os versículos do Novo Testamento em que a palavra "pensar" aparece. Perceba como na esmagadora maioria deles ela aparece em um cenário negativo. É como se Deus estivesse dizendo que é melhor não "pensar" na maioria do tempo. Isto é especialmente verdadeiro se a única mente que você tem é a carnal.

A arte da quietude interior é uma arte à qual a mente carnal resiste já que ela prevalece só durante a atividade mental contínua, criando um barulho interno ininterrupto, até durante o sono. A mente carnal, a parte pensante de uma alma não transformada, vê o silêncio mental como tão perigoso quanto andar em uma corda bamba sem a rede de segurança. Ela fará todo o possível para distraí-lo do silêncio, pois sabe que não está mais administrando sua vida continuamente como fazia em anos anteriores. Lembre-se sempre de que ela é a parte pensante do parasita do *eu* que existe em você. Quando este "eu" for exterminado pelo poder de Deus, a mente carnal irá desaparecer com ele. E em seu lugar haverá a mente espiritual cheia de "vida e paz" (Romanos 8:6).

O "eu" não é o que você verdadeiramente já é, mas ainda precisa perceber isso. É uma entidade estranha, um invasor que vem do sistema mundano sob a influência de seu deus, governante ou príncipe — Satanás (João 14:30). Sua parte pensante é a mente carnal. Ela irá lhe dizer que você perderá sua mente natural se não a usar continuamente, quando a verdade é, na realidade, o oposto. Algumas vezes sua mente carnal vencerá, e como alguém que acorda do sono, você de repente vai perceber que está se preocupando inconscientemente com um problema durante a última hora. Não se preocupe quando isso acontecer, pois isso ocorrerá antes que sua transformação total seja realizada. Seja bom com você mesmo quando ela assumir o controle durante seu dia de trabalho, ou quando um problema aconteça em sua família e você temporariamente se volte a ela.

Peça a seu Pai que o perdoe já que você não sabia o que estava fazendo naquele momento (Lucas 23:34). Então, agradeça-O porque o Espírito Santo o chacoalhou gentilmente para acordá-lo. Saiba que enquanto continuar passando um tempo de qualidade a sós com Deus a cada dia, estará lenta, mas certamente recebendo mais da graça divina durante seu tempo de silêncio. Sua graça com o tempo irá transformar completamente sua alma e ela será renovada, ou "feita novamente" como a de Adão antes da Queda.

A quietude se torna tão natural quanto respirar

Depois de um tempo a quietude se torna uma segunda natureza, como respirar ou comer. E assim como o respirar, torna-se quase involuntária e permanente. O pensamento contínuo e sem objetivo diminui não importa onde você esteja — mesmo em uma sala lotada e barulhenta. Pode estar em um aeroporto cheio, correndo para pegar um avião e ainda estará interiormente totalmente calmo e pacífico. Ao se aproximar do portão de embarque não há pânico, só paz, enquanto observa a porta fechada. Você perdeu o voo e começa a rir. É engraçado, afinal. O que isso vai significar em seu leito de morte? A atendente do balcão vai esperar que você esbraveje e faça um estardalhaço como todos os outros passageiros estão fazendo. Em vez disso você afirma calmamente que chegou a tempo, mas que devido à mudança de portão na última hora você não conseguiu pegar o avião. Sua paz a acalma. Sem se aperceber do tratamento especial que está lhe dispensando, ele o coloca no próximo avião na primeira classe sem nenhuma cobrança extra. Os outros vão de ônibus.

Quando está em um lugar de natureza, também se aquieta. Pessoalmente acho que é por isso que Jesus nos exortou a considerar os lírios e os pássaros. A observação da criação divina tem um jeito quase imediato de aquietar uma mente cheia. Quando eu era criança, às vezes eu dormia ao lado da cama de meu pai. Ouvir sua respiração tinha sempre um efeito calmante para mim e me tranquilizava de uma forma mais profunda do que minha mente jamais compreendeu. Você pode ouvir sua própria respiração e se acalmar por dentro.

A quietude com o tempo se torna um estado interno através do qual você vê a vida externa. Observar a vida se desenrolar é fácil porque ela sempre acontece somente no presente. Nunca acontece no passado onde não se pode viver ou no futuro desconhecido. Ela sempre acontece só neste momento. Enquanto eu ficava mais centrado no momento presente, o futuro e o passado começaram a afrouxar seu controle sobre mim. Os conceitos de "passado" e "futuro" são realidades só na mente carnal. Não existem em nenhum outro lugar.

Ficar centrado "neste momento" era ênfase principal de todos os grupos de recuperação aos quais frequentei naquele tempo, juntamente com longos períodos de oração e espera no Senhor. As palavras de Paulo "eis agora o tempo aceitável" (2 Coríntios 6:2) acabou sendo um credo para mim. O agora se tornou o único tempo aceitável para mim, também. Hoje não preciso mais do passado ou do futuro a não ser para propósitos práticos. Refiro-me ao passado principalmente para ajudar os outros, e faço planos para eventos futuros como a vida superficial exige. Mas com relação aos conceitos mentais, tanto um quanto outro são tão reais para mim quanto o Papai Noel e nem de perto são tão alegres.

Minha saúde, estado mental e emoções haviam experimentado muita coisa do que é conhecido como "recuperação" através de "trabalhar o programa" de 12 passos. A vida tinha se tornado "mais manejável" como é dito nestes grupos. Eu estava grato pelo bem que acontecia dentro de mim. Mas isso era só uma preparação para o que vinha adiante — a transformação total da alma. Posso lhes dizer que hoje não vivo em dor emocional ou em negatividade em meu corpo. Também aprendi com o próprio Deus que esta é a Sua vontade para todos os Seus filhos. Você pode experimentar essa graça transformadora em sua alma também, viver livre de dores e centrado em Cristo. Não mais terá que lidar com o passado e o futuro uma vez que aprenda como permanecer na Vinha (João 15:1-6). Assim como qualquer árvore na natureza, a "árvore da justiça" existe apenas na quietude da Presença de Deus (Isaías 61:3). Como elas, também nos enraizamos nEle e somos estáveis e frutíferos. Uma árvore não tem senso de passado e nem medo do futuro. Simplesmente existe em confiança constante.

A transformação da alma não implica somente que sua vida superficial não irá mais sofrer perdas. Coisas ruins acontecem, é claro, mas somente na superfície. Esta vida é aquela parte de sua existência sujeita às constantes mudanças. Sempre foi e sempre será assim. Aceite-o. As coisas que lá acontecem fingem ser importantes para você e para mim, mas a verdade é que elas não importam tanto assim. Elas se repetem em um ciclo contínuo de negativo-positivo-negativo-positivo. Se a vida superficial está negativa agora, depois ela ficará positiva novamente. Espere e veja. Não vai ficar positiva para sempre, espere isso também. Irá repetir o turno negativo e vice-versa. É assim que é a vida na superfície, exatamente como Jesus prometeu que seria (João 16:33). O que acontece de bonito na transformação é que uma vez que aprenda como viver no reino da vida de profundidade — a Vida de Deus em você — as coisas externas não importam mais tanto quanto antes desta experiência. A Presença de Deus se torna uma "almofada" ao seu redor a fim de se chocar contra os acontecimentos da vida superficial. Eles não machucam ou ferem mais você como era antes da transformação. As coisas que antes o perturbavam hoje são apenas marolas dificilmente perceptíveis.

Outra coisa que percebi durante a quietude foi como quase todos os dias da minha vida pareciam ter situações de "vida ou morte". Essa também era outra ilusão fabricada em minha mente. Comecei a entender que eu levara a vida muito a sério e que Deus queria que tivesse um coração alegre em vez disso. Tinha uma crença inconsciente de que podia ser feliz só quando tudo estivesse indo bem. Quando começavam a ir "mal", como minha mente costumava rotular esses momentos, sentia que era um dever ficar infeliz. Um dia durante a prática da quietude ouvi: "Vá em frente e seja feliz todos os dias, não importa o que isso traga".

Quando você não infundir o "eu" nos seus eventos de superfície (resultados externos), então os efeitos negativos não perturbarão sua paz e nem os positivos vão animá-lo com os "altos" temporários. As coisas são como são, é isso é tudo. Você precisa não permitir que as perturbações exteriores cheguem a seu âmago. As pessoas estão tão presas à vida superficial como sua fonte principal de sentido que elas são facilmente afetadas por qualquer coisa que aconteça. Sua vida verdadeira está abaixo dos acontecimentos superficiais que acontecem continuamente. Não permita que as coisas externas comandem a felicidade interna. Em vez disso tente isso: "Vá em frente e seja feliz todos os dias, não importa o que ele traga consigo".

Hoje há uma paz inabalável que mantém a minha alma ancorada na minha parte espiritual. Isso é real e torna a vida fácil de lidar. É muito mais profundo do que um estado momentâneo de mente, porque não se origina na mente. A quietude gera no espírito nascido de novo e influencia com doçura a mente a ser reparada pelo divino.

"Tu conservarás em paz aquele cuja mente está firme em ti; porque ele confia em ti" (Isaías 26:3).

Capítulo 3

A alegria de estar profundamente unidos

"Mas o que se une ao Senhor é um espírito com ele" – 1 Coríntios 6:17

Uma profunda intimidade surgiu durante os tempos de quietude

Quando eu me aquietei interiormente de forma mais permanente, isto é, não só enquanto "esperava no Senhor" em oração e meditação, mas durante toda a vida, comecei a experimentar uma alegria surpreendente e prazerosa borbulhando dentro de mim várias vezes e em momentos surpreendentes. Ela era diferente da alegria ocasional que eu tocara breve e esporadicamente antes. A alegria agora se transformara em uma fonte que jorrava do meu interior em vez de ser como uma chuveirada rápida do alto. É difícil expressar coisas espirituais em palavras naturais, então o Senhor irá ter que o ajudar a entender o que estou tentando dizer. Era a alegria de conhecer a Deus intimamente, o que não é feito com a mente, mas com o espírito: "Porque o Espírito penetra todas as coisas, até mesmo as profundezas de Deus" (1 Coríntios 2:10). Ela vinha como um êxtase durante a quietude e me transportava, mesmo que eu permanecesse alerta. Vinha como bolhas efervescendo o dia todo. Normalmente acontecia enquanto olhava para uma pilha de contas não pagas que estavam sobre minha mesa. Não fazia sentido, mas era puro prazer. A alegria era mais significativa do que o derramar de vinho novo que eu experimentara em qualquer igreja ou conferência que tivera o privilégio de participar nos anos 90, talvez porque eu estivesse mais disponível ao Senhor. Era um êxtase prazeroso que vinha da penetração no Ser divino, e Seu acesso íntimo a mim.

Esse é o tipo de conhecimento "yada", na língua hebraica, ou "ginosko" no grego (Oseias 6:1-3; Filipenses 3:10). Ambos os termos também são usados para descrever a intimidade entre marido e mulher, assim como a que existe entre o crente e seu Senhor (Gênesis 4:1; Mateus 2:25). É um tipo de conhecimento onde um penetra no outro e são unidos em prazer íntimo. Esta se tornou a base para as eventuais mudanças repentinas que ocorriam durante a quietude total, quando a graça de Deus me tornava como betume em Suas mãos. Nosso Pai Celestial nos torna íntegros por dentro e por fora em uma união vital conosco. Pode-se comparar isso ao êxtase que experimentamos durante a intimidade conjugal, porém menos profunda e intensa, já que há um sentimento de unidade. Naquilo que tange minha experiência pessoal, é muito mais profunda do que é possível alcançar entre o marido e a mulher. No entanto, o êxtase do amor conjugal puro é a comparação terrena mais próxima que conheço.

Unidade e clareza na união

Quando um crente é "unido" ao Senhor há um grande sentimento de unidade e nenhum senso de relacionamento sujeito/objeto assim como acontece nos relacionamentos humanos. É algo verdadeiramente lindo que o Criador de todo esse universo conceda esse tipo de intimidade à uma de Suas criaturas, mas é exatamente o que Ele faz. Neste estado de união íntima há o que Teresa de Ávila chamava o êxtase ou arrebatamento. Para mim é a sublime serenidade e a perda total do senso do "eu". É o que os antigos pentecostais chamavam de "se perder em Deus", ou que os Quakers definiam como "luz interior". A intimidade com Deus, em sua maior profundidade, torna-se como se só houvesse Ele — não há nenhum sentimento de humanidade presente durante a união, mesmo que você esteja lá. Mas também não é bem isso. Como eu disse, a linguagem é limitada na expressão da realidade espiritual.

Quando você se une ao Senhor em união profunda não há nenhuma atividade mental. A palavra "unido", como foi mencionado no capítulo 1, quer dizer "colado". Sua mente não está envolvida neste processo, somente a mente de Cristo está presente.

Em vez de fazer petições pelo que necessitamos, como acontece nas orações normais, a pessoa se torna totalmente passiva diante dEle, não querendo ou desejando nada mais do que somente a Ele. Isso também não é totalmente verdade. Não há nenhum desejo de qualquer coisa quando a união íntima está acontecendo. Você não quer Deus naquele momento porque Ele está com você, então o que faz é desfrutar Sua beleza e não querer nada. Essa é a essência do yada — quietude interior em estreito contato com Deus. Depois que esta união se fixa a mente fica como uma lagoa límpida, após o fundo ter se assentado. Você permanece em um estado de doce clareza e pode ver sua vida claramente depois que a união verdadeira com o Senhor tiver sido experimentada. O salmista descreveu sua experiência desta forma: "na tua luz veremos a luz" (Salmo 36:9).

Não escrevi outro livro como esse antes, porque ele não foi escrito no nível da minha mente. É verdade, a mente foi usada como uma serva, mas foi no âmbito do espírito durante períodos de doce união com o Senhor que as impressões vieram, tornando-se pensamentos e finalmente expressas em palavras em uma página para depois se tornarem em um livro. "Mas o que se une ao Senhor é um espírito com ele" (1 Coríntios 6:17).

Você conhece a Deus ou você sabe sobre Deus?

Este livro trata de questões profundas da alma que muitos santos enfrentam, mas que raramente conversam sobre elas. É difícil admitir para si próprio, quem dirá para outros, as suas lutas, dúvidas e caos interior. É um milagre conseguirmos vê-los com clareza, porque a maioria é governada pela mente carnal — inimiga de Deus — e definem esta mente como sua essência. Há multidões de cristãos que "pensam" que conhecem ao Senhor por saberem muito sobre Ele. Estudam a Bíblia, aprendem muito sobre as Escrituras e de forma errônea acham que isso é igual a conhecer a Deus. Os fariseus cometeram o mesmo erro. Achavam que conheciam o Senhor porque conheciam as Escrituras, mas quando Deus em forma humana veio a eles, eles O rejeitaram. Jesus disse que eles o fizeram porque não conheciam ao Pai, só sabiam sobre Ele (veja João 8). Isto é, apesar de sua atividade religiosa, eles nunca entraram na intimidade do Ser divino nem permitiram a Ele que os alcançassem.

Não há meio termo, ou você conhece a Deus ou só sabe sobre Ele. Talvez você seja "conhecido de Deus", mas continua se voltando à atividade religiosa como fizeram os gálatas que pensavam que conheciam ao Senhor, mas que jamais tocaram Seu Ser (Gálatas 4:9). Se O tivessem tocado nunca teriam se voltado aos judaizantes ou a qualquer outro substituto religioso. Nada nesse mundo se compara com o puro prazer de se unir intimamente ao Senhor e conhecê-lO. Jesus chamou esse tipo de conhecimento de "Vida Eterna".

"E a vida eterna é esta: que te conheçam como único Deus verdadeiro, e a Jesus Cristo, a quem enviaste" (João 17:3).

A religião ajuda temporariamente as pessoas a melhorarem, porque elas creem que sua busca a Deus é o fim em si mesmo. O que não percebem é que é ela que os impede de encontrar Àquele a quem procuram. Jesus falou aos fariseus sobre essa peculiaridade:

"Examinais as Escrituras, porque cuidais ter nelas a vida eterna, e são elas [as Escrituras] que de mim testificam; mas não quereis [e vos recusais] vir a mim para terdes vida" (João 5:39-40).

Da mesma forma, muitos crentes repetem esse erro antigo de "aprender sempre e nunca chegar" ao conhecimento íntimo da verdade "que está em Jesus", acomodando-se ao conhecimento superficial da doutrina bíblica ou até de experiências carismáticas que não podem transformar, libertar de ataduras passadas ou de produzir vida (Efésios

4:21; 2 Timóteo 3:7). As Escrituras, Jesus afirmou, não salvam. Elas apenas apontam o caminho da salvação. Conhecê-las pode ajudar a dirigi-lo para tocar verdadeiramente o Ser divino, mas em si mesmas são só direções. As experiências carismáticas não transformam. A igreja em Corinto "não ficava para trás nos dons" (carismas), mas, como Paulo comentou corretamente a partir do que observava, seu estado espiritual real era "ainda carnal" (1 Coríntios 3:3).

Para nos ligarmos a Deus profundamente, Ele exige a verdade no íntimo do crente (Salmo 51:6). A maioria das pessoas, incluindo os cristãos verdadeiros, vive quase que em perpétua miséria devido às camadas de negação, que não é nada mais do que uma desonestidade. Não são honestos consigo mesmos, então como poderão sê-lo com Deus? Enquanto vivermos em estado de negação de nossa miséria que está abaixo da superfície de nossos rostos sorridentes, não poderemos experimentar a verdadeira liberdade da tagarelice de nossa mente carnal. Nem sermos libertos dos sentimentos negativos que nosso corpo produz em resposta a nossos pensamentos atormentados. E certamente não poderemos "nos unir ao Senhor em um espírito com Ele". É por isso que eu agradeço ao fato dos grupos terapêuticos dos 12 passos estarem dentro das igrejas de novo. Com o tempo as pessoas se tornam totalmente honestas quando se reúnem em grupos pequenos confessando suas falhas uns aos outros (Tiago 5:16).

Sou eternamente grato pelo fato de não ter precisado esperar o Céu antes de experimentar uma união vital com o Senhor, unindo Espírito com espírito. O crescimento espiritual é alimentado através de períodos regulares de união a Ele. Não é um tempo picado, instável e irregular. Há uma alegria verdadeira e duradoura depois de um tempo de união íntima que não é baseada em acontecimentos externos, mas resultado de se estar "arraigados e edificados nele" (Colossenses 2:7).

Por que Deus permite o sofrimento?

Deus permite os negativos da vida exterior, o que faz com que o grande sofrimento interior nos sirva de espelho para que possamos ver o verdadeiro estado de nossas almas. Não é que Ele tenha prazer em nossa miséria, mas sabe que a dor temporária, se for entendida como sinal de um desalinhamento interno, pode nos levar a mudanças eternas. É a verdadeira transformação que produz tesouros eternos. Quando você finalmente parar de se esconder do sofrimento, poderá começar a ver o verdadeiro estado de sua alma através dos momentos de clareza que lhe são trazidos pelo Espírito Santo. Conseguirá, então, identificar os seus problemas centrais. Não irá mais classificar sua dor como "normal" e ter que desperdiçar tempo tentando adivinhar o que está errado com você. O Espírito lhe permitirá ver através dos sofrimentos e problemas da alma até a sua parte eterna que é seu espírito. Ele está cheio de vida eterna e incontáveis riquezas. À medida que se torna ciente da localização dos tesouros eternos em você, escolherá viver onde eles estão e residirá em seu espírito. Irá se mudar da mente para o espírito.

Essas preciosidades não estão colocadas no Reino dos Céus só para sua vida futura, estão no Reino de Deus dentro de você agora mesmo.

Embora a dimensão presente deste Reino esteja escondida do mundo externo, ela já é parte integrante do espírito do crente. Deus quer expandir o governo do Seu Reino para dentro da alma e do corpo. Depois que tiver firmado Seu domínio em nós Ele quererá expandi-lo para outros através de nós. É por isso que Jesus comparou Seu Reino com o fermento. Somente em um caso nas Escrituras esse elemento é usado com um sentido positivo:

"Outra parábola lhes disse: O reino dos céus é semelhante ao fermento, que uma mulher introduz em três medidas de farinha, até que tudo seja levedado" (Mateus 13:33).

O Reino, como Jesus nos ensina, é como um fermento que começa pequeno, mas com o tempo trabalha o trigo até que tudo tenha crescido. No crente o Reino começa no espírito, expande-se através da alma e finalmente enche todo o corpo. É a isso que o Mestre se refere quando disse que quando um indivíduo tem foco único, todo seu corpo se torna cheio de luz (Mateus 6:22-23). A partir do crente que foi iluminado a influência do Reino de Deus se espalha tocando outras vidas. É esta expansão que Isaías previu e predisse: "Do incremento deste principado e da paz, não haverá fim" (Isaías 9:7).

À medida que o domínio de Deus se expande em você, haverá uma paz ainda mais profunda em seu interior. O Senhor está operando sua justiça em sua alma e como um resultado abençoador "O efeito da justiça será paz, e a operação da justiça, repouso e segurança para sempre" (Isaías 32:17). Esses "repouso e segurança para sempre" são profundamente calmantes para a alma. É terapêutico para tudo que estava devastado dentro dela e restaura sua "almofada protetora" contra os males. Você já percebeu que uma pessoa pode passar por uma perda traumática e manter relativa compostura para depois explodir por um pequeno transtorno? É porque a "almofada" da alma foi usada na primeira batalha e se desgastou. "Este é o descanso, dai descanso ao cansado; e este é o refrigério" que o Senhor nos promete, mas que, assim como Israel, nós não "quisemos ouvir" Sua promessa ou recebê-la dentro de nossas almas (Isaías 28:12). O que Ele faz por você é dar à sua alma uma renovação e enchimento:

"Porque satisfiz a alma cansada e saciei toda alma entristecida. Sobre isto despertei e olhei, e meu sono foi doce para mim" (Jeremias 31: 25, 26).

Quando nosso Grande Pastor restaurar nossas almas, Ele nos fará deitar em pastos verdejantes ao lado das águas tranquilas (Salmo 23). Enquanto nos submetemos ao Seu descanso, descobrimos uma herança gloriosa que não sabíamos que nos pertencia. "Como ao animal que desce aos vales, o Espírito do Senhor lhes deu descanso; assim guiaste teu povo, para criares um nome glorioso" (Isaías 63:14). E "e o lugar do seu repouso será glorioso" (Isaías 11:10). Este repouso glorioso é parte de nossa herança no Reino de Deus. É resultado do repousar do Espírito Santo sobre você. O que foi profetizado em Cristo também se cumpre no crente submisso: "O Espírito do Senhor repousará sobre ele" (Isaías 11:2).

O inimigo do reinado pacífico de Deus sobre nós é nossa natureza egocêntrica. Até que sejamos libertos da grande engano que o EU opera no âmago de quem somos, vamos permanecer aprisionados por ele. Somos mantidos cativos pelas nossas mentes e não conhecemos de forma prática a liberdade de viver em nossos espíritos renovados e nascidos do alto. O aprisionamento interior de nossas mentes carnais acontece por causa da nossa rebeldia e resistência ao Espírito Santo. Vamos permanecer teimosos como mulas nas nossas vidas diárias geralmente agitadas e frenéticas, enquanto não deixarmos que Ele tome nossas rédeas e nos faça governados pelo Espírito. Também nos entediaremos por ouvir Sua voz mansa e suave. Permaneceremos presos à nossa alma sem renovação como consequência de nossa resistência interior em ouvi-LO. Não conseguiremos experimentar a vida de profundidade que Jesus oferece continuamente a nosso espírito — o lugar de Sua residência atual na Terra. Nossas almas ficarão deprimidas com um "espírito angustiado", que é o oposto da herança prometida (Isaías 61:3).

A dinâmica do puxa-empurra

Há uma "dinâmica de puxa-empurra" em operação quando nosso Pai acelera o trabalho de transformação em nós. O "puxa" é o sofrimento de nossa atual vida circunstancial, por exemplo, a experiência de um divórcio traumático de um parceiro a quem você ainda ama. O trauma da rejeição e abandono o lança à "beira do precipício" de um sentimento de desespero sem esperança. Ao mesmo tempo se você consegue sair do seu *eu* para que possa sentir, haverá uma doce "dinâmica de puxa" que vem de algum lugar mais profundo do que seu eu. Essa dinâmica é a doce paz que Cristo está conferindo à sua alma (onde mora o eu) através do seu espírito (onde Ele mora).

Quando essa experiência de "precipício" aconteceu comigo, aceitei, inicialmente a paz de Jesus por algum tempo. Depois deixei que o *eu* reconquistasse seu antigo lugar de domínio e me empurrasse a um sofrimento ainda maior. A paz não fazia sentido à minha mente torturada. Ela, que nesse ponto de minha vida já identificara como sendo meu "eu", rejeitava a paz. Quando uma pessoa é dominada pela mente se torna hábito rechaçar os impulsos gentis que vêm do seu espírito.

"Como você pode estar em paz agora?", pensava. "Isso não faz sentido. Fui abandonado." Rejeitava a paz que Deus me oferecia generosamente e escolhi, em vez disso, o desespero da minha circunstância externa. Tudo o que me sobrou foi a "dinâmica do empurra" em direção a sofrimento e desespero ainda maiores. É claro que essa escolha ruim, como sempre, aumentou minha angústia. Foi esse desespero extremo que me empurrou para a beira do precipício até ao ponto de que me cansei do falso "eu" que eu substituíra pelo verdadeiro. Deus, o grande Arquiteto que planeja o fim da história antes do seu início, usou essa escolha de autocomiseração para me ajudar a ver a feiura do meu eu e para acabar com isso de uma vez por todas. Mas esta liberdade não veio da noite para o dia. Foi um processo de dois anos de ver o "eu" e liberar o verdadeiro "eu" dentro de mim. A transformação instantânea naquela pedra fora precedida por muita preparação:

"Voz do que clama no deserto: Preparai o caminho do Senhor; endireitai no ermo vereda a nosso Deus. Todo vale será exaltado, todo monte e todo outeiro serão abatidos; o que está torcido se endireitará, e o áspero se aplainará. A glória do Senhor se manifestará, e toda carne juntamente verá que a boca do Senhor o disse" (Isaías 40:3-5).

Os 12 passos que eu seguira, o retorno à diária espera prolongada no Senhor, a união com Ele em um espírito foram as formas em que fui levado a preparar o caminho para Deus em meu deserto. Para "exaltar os vales" tive que aumentar meu nível de compromisso. Para "abater todo monte e outeiro" tive que me humilhar diante do Senhor. Para "endireitar o que está torcido" algumas partes do meu caráter, como integridade e auto honestidade tinham que ser enfrentados. Para "aplanar o áspero" tive que deixar que a bondade de Jesus me mostrasse como eu tratava os outros. Tudo isso foi necessário na preparação para que a glória do Senhor fosse revelada, enquanto eu estava assentado naquela pedra na reserva natural.

Por telefone e pessoalmente tenho aconselhado muitos crentes que descrevem sua "dinâmica de empurra" como os conduzindo ao suicídio. "Só quero que isso acabe", dizem com vozes tristes e desesperadas. Digo-lhes que podem por um fim a tudo isso, mas que não usem uma arma. Usem a cruz, em vez disso. A cruz de Cristo foi o maior sofrimento que qualquer ser humano já provou. Não a parte que mais focamos — a física — mas o sofrimento que suportou em Sua alma. O Mestre passou por grande agonia começando no Getsêmani e terminando na cruz, levando sobre Si "nossas dores" (Isaías 53:4). Jesus sofreu tudo o que pode machucar você nesta vida quando foi "desprezado e o mais indigno entre os homens; homem de dores e experimentado nos trabalhos" (Isaías 53:3).

Mateus, Marcos e Lucas nos fazem uma maravilhosa observação de qual foi grande sofrimento que Ele começou experimentar no Jardim — mental, volitivo e emocional. Nenhum deles fala do sofrimento físico que Jesus suportou na crucificação. É óbvio que seu corpo sofreu imensa, intensa e profundamente (ele recusara a esponja embebida em vinagre que as mulheres lhe ofereceram para aliviar Sua dor). Mas esse sofrimento é ofuscado quando comparado com a agonia de alma que Ele enfrentou, algo muito maior do que qualquer sofrimento que você ou eu tenhamos experimentado. Ele o fez por nós, para que possamos experimentar a cura de nosso pranto e tristeza. Aquele que foi ungido com "óleo de alegria muito mais que seus companheiros" se tornou "homem de dores e experimentado nos trabalhos" por nossa causa!

É por tomarmos a nossa própria cruz que podemos acabar com o sofrimento e começar a vida em uma realidade completamente nova. Sua cruz vem a você a partir da cruz de Jesus (mais tarde vamos ver isso em detalhes). Muitos cristãos creem de forma errônea em suas mentes carnais que tomar a cruz resultará em ainda mais sofrimento do que o que enfrentam atualmente. A verdade é o contrário disso, é claro. No dizer da Igreja Primitiva: "É morrendo que se vive". É por tomar a cruz que trará sua alma ao alinhamento com qualquer coisa que estiver acontecendo em sua vida e experimentar a graça da transformação de alma. Toda angústia interna cessa!

Nosso Pai, por causa de Seu grande amor por nós e Seu desejo de que aniquilemos o eu, orquestra toda a confusão que nossa mente carnal cria e faz uma linda sinfonia. Nossos relacionamentos, carreira, famílias e finalmente nossas "vidas" irreais são transformados por Sua graça e poder. Podemos então despertar para o que não murcha com a passagem do tempo. Isso é parte de Sua promessa de fazer com que tudo coopere para nosso bem (Romanos 8:28). É vida eterna e sempre renovada — o domínio da justiça, paz e alegria no Espírito Santo em nossas vidas diárias. Não é nada mais do que a dimensão interna do Reino de Deus que está na Terra.

O reino de Deus é sua herança no presente

Um dia toda a terra irá experimentar o Reino de Deus quando Jesus reinar de um canto a outro. Mas dentro de nós, como ensina Paulo, esse Reino é uma realidade presente: "Porque o reino de Deus não consiste em comida nem em bebida, mas em justiça, paz e alegria no Espírito Santo. Porque quem nisto serve a Cristo, é agradável a Deus ..." (Romanos 14:17,18). Se conseguimos comer comida, também somos capazes de viver nesta presente dimensão do Reino. "O Reino de Deus está próximo", Jesus anunciou no começo do Seu ministério (Marcos 1:15). Como ele poderia estar próximo naquela época e longe atualmente?

Perceba que Paulo enfatiza como este Reino não existe no âmbito da vida externa e superficial, mas na vida interior mais profunda. A parte de nós que come e bebe não é onde Seu Reino habita em nós, porém está onde experimentamos a justiça, a paz e a alegria do Espírito Santo. Está oculto aos olhos, mas é visto através da visão espiritual. Depois de percebido pode ser experimentado, da mesma forma como Israel entrou na Terra Prometida depois de seus espias a terem visto 40 anos antes. No entanto, não serão necessários 40 anos para que você adentre este Reino; poderá entrar nele a qualquer momento desde que esteja completamente alinhado com seu Pai. Na verdade é Ele quem lhe dará.

Jesus o disse desta forma: "Buscai, antes, o reino de Deus, e todas estas coisas vos serão acrescentadas. Não temas, ó pequeno rebanho, porque a vosso Pai agradou dar-vos o reino" (Lucas 12:31,32). O Mestre não poderia querer dizer que era do agrado do Pai lhes dar um Reino que estava a milhares de anos deles.

Se a palavra "reino" lhe soa arcaica, use o termo "domínio". O Reino de Deus é o domínio dEle sobre sua vida que produz uma paz permanente em seu interior. Se a palavra "domínio" lhe soa totalitária, use "governo" e pense como sua vida seria se fosse governada por Deus. Ela não assumiria a Sua natureza e seria como Ele, sem estresse? Se "governo" parece totalitário, então saiba que não está pronto para a transformação. Seu senso do "eu" precisa de mais quebrantamento. Coloque este livro na estante e pegue-o novamente daqui a alguns anos quando o "eu" tiver completado seu trabalho em você e quando estiver pronto para fazer qualquer coisa que lhe for pedido a fim de libertá-lo de sua tirania. O "eu" é um tirano: Jesus é um Rei com um Reino. Seu papel neste Reino é de "Rei" e o nosso é o de "dominados". Os tolos precisam de um Rei para colocar ordem nas suas vidas, se não eles fazem dela uma bagunça. Nosso Rei é benevolente e bondoso. O "eu" está unido a Satanás. Preciso dizer algo mais?

Você não precisa esperar pela dinâmica do "empurra" que vem da dor íntima para o impulsionar em direção à herança do Reino. Pode se submeter à doce "dinâmica do puxar" do Espírito Santo quando estiver pronto para finalmente abandonar o "eu" e se render. Se está faminto de Deus, poderá ser trazido pacificamente para o Reino deixando-o tomar lugar em sua alma. Pode experimentá-lo como realidade viva em você, mas só depois que tiver se cansado do "eu", o falso "eu", e tiver permitido sua dissolução. Sim, não precisa esperar por perdas traumáticas para impulsioná-lo ao fim do "eu". Já teve o suficiente dele para saber que só produz frutos amargos. Por que não exterminá-lo agora? Por que não se poupar de lágrimas e anos de arruinamento da sua vida expulsando sua mente carnal?

O reino é a dimensão da nova vida

Esta é a vida Eterna — a vida abundante que Jesus prometeu — e a principal razão por que Ele veio à Terra (João 10:10). O Senhor veio para nos dar a verdadeira abundância de vida real e diária nesta nossa presente existência. Não importa qual a realidade externa nossa vida possa estar em um determinado momento. Ela inclui uma paz que supera toda a compreensão mental. Mantém o coração e a mente serenos em calma total mesmo durante o pior que o diabo e o mundo possam jogar em nosso caminho. Essa é a Pérola de grande valor sobre a qual Jesus falou em duas de Suas muitas parábolas sobre o Reino; uma pérola que está em nossas mãos aqui e agora, não mais tarde, “daqui a pouco” (Mateus 13:44-46).

É estreito, limitado e não transformador o entendimento tradicional da Igreja de que Jesus veio à Terra para que pudéssemos ir para o Céu. A visão de que Ele se tornou homem para nos trazer perdão à humanidade também é restrita e limitada em escopo. Por que não ver o propósito da encarnação de forma mais ampla e ilimitada? Por que não considerar que Jesus é presentemente o Rei dos reis, que recebeu Sua coroação logo após sua ascensão, que reina nas vidas daqueles que se submetem a Ele e que ainda estão na Terra e não no Céu? Por que colocar no futuro o que a Bíblia ensina que é uma realidade presente?

É possível desfrutar do Céu aqui na Terra. Não há necessidade de sofrer interiormente, independentemente do que a vida externa apresente em determinado período de tempo. Sua alegria não dependerá dos acontecimentos exteriores. A vida superficial fica onde você está feliz quando coisas boas acontecem, mas se torna sombria quando elas não aparecem. Você resiste a tudo que for não prazeroso na vida externa, mas render-se à vontade de Deus o capacita a viver em um lugar mais profundo. A vida de superfície pode ser comparada às ondas em um lago; porém a vida do Reino é o fundo dele onde tudo permanece calmo. Mesmo como cristão você já passou uma boa quantidade de tempo na vida superficial e tem sofrido como consequência de ter seu foco no mundo externo. Você pode ir mais profundo em si mesmo para aquela parte onde Cristo vive atualmente. Pode viver neste lugar. Pode mudar de local ao se mudar de sua mente para seu coração e então deixar que todas as coisas da vida fluam de lá, em vez de virem de sua mente (Provérbios 4:20-24).

Na dimensão da vida nova no Reino de Deus você descobre que sua felicidade depende apenas da qualidade de submissão da sua alma à vontade de Deus, momento a momento, através dos dias. Este é o único momento que você tem — só esse momento agora mesmo. É o único em que pode alinhar sua alma à Sua vontade e se tornar um cidadão completo deste Reino. Você já é cidadão do céu; por que não entrar nesta esfera que está dentro de você agora? (Hebreus 12:18-25).

A porta estreita é o alinhamento interior com a vontade de Deus

O alinhamento interior à vontade de Deus está na porta estreita que, como foi observado por Jesus, poucos encontram:

"Entrai pela porta estreita; porque larga é a porta, e espaçoso, o caminho que conduz à perdição, e muitos são os que entram por ela; e porque estreita é a porta, e apertado, o caminho que leva à vida, e poucos são os que a encontram" (Mateus 7:13-14).

Vemos que o Senhor não está falando somente da vida vindoura, Ele fala de encontrar a vida dentro da conjuntura da vida terrena. Você é um dos poucos que está encontrando vida neste momento? Ou será que quase tudo o que encontra o "leva à ruína"? Você pode ter atingido muitos "alvos de vida", mas já descobriu a paz profunda e duradoura ou o enchimento interior em qualquer uma das coisas que conquistou? Ou há um sentimento ininterrupto de desconforto em sua alma, mesmo quando está cercado de pessoas que estão rindo em seu iate?

É através do alinhamento interior com Sua vontade que poderá acontecer a dissolução do falso "eu" em sua alma. Esse falso "eu" é aquela parte de você que é identificada como "você", mas que não é real. O verdadeiro "você" deve irradiar de sua parte mais profunda, seu espírito, e envolver toda sua alma e corpo. Esse "você" completo se torna o "novo homem" que Paulo exortava aos crentes para que se revestissem, depois que tivessem se despojado do “velho homem” (Efésios 4:23-24; Colossenses 3:9,10).

É somente quando permitir ao novo espírito em você que conquiste o lugar do espírito de Adão, que se perdeu na Queda, que o verdadeiro “você” se tornará o estado de vida prevalecente. Tornar-se-á um novo homem ou mulher. O alinhamento constante à vontade do Pai é o exemplo que nosso Senhor nos deu em sua caminhada na Terra e para o qual chamou a cada um de nós para o praticássemos. Esse é o verdadeiro significado de discipulado. É responsabilidade de Deus exterminar o falso “eu” em sua alma. Quando você alinhar sua vontade à dEle tomando sua cruz, você conseguirá segui-lO diariamente. Esta responsabilidade e sua e minha. Nós permitimos ao Senhor que traga a nova criação que recebemos no momento em que nossos espíritos nasceram de novo, fazendo nosso ser total (espírito, alma e corpo) completamente novo.

Isso é sinergia em seu máximo. Deus inicia a obra que deseja fazer em você, e você responde adequadamente ao que Ele está operando em seu interior em um dado momento. Esse alinhamento à Sua vontade exige uma mudança em sua identidade e uma mudança de seu centro de vida. Sim, você vai ter que embrulhar tudo e se mudar para um estado diferente! Vai ter que abandonar seu estado mental. É lá onde eu passei a maior parte de minha vida física, quer tenha sido no Arkansas, no Texas ou no Tennessee. Eu passei meio século vivendo em minha mente o que me rendeu frequentes dores de cabeça. O sentimento de que eu sou agora está centrado em meu coração em vez da minha mente (João 7:37-39).

O desígnio divino é que você viva em seu espírito, use sua mente quando necessário e expresse Sua luz em seu corpo para que os homens possam ver as suas boas obras e glorificar o Pai que está no Céu (Mateus 5:16).

Este livro irá lhe mostrar como trazer sua alma a um alinhamento com seu Rei. E à medida que você o faz irá experimentar Seu reino de paz em seu interior que lhe trará a verdadeira felicidade que tem almejado por toda sua vida. A palavra “felicidade” é superficial, já que o novo estado que adquire lhe traz um enchimento muito mais profundo que qualquer "felicidade". Você já buscou, mas nunca encontrou a alegria duradoura nas coisas exteriores e nos vários processos de pensamento em sua mente. Em vez de encontrar algo verdadeiro e permanente, já feriu sua alma com muitas tristezas (1 Timóteo 6:10).

Agora, em vez de encontrar a felicidade pela qual tem procurado sem sucesso através de relacionamentos, carreira, família, igreja, de uma forma física melhor, mais dinheiro ou um grande ministério, você poderá encontrar algo ainda mais profundo do que alegria. Algo que quando experimentar irá enriquecer seus relacionamentos e vida familiar, na verdade irá melhorar toda sua vida na terra. Irá entrar no Reino de Deus de forma experimental. A justiça, a paz e a alegria — somente o começo de uma lista infindável de qualidades espirituais — irá ser seu prazer interno constante. É possível viver neste domínio de verdadeiro júbilo e bênção sempre, não somente em um retiro, conferência ou culto poderoso.

Não há necessidade de continuar vivendo sua tristeza passada, porque você pode começar sua vida nova vivendo-a no espírito, em vez de na sua alma. Pode começar novamente — mesmo se tiver passado dos 50 anos como eu quando o Reino de Deus se tornou minha nova dimensão de realidade, e o mundo (cosmos) no qual o corpo vive se tornou um estado temporário para mim. Não há temor da morte em mim; eu já morri de uma forma muito real.

Antes de eu mudar do estado de alma para o estado de espírito, este mundo me parecia próximo e real e o Reino de Deus distante na vida diária. Hoje, o contrário é verdade e a vida é muito mais doce. Não há nunca um dia ruim aqui no RDD (Reino de Deus), como há constantemente nos EUA. Há um sentimento de que minha vida exterior é a parte peregrina de mim, e a vida interior é meu verdadeiro lar. Estou em casa, finalmente, quando estou no Reino de Deus. O paradoxo maravilhoso desta realidade é que a vida externa se tornou fácil de ser observada, administrada e cuidada no desempenho de todas as tarefas necessárias.

Em outras palavras, a administração da vida externa, que eu sempre buscara, mas nunca alcançara, foi conquistada desde que perdi o foco na vida de superfície e fui mais fundo em meu novo homem em Cristo. Ao procurar o governo de Deus sobre mim, todas essas "coisas" da vida exterior foram ou têm sido acrescentadas (Mateus 6:31). Não veio como se eu tivesse acrescentado um conceito mental à uma mente já sobrecarregada, isto é, "O Reino de Deus é real agora". Veio a mim enquanto eu abandonava todos os conceitos mentais e mergulhava mais profundamente em meu espírito. Jesus disse que o Reino de Deus não vem por observação, mas por se olhar para dentro (Lucas 17:19-21). Seu Reino não é deste mundo (João 18:36). Quando o Senhor tornar isso real para você, sua paz será grande.

As coisas negativas externas serão vistas como são: temporárias. Não encontrarão mais abrigo em sua mente ou emoções como negativos interiores que geram dor e sofrimento; existirão somente por um ou dois segundos e então passarão. Um pensamento negativo pode entrar em sua mente, mas visto a partir do estado de paz em que a vida é agora vivida, nenhuma resistência lhe será oferecida. Então, o pensamento negativo será negado. Sumirá tão rapidamente quanto apareceu. No domínio do Reino, seu espírito não irá prestar atenção a eles. Poderá até se divertir com pensamentos que costumavam atormentá-lo. Vai vê-los como são na realidade: irreais. Entrar no domínio eterno não começa depois da morte física, como muitos cristãos querem dizer quando falam da morte como acontecendo na "eternidade". A eternidade em si não tem começo, mas a entrada de uma pessoa no estado eterno é mais percebida do que antes, depois da morte do eu. Parece ao indivíduo que a eternidade habita em seu coração e seu coração habita na eternidade agora. Em outras palavras, o tempo já cessou no estado transformado, e o conhecimento da vida eterna que foi recebida no milagre do novo nascimento, está sendo experimentada. A eternidade começou (na verdade ela não tem começo). Você a conhece como sua realidade agora.

Os cristãos normalmente se veem como ligados ao tempo; a verdade é que eles não estão. Já estão, em Cristo, assentados no reino eterno (Efésios 2:6).

Não só a esfera externa ou a vida de superfície são vistos claramente pelo que são — como um estado temporário que o crente já superou — também são encarados como um excelente professor. Neste novo estado de vida, todas as coisas externas são tomadas como professores na natureza transitória da vida de superfície, e as vaidades que ela oferece.

A vida externa está se desfazendo

Aqui no sul dos EUA o pessoal lamenta e reclama do clima de todas as formas, e falam ainda mais quando ocorrem as raras nevascas. É como se alienígenas estivessem vindo ao planeta para ameaçar a existência humana! Ninguém deve sair quando neva: "você pode pegar um resfriado mortal". Nem se pode dirigir: "Com certeza você vai sofrer um acidente". Como são diferentes do povo do norte! Eles saem enquanto neva, e brincam também. (Imagine só isso!) "Aqueles Yankees", como alguns sulistas ainda se referem a eles, de algum jeito não morrem por brincar na neve. Nem seus carros batem nas montanhas que se formam em todas as ruas. Eles dirigem mais cautelosamente, mas não entram em pânico e a porcentagem de acidentes veiculares diminui no norte durante o inverno. É isso que me disseram enquanto eu visitava o norte dos EUA e o Canadá durante o inverno nos tempos do ministério itinerante.

Quando estava com vinte e poucos anos surpreendi-me quando aprendi sobre como os nortistas viam a neve de um jeito diferente do que eu sempre vira por ter sido criado no sul. Para eles, a neve não era algo a se temer, mas a ser desfrutado (eu tinha dificuldade em acreditar na sua atitude). Não cancelavam reuniões na igreja — as multidões eram ainda maiores, especialmente no Canadá. Nenhum dos frequentadores morria ou ficava aleijado por dirigir para os cultos. Como eu fora criado no sul, eu me preocupava com a segurança dos que vinham às reuniões. Havia montes de neve de cerca de 3 metros de altura nas ruas. Finalmente um pastor se cansou da minha preocupação e checou o noticiário. Para minha surpresa não havia acontecido nenhum acidente na grande cidade de Winnipeg durante toda a semana. Fiquei aliviado quando meu anfitrião me contou isso, e ele se divertiu!

A neve, assim como todas as expressões da criação, é uma excelente mestre. Você já pensou nisto? A menos que tenha aceitado o conselho de Jesus para considerar os lírios e os pássaros, é improvável que tenha contemplado a mensagem profunda que nos é ensinada pela neve. Ela é bem parecida conosco. É branca, pura e singular quando está flutuando no ar (espírito), mas fica misturada, pesada e pisoteada quando está sobre a terra (alma).

A neve não é nada alarmante, assim como todo o resto na vida externa. Tudo na vida de superfície é temporário. Assim como a neve nós estamos derretendo, bem como todas as condições de nossa vida. Nossa existência na esfera natural logo terminará. Na verdade a vida terrena é a menor parte de nossa experiência de vida. De forma geral, nada do que parecia ser tão sério, tão importante para nós atualmente, vai importar ou até nos vir à mente no Céu (Isaías 65:17). O que você é agora em seu espírito é eterno, e não é afetado pelos vários "derretimentos" desta vida (coisas que nós esperávamos que durassem, mas que não duraram).

Nem importa se os outros nos pisoteiam enquanto estamos nesta fase temporária da existência. Quem nos pisoteia, será pisoteado também. A vida tem um jeito especial de fazer com que todos passem por essa experiência mais cedo ou mais tarde. Ser pisoteado, ignorado, negligenciado ou rejeitado por uma pessoa importante em nossas vidas nos proporciona uma oportunidade rara — a oportunidade de aprender que ninguém pode pisar no nosso verdadeiro eu.

A sua parte que não pode ser ferida por nenhuma experiência da vida está oculta em Cristo: "porque já estais mortos, e vossa vida está escondida com Cristo em Deus" (Colossenses 3:3). Paulo está falando do "você" que você realmente é — não aquele que "pensa" ou "sente" ser. O outro "você" tem posado de impostor em sua mente e você o confundiu algumas vezes. Esse outro "você" está para acabar e com ele todos os problemas e dores que ele gerou.

O Espírito Santo deseja apresentá-lo ao verdadeiro "você" e a ajudá-lo a reconhecer o outro como falso — que não é você de jeito nenhum! Você o tem hospedado em sua mente e corpo por anos e anos. Tem sinceramente, mas erroneamente, dito aos outros que este falso "eu" é você. Eu precisei chegar aos meus 50 anos para que aprendesse como distinguir entre os dois "eu", o real e o que vivia somente em minha mente carnal. Você não precisa esperar tanto tempo quanto eu. Pode parar de se torturar com o "você" irreal, o falso "eu". Pode permitir sua crucificação.

Você pode viver na esfera espiritual da vida eterna e administrar muito bem os "derretimentos" da vida de superfície. Que testemunho da glória de Cristo você se torna quando vive no espírito, através de uma alma transformada, em seu corpo terreno. As pessoas são atraídas a você, por "nenhuma razão aparente"; mas isso é o que elas dirão. Serão atraídos ao Cristo em você. Ele é Aquele a quem eles têm procurado desapercebidamente "entre os mortos" da vida de superfície.

"Por que procurais entre os mortos o que está vivo?" (Lucas 24:5).

Capítulo 4

Qual é a fonte dos conflitos internos e externos?

Qual é a fonte do conflito que todos experimentamos dentro de nós, e que todo mundo já enfrentou em todos os níveis e gerações por toda a história humana?

Primeiramente vejamos a fonte dos conflitos pessoais e também as boas novas a respeito da sua cura. Um dos grandes benefícios da morte de Cristo na cruz é trazer a paz interior para você. Essa paz surge não só da reconciliação com Deus — a realidade que experimentamos no novo nascimento — mas ela se torna melhor conhecida em cada área da sua vida através da mudança interior em sua alma. É a possibilidade e a realidade da transformação de alma que é tema deste livro.

Milhões de pessoas conhecem a paz com Deus por terem crido em Cristo como Salvador, mas poucos vivem essa paz no dia a dia. Ocasionalmente experimentam a paz de Deus de forma breve durante a adoração ou oração, mas poucos vivem uma paz contínua (2 Coríntios 13:11). A transformação que a cruz traz tem sido pouco, ou nunca percebida nos corações e vidas dos filhos de Deus. Isso está para mudar! Uma transformação súbita e radical nas almas dos crentes está para acontecer na comunidade cristã. Muitos irão provar o Reino de Deus dentro de si. Este será o maior testemunho aos não crentes que a Igreja irá demonstrar por toda sua longa história e resultará em muitos vindo ao Senhor. Afinal, os perdidos também estão deprimidos e buscando por amor onde ele não pode ser encontrado.

Antes que esta transformação possa acontecer no crente o indivíduo deve passar pela morte em sua vida de alma. Este é o motivo para a grande luta interna que muitos enfrentam no momento. Eles se veem em seus Getsêmanis pessoais e ainda não se alinharam com a vontade de Pai — devem morrer com Cristo na cruz para que a parte deles que é falsa possa ser dissolvida ou exterminada. Esta é a razão pela qual "suam como gotas de sangue" através dos muitos problemas de sua vida. "Duro é para ti recalcitrar contra os aguilhões", disse Jesus a Saulo de Tarso (Atos 9:5). Muitos cristãos também estão recalcitrando contra os aguilhões também, o que lhes causa um sofrimento desnecessário em sua alma e corpo. Lutam com afinco e por longo tempo contra a vontade de Deus, mas em seu estado inconsciente, definido por Jesus e Paulo como "sono", não o percebem. Podem até se ver como cristãos devotos e sinceros porque conformaram sua vida exterior aos padrões das Escrituras, mas interiormente ainda estão miseráveis e vazios de vida abundante.

Um pastor desesperado recentemente falou comigo e perguntou: "David, Deus queria que a vida fosse assim tão difícil? É por isso que Jesus morreu por nós?". Eu sorri diante de suas perguntas, porque sabia que estava se aproximando da verdade que já existia nele, em sua parte espiritual e foi por isso que eu respondi: "Não, irmão, a vida não precisa ser tão difícil quanto nós a fazemos, e Jesus não sofreu a agonia na cruz para produzir ainda mais agonia para nós. Ele sofreu em nosso lugar para que pudéssemos desfrutar permanentemente da paz de Deus."

Por um breve momento seus olhos brilharam com a luz do reconhecimento interior da verdade que seus ouvidos acabaram de ouvir. Então foi como se uma cortina caísse sobre seus olhos e seu rosto. Parecia que ele queria dizer algo, mas acabou não falando, então eu lhe disse: "Sua mente acabou de lhe dizer que o que você acabou de ouvir é bom demais para ser verdade, não é?". De novo seus olhos brilharam e ele disse: "sim, foi isso que ela disse." Depois acrescentou em um tom ainda mais surpreso: "Eu entendi, David! O que minha mente disse não sou eu, certo? Não o "eu" real, quero dizer. É isso que você tem nos ensinado, não é?" Eu lhe disse que certamente era isso.

Ele me agradeceu por compartilhar "essas novas percepções" com ele e com a congregação. Eu respondi que não havia compartilhado nada que eles não soubessem, e seus olhos brilharam pela terceira vez em reconhecimento de que em algum lugar lá no fundo ele já sabia disso todo o tempo. Irrompeu em uma gargalhada barulhenta diante da simplicidade de tudo isso. A genuinidade daquele momento era inegável. Dizia sem parar: "Obrigado, Senhor. Tu me mostraste isso quando me salvaste, mas eu logo esqueci." Sua face parecia a de uma criança e sua alma se acalmou enquanto uma doce serenidade vinha sobre ele. Era um momento sagrado, como todos aqueles em que você permite que sua identidade em Cristo se torne real para você, e ao fazê-lo descobre, para sua alegria, o verdadeiro "eu". Permitiu que o falso *eu* se dissolvesse.

O alinhamento que é necessário, mas resistido, nos crentes produz grandes batalhas internas e eles sofrem muito por causa de sua resistência à vontade de Deus. O que é necessário é que se identifiquem plenamente em Cristo e abram mão de sua identificação pessoal. O tipo de vida experimentado por incontáveis cristãos atualmente é a de que são cristãos verdadeiros que ainda vivem em sofrimento real. O que parece ruim hoje vai se tornar em bem. Quando a transformação ocorrer eles irão provar a paz de Deus como nunca antes e a vida abundante que Jesus prometeu que seria real dentro deles. Um bem permanente virá do mal temporário que enfrentamos. Eles não mais viverão em sofrimento, derrota ou confusão. A promessa de Jesus, de Sua paz dentro de nós, irá se tornar norma em sua vida (João 14:27).

Davi conhecia as lutas de nossa vida vivida no falso 'eu' e também sabia que isso não era o que Deus tinha para ele. Perceba a luta que sua mente criava:

Até quando te esquecerás de mim, Senhor? Para sempre? Até quando esconderás de mim o teu rosto?

Até quando consultarei com minha alma, tendo tristeza no coração cada dia? Até quando se exaltará sobre mim meu inimigo? (Salmo 13:1,2).

Deus tinha esquecido de Davi? Como poderia? Ele não podia esquecer alguém que escolhera. Por que Davi O acusava de esquecê-lo? A mente carnal de Davi lhe dissera isso e ele acreditara. Então, sofreu pois temporariamente acreditou em sua mentira. Você também luta como seus pensamentos como o velho rei? Esses pensamentos criam sofrimento e dor em seu coração? Sente como se o inimigo estivesse triunfando sobre você? Ele não está porque não pode. Jesus nos prometeu autoridade sobre todos os poderes do inimigo e que nada que ele tente poderá nos ferir (Lucas 10:19). Nenhuma arma "forjada no fogo" pelo inimigo pode realizar seu propósitos (Isaías 54:17). Mas se ele fizer com que você sinta que está triunfando sobre você, vai até ajudar sua "sabotagem" a si próprio. Quando vir através da ilusão que Satanás pinta em figuras de pensamento em sua mente, que são irreais, não importa o quanto elas pareçam concretas, você poderá se livrar desses ataques tortuosos.

Se você luta com seus pensamentos e sente dor em seu coração todos os dias, pode se animar porque Deus irá fazer por você o que fez pelo salmista Davi. Leia o Salmo 131 para entender o homem que ele se tornou com o tempo. Não mais lutava com seus pensamentos nem tinha uma dor incessante no coração. Tinha provado a transformação e tinha se aquietado interiormente. O Senhor irá transformá-lo em um homem ou mulher segundo Seu coração e irá lhe trazer a vida abundante do Reino de Deus em seu interior.

Você pode viver livre das incessantes questões mentais de "por que?" e "até quando?" e se tornar estável interiormente na abundância de paz. Com certeza precisa ser transformado para que isso aconteça e Deus está disposto a fazê-lo já que é seu Criador, Pai e Amigo.

Estamos passando por transformação

"Mas todos nós, com o rosto descoberto, refletindo como um espelho a glória do Senhor, somos transformados de glória em glória na mesma imagem, como pelo Espírito do Senhor" (2 Coríntios 3:18).

A palavra grega "transformado" aparece somente três vezes no Novo Testamento. É o termo para metamorfose e é usada em Mateus 17:2 onde foi traduzida como "transfigurado" ou "mudado" com relação à transfiguração do Senhor no Monte Hermom:

"Transfigurou-se diante deles. Seu rosto resplandeceu como o sol, e suas vestes se tornaram brancas como a luz" (Mateus 17:2).

"Ali, eles viram a aparência de Jesus mudar: o seu rosto ficou brilhante como o sol, e as suas roupas ficaram brancas como a luz" (Mateus 17:2 NTLH).

É usada em Romanos 12:2 quando Paulo se refere a ser "transformado" através da renovação da mente do crente:

"Não vos conformeis a este mundo, mas transformai-vos pela renovação do vosso entendimento, para que experimenteis qual seja a boa, agradável e perfeita vontade de Deus".

Poderosa esta palavra, certo? Metamorfose é transformação, transfiguração, mudança. É a vontade de Deus para nós. Ele nos ama como somos, e nos ama tanto que não quer nos deixar deste jeito. O Senhor nos predestinou a sermos "conformes à imagem de seu Filho" (Romanos 8:29). Não podemos ser conformados à imagem de Jesus enquanto não abandonarmos nossa falsa autoimagem. Aquela que é criada pelo "eu". Em outras palavras, não podemos ser conformados até que sejamos transformados.

Pondere sobre a mudança dramática que Jesus de Nazaré passou durante sua transfiguração. Sua face ficou radiante como o sol, Suas roupas mais alvas do que qualquer lavanderia poderia deixar e Seu ser emitiu glória e luz. Esta é a mesma palavra que Paulo, inspirado pelo Espírito, escolheu para descrever a mudança que pode ser efetuada na vida do crente. Ele ou ela pode ser transformado radicalmente, passar por uma metamorfose assim como a lagarta que se transforma em borboleta por seu Criador. A realização da profunda mudança no ser humano não é problema para o Criador da borboleta, também. Na verdade, nada é difícil para Ele.

Esta obra é operada pelo Espírito do Senhor na terra, na vida diária de alguns crentes, que irá em breve ocorrer em muitos cristãos. O Espírito Santo tem o poder de nos mudar radical e completamente e de nos dar transformação total de alma (mente, vontade, emoção). A mudança completa é possível nesta vida, antes ainda do Céu! É isto que Paulo se referiu como ser "inteiramente santificado" (1 Tessalonicenses 5:23).

Alguns cristãos têm se concentrado no poder do Espírito para manifestar Seus dons maravilhosos através deles, mas do que têm se importado em perceber ou ousar crer em Seu poder para muda-los radicalmente de dentro para fora. O objetivo do Espírito Santo é nos fazer como Jesus, o Filho, o Único em quem o Pai tinha total prazer — Seu Primogênito entre os irmãos (Romanos 8:29). Ele quer "trazer muitos filhos à glória" não só no porvir, mas também aqui e agora (Hebreus 2:10). Isso fica evidente em muitas passagens do Novo Testamento com as quais você deve estar familiarizado.

Por que há tão poucas mudanças em andamento na vida dos cristãos? A metamorfose é atrasada pela interferência da vida no "eu", pela carne, pela mente carnal, pelo velho homem e outros termos nas Escrituras que denotam a mesma coisa: a parte de nós que não foi renovada e que precisa de uma transformação total. Estamos usando o "EU" para reduzir todos estes termos em um só. É o "eu" em sua alma, seu falso "eu". É ele que interfere na emersão do verdadeiro "você" em seu espírito. Uma vez que tenha sido eliminado, as experiências de alma mudam e se tornam aliados dos espírito em vez de seu inimigo. Sim, até o corpo fica relaxado e nada neste momento perturba suas várias funções. É por isso que o sono se torna mais descansado e o corpo muitas vezes experimenta uma nova vitalidade naqueles a quem a graça transformou.

A metamorfose pessoal começa como um processo. Nós experimentamos uma grande mudança no momento da salvação e outra com a capacitação do Espírito em Seu batismo. Quando começamos a achar que chegamos lá, descobrimos, para nossa surpresa e decepção, que não estamos nem perto de obter o crescimento espiritual que achávamos que tínhamos! O velho ego, o eu, ressurge e vida espiritual sucumbe! Ficamos desapontados conosco mesmos toda vez que não somos tão amorosos, bondosos ou semelhantes a Cristo quanto imaginávamos ser. Podemos ter períodos de crescimento espiritual seguidos de períodos de estagnação durante o processo, mas de repente a transformação se torna possível. Sei disso porque foi o que me aconteceu em um dia lindo e estou convencido de que pode acontecer a qualquer um que tenha fome e sede de justiça.

Os momentos difíceis da vida são trampolins

Eu levei anos para perceber que os vários momentos difíceis da vida foi o que Deus usava para ajudar a me preparar para o a progresso do Reino. É isso que Jesus quis dizer quando falava em enigmas do tipo "para viver precisa morrer", "para ser exaltado precisa ser humilhado", "para mandar precisa servir", "para ser o primeiro deve ser o último" e daí por diante. Muito do que Ele disse nunca havia sido entendido pela Igreja através de toda sua longa história, já que nós tendemos a manter Seus ensinos no nível mais superficial de nossa mente, porém o que mostrava é uma realidade espiritual mais profunda que poucos cristãos, inclusive líderes cristãos, já compreenderam ou viveram.

Na verdade, muitos dos seguidores de Jesus que experimentaram uma mudança dinâmica não estavam em posições de liderança quando sua transformação especial aconteceu. São aqueles que percebem sua pobreza de espírito que são por Ele enriquecidos com os tesouros do Seu Reino. Eles contêm a imensidão de Sua vida em sua alma, fluindo amor e compaixão pelos outros e uma paz profunda que guarda seus corações e mente. Quando uma pessoa acha que atingiu o alvo por causa da sua posição exterior, não pode experimentar o milagre da transformação. Quando alguém que essa pessoa conhece chega a uma experiência mais profunda com Deus, o líder da igreja pode se sentir ameaçado porque intuitivamente percebe algo maior naquele que foi transformado. O que o líder conhece em seu espírito é questionado por sua mente: "Se Deus queria fazer isso em minha igreja, deveria ter feito em mim primeiro!" Que diferente do Mestre humilde a quem proclamam, mas falham em demonstrar quando verbalizam seu pensamento do púlpito.

O jeito de viver de muitos cristãos é como um cabo de guerra entre o falso *eu* na alma e a nova vida no espírito. Paulo se referiu a este "*eu*" na alma do crente como "carne", "mente carnal" e "velho homem" na versão Clássica de Almeida. Em outras traduções também o vemos mencionando a "natureza caída", "o velho eu" e "o corpo do pecado". Nenhum desses crentes em luta irá admitir que gosta de suas lutas pessoais, porém alguns estão tão perdidos no falso *eu* que desenvolvem um tipo estranho de prazer pelas dificuldades que eles mesmos criam. É por isso que quando as coisas estão fluindo na família, no trabalho ou na igreja, acham que é necessário criar problemas onde eles não existem. Gostam de observar a tristeza que criam para os outros e então reclamam, depois que as pessoas veem que por sua causa ninguém mais é amigável. Ficam cegos e deprimidos julgando os outros continuamente, incapazes de ver que são a causa de sua própria miséria. O eu os cegou.

O que realmente está acontecendo com os cristãos carnais e que vivem na alma é uma luta entre a velha vida no eu do indivíduo, a vida na alma, e a nova vida no espírito, sua parte mais profunda. É um cabo de guerra. Às vezes estão verdadeiramente vivendo no sua natureza espiritual e sentem uma alegria incomum sem saber o porquê. A maior parte do tempo vivem no nível superficial de suas mentes não renovadas e em perpétua tristeza. Quando essa guerra cessa na experiência da transformação o crente anteriormente deprimido prova de uma paz, luz e liberdade na adoração maior e mais profunda e de alegria em seu coração no dia a dia. A vida assume uma nova tranquilidade. Esta "novidade" foi rapidamente provada durante aquilo que muitos chamam de sua "lua de mel com Jesus" nos dias seguintes à sua conversão inicial a Cristo. Mas o novo se transformou em velho à medida que se viam mais presos ao "eu". É seu envolvimento em um sistema religioso puramente mental que com o tempo desgasta muitos novos crentes e os leva ao sub nível de cristãos "normais".

Mesmo quando a fé e fortalecida através das provações depois da transformação, elas (as provações) não produzem sofrimento interior. A guerra entre a carne e o espírito, que "opõem-se um ao outro" (Gálatas 5:17), acaba. O "eu" foi vencido pela habitação de Cristo no espírito do crente. Aqueles que estavam forçando sua entrada no Reino de Deus descobrem, para sua alegria, que o Reino lhe foi dado pelo Pai celestial. Não há mais necessidade de forçar a entrada no Reino que é dado gratuitamente (Lucas 12:31, 32; Atos 14:22; Hebreus 12:28). O velho eu se rendeu à nova vida mais profunda dentro do crente e foi "desfeito" (Romanos 6:6), nas palavras de Paulo. O que fora ilustrado pelas águas do batismo foi finalmente experimentado como realidade. Ao se identificar com a morte, sepultamento e ressurreição de Jesus eles finalmente provam o máximo na Terra, antes ainda do céu, o que Paulo chamou de "andar em novidade de vida" (Romanos 6:1-3).

O que pode lhe acontecer em certo momento é uma profunda reorientação na identificação com o falso "eu", tornando, assim, possível a sua morte. Daqui para frente as batalhas não acontecem mais em seu interior; somente no exterior. A vida é muito mais fácil quando isso acontece. É verdade que você ainda vai encontrar situações difíceis ou desafiadoras, e isso significa que deve manter vigilância até o último fôlego, como aconteceu com nosso Mestre perfeito. Manter-se diligente é fácil quando se ouve o espírito. Ele o alerta quando o inimigo se aproxima e você fica totalmente atento interiormente. Depois "resiste ao diabo" simplesmente por permanecer no seu novo "eu" (a palavra "resistir" na verdade significa "opor-se" e não ilustra empurrar com grande esforço, como muitos confundem). Então, o diabo "foge aterrorizado" (como Tiago 4:6,7 diz literalmente no grego).

Você pode não querer divulgar aos outros ou, mais importante, para seu "eu" sempre que seu espírito sentir as raras aproximações diabólicas. Jesus disse a Seus discípulos que não falaria muito com eles depois que a conversa à mesa tivesse terminado no final da Última Ceia. Sentira o inimigo se aproximando dEle na noite em que foi traído. Cristo retirou-se para a quietude interior para que pudesse estar alerta ao que acontecia no invisível mundo espiritual enquanto "o deus deste século" o cercava (João 14:30-31). Mais tarde orou com grande agonia no jardim enquanto entrava em um alinhamento ainda mais profundo com a vontade do Pai durante Sua experiência humana.

Durante Sua últimas orações no Getsêmani um anjo do céu o capacitou com uma oração de poder dunamis no lugar íntimo de vitória, em favor da crucificação que estava adiante e Jesus, por causa da alegria que Lhe estava proposta, suportou a cruz desprezando a afronta (Lucas 22:43; Hebreus 12:2). É por isso que o Abnegado disse à mulher em prantos durante a Via Dolorosa que não deveriam chorar por Ele, mas por si próprios e por seus filhos (Lucas 23:28). O Mestre colocou sua alegria na ressurreição e na reunião com Seu Pai na glória do céu. Não estava chegando ao fim, como erroneamente viam Seus observadores; estava vindo para um novo começo.

Quando você deixa que seu "eu" morra, está chegando ao fim da vida como a conhece, mas o que está realmente acontecendo é que está começando uma vida nova, um novo você.

As partes formam o todo

Você é uma criação complexa, não aquela coisa complicada que a mente carnal lhe disse que era. Paulo identifica as três principais partes que formam o ser humano como sendo espírito, alma e corpo. A redenção afeta toda a pessoa — todas suas partes um dia serão como Jesus, sendo o corpo o último a passar por uma mudança dramática quando Ele voltar. O espírito é a primeira que muda e esta mudança ocorre no momento do novo nascimento.

Seu Espírito — o local da nova vida em você.

O espírito (do grego 'pneuma' [new.mah] é sua parte mais profunda. Jesus chamou-o de ventre dizendo que é desta região que o Espírito Santo flui de dentro do crente (João 7:37, 38). É aqui que Deus, a quem Jesus descreveu com "Espírito" (João 4:23,24), está unido ao crente se tornando "um espírito" com ele (1 Coríntios 6:17). É no espírito que Jesus habita no indivíduo que foi regenerado (nascido de novo, renovado, do alto). "Cristo em vós, esperança da glória" (Colossenses 1:27). "Jesus Cristo em vós" (2 Coríntios 13:5). "Maior é o que está em vós do que aquele que está no mundo" (1 João 4:4). "O Senhor Jesus Cristo seja com teu espírito" (2 Timóteo 4:22). É sua parte de espírito que nasce do Espírito Santo no milagre da salvação inicial (João 3:3,5). É ele que recebe poder enquanto você é imerso pelo Espírito de Deus. É dele que os carismas (dons) do Espírito se manifestam. É de dentro do seu espírito que todo o fruto do Espírito cresce e se manifesta com o tempo, em sua alma e corpo (Gálatas 5:22, 23).

É nesta parte mais profunda de você que entra em contato, comunga e cria coisas com Deus. É onde sabe (em vez de pensar, racionalizar, imaginar), e onde a unção nos foi dada, "a sua unção vos ensina todas as coisas, e é verdadeira, e não é mentira, como ela vos ensinou" e "sabeis todas as coisas" (1 João 2:20-27). Davi a chamou de "oculto" dizendo que era este o lugar onde Deus o fizera "conhecer a sabedoria" (Salmo 51:6). O Senhor e Seus filhos são um no âmbito do espírito (1 Coríntios 6:17).

Se você for honesto consigo mesmo poderá discordar de que é "um em espírito" com seu Senhor porque com frequência se vê com problemas, ansioso e se sente derrotado. Podem haver áreas de sua vida que ainda estão presas em amarras de pecado, no corpo, na mente ou nas emoções. A resposta é que embora sua parte mais profunda seja seu novo espírito, você ainda tem uma alma não renovada, não restaurada (ou apenas parcialmente restaurada) e vive na terra em um corpo ainda afetado pela queda de Adão e em um mundo decaído.

Mesmo assim a completa transformação do crente é possível neste momento. Quer sua igreja ensine ou negue que este lado do céu está disponível, de forma alguma isso o torna menos real para aqueles que experimentaram uma mudança radical dentro de si. Foi isso que Jesus quis dizer quando ensinou que Seus seguidores devem ser "perfeitos como seu Pai no céu" (Mateus 5:48). É contrário ao caráter do Senhor achar que Ele estava caçoando de nós.

Seu espírito é a sua parte onde Deus inicia Sua obra na sua alma

É o espírito do crente que se torna "uma nova criatura" no milagre da salvação. Esta é a sua parte onde as coisas antigas já passaram e tudo se fez novo:

"De maneira que, se alguém está em Cristo, nova criatura é; as coisas velhas já passaram; eis que tudo se fez novo" (2 Coríntios 5:17).

Você pode responder: "Bom, eu não sinto como se tudo fosse novo" e está em parte correto. Nem tudo em sua alma já é novo, na verdade boa parte dela ainda estão sem renovação, restauração ou transformação. Mas há também uma parte de você onde tudo lá é novo e tudo o que era antigo já passou. Esta é a parte que nasceu em Deus no primeiro milagre da salvação: a experiência do novo nascimento. Jesus se referiu a isso da seguinte forma:

"O que é nascido da carne é carne, e o que é nascido do Espírito é espírito" (João 3:6).

"Qualquer que é nascido de Deus não comete pecado; porque a sua semente permanece nele; e não pode pecar, porque é nascido de Deus" (1 João 3:9).

É em seu espírito onde o Pai celestial fixa residência, onde Jesus vive e onde o Espírito Santo habita em você:

"Qualquer que nega o Filho, também não tem o Pai; e aquele que confessa o Filho, tem também o Pai" (1 João 2:23).

"Jesus respondeu-lhe: Se alguém me ama, guardará minha palavra, e meu Pai o amará, e viremos a ele e faremos nele morada" (João 14:23).

"Ou não sabeis que vosso corpo é o templo do Espírito Santo, que habita em vós, proveniente de Deus, e que não sois de vós mesmos?" (1 Coríntios 6:19).

É em seu espírito que Deus inicia Sua obra em você depois de ter fixado residência em seu interior através da Pessoa do Espírito Santo.

Sua obra em você se concentra em principalmente transformar sua alma à imagem de Cristo em seu espírito. Ele ficou plenamente satisfeito em Jesus, Seu Primogênito, e predeterminou que você seja conformado à Sua imagem. Enquanto opera em você o Pai também trabalha através de você, à medida que se submete ao Espírito Santo.

É onde Ele habita em seu interior, seu novo espírito, que inicia toda sua operação tanto em você como através de você, fazendo que deseje cumprir Sua vontade e lhe dando a graça de realmente cumpri-la em seu corpo:

"Porque Deus é o que opera em vós tanto o querer como o efetuar, segundo a sua boa vontade" (Filipenses 2:13).

O desejo de fazer a Sua vontade não deve ser confundido com força de vontade. A força de vontade funciona na parte que é sua alma. O desejo de fazer a vontade de Deus em sua vida vem da parte mais profunda, seu novo espírito, e influencia sua alma já que a traz a um alinhamento com o espírito. Falaremos mais sobre isso mais tarde, por agora só entenda que sua volição que sempre operou em sua alma deve ser influenciada por algo mais profundo e forte do que ela. É o poder de Deus que cria em seu interior o desejo de cumprir Sua vontade! Ele inicia todas as mudanças que opera em você.

É no seu espírito que Deus Se faz conhecido a você e a Sua realidade se torna vívida em seu interior. É aí que enche de Sua vida, amor, paz e de sua Presença. É no espírito onde o Pai Celeste principia toda a obra que faz em sua alma e corpo.

Sua alma — onde está sua personalidade, incluindo seu intelecto, volição e origem da emoção. Esta é sua parte onde o ego fundamentado no pecado mora até que seja dissolvido.

Sua alma é sua personalidade. A palavra grega *psuche* é a raiz de onde vem o termo *psyche*. É a que se crê ser composta de intelecto, volição e emoção. Para ser mais preciso, a origem da emoção está na alma, mas é experimentada como um sentimento em seu corpo. É isso que produz a ligação íntima entre corpo e alma. Sua volição (vontade) também está aí. Seus gostos, preferências na vida natural estão na alma. É isso que sua família conhece como sendo você. Sabem se você gosta chocolate mais do que de baunilha ou morango. Sabem se prefere ser acordado cedo ou se precisa dormir até mais tarde. Quem está mais perto de você normalmente está habilitado a prever como responderá às diferentes situações porque sabem seus padrões de alma como resultado de uma íntima interação. Conhecem os "botões" que precisam apertar para conseguirem o que querem e o farão sempre que o seu "eu" os impulsionar. O "eu" governa a maioria das casas e arruína muitas delas.

Seus conceitos mentais do mundo ao seu redor são formados na alma desde sua infância. Suas ambições, desejos e o que lhe atrai está basicamente enraizado aí. Este é o lugar onde forma suas opiniões sobre os outros, faz juízos de pessoas e situações (quer positivos ou negativos) define o clima ou a viagem de compras como boa ou ruim e assim por diante.

Quando as atitudes se originam na alma elas são definidas como "egoísmos de alma" e se um crente vive a partir dela esta pessoa pode ser classificada como "almática" em vez de espiritual. Essa palavra almática é usada atualmente na teologia, não fui eu quem a inventou. Almático significa "da alma", assim como físico quer dizer "do físico".

Seu corpo — a parte exterior de você que se relaciona com a Terra.

Seu corpo (do grego *soma*) é o que de você se manifesta ao mundo em sua forma externa visível aos outros. É composto da natureza física, sua estrutura e funções. É por isso que muitos se referem ao corpo como a "carcaça", porque creem que é só uma identificação temporária. Você um dia irá viver nele para sempre, quer seja na nova terra, no céu ou em qualquer outro lugar no Universo criado por Deus. O mesmo corpo em que vive agora é parte de sua identidade eterna. Sim, ele vai voltar ao pó de onde veio, mas irá acordar e brilhar para sempre na ressurreição (Daniel 12:2).

Muitas pessoas, cristãs ou não, veem o corpo como inerentemente mal porque ele é usado quando se comete pecado, crimes, erros e assim por diante. Porém também é usado em muitas obras boas e nobres realizadas por nossa raça neste planeta. Deus olhou para tudo o que criara e disse que era "bom" (Gênesis 1:31). Esse pronunciamento incluía o físico, já que é a parte mais elevada de Sua criação original na Terra. Sim, o corpo foi criado bom, mas devido ao pecado do homem, tornou-se capaz de fazer o mal. Eu vejo o corpo como neutro. Depende do que vai dentro da pessoa quanto ao que o seu corpo fará. Vai fazer o bem ou o mal de acordo com o que é desejado em seu interior.

Depois que a plena salvação que Cristo efetuou por nós na cruz for totalmente provada na Sua volta, o corpo ressurreto só será capaz de realizar atos de santidade. Quando a alma de um crente é transformada nesta vida, ele irradia a vida de Cristo de dentro e é a expressão de Sua vida através de palavras e ações. Os homens veem os atos no corpo e glorificam a Deus, então como ele pode ser ruim? (Mateus 5:16)

O Surgimento do falso Eu

Também é na alma onde você, no começo de seu desenvolvimento infantil, permitiu o surgimento de um senso de individualidade. Como recém-nascido não tinha muito deste senso de "eu", então tudo e todos eram vistos em admiração e assombro, mas isso mudou rápido enquanto crescia e observava aqueles que o cercavam. O que ficou evidente foi o "eu" que vive em cada um de nós. Esse "eu" falso ou fabricado pela mente, como alguns o chamam, também é conhecido o "ego" na linguagem moderna. Ele, todos nós o temos ou já tivemos, desenvolveu seu senso de "egocentrismo". Esta é a parte de você que no final não é você, mas que faz parte de você agora, não é?

Infelizmente este "eu" baseado no pecado foi confundido como sendo o "você" real enquanto crescia, mas isso estava longe de ser a verdade. O verdadeiro "você" a quem você mesmo chama de "eu" não é quem você é de jeito nenhum. Esta herança da sua alma, em parte dos seus pais e em parte desenvolvido com o tempo, inventou o "falso eu" em sua mente e acabou sendo confundido como o verdadeiro "você".

Acredite se quiser, mas é este "eu" gerado na alma que tem sido a fonte da maioria dos seus problemas. Muitos deles não vêm de outras pessoas, mas de algo em você que reagiu erradamente a eles.

É o falso *eu* que Deus quer exterminar ao invés de curar. Ele é um mestre do disfarce e se esconde por trás das boas intenções e atos nobres, porém à Luz da Presença de Deus é exposto e exterminado. É um parasita que suga a vida de seu hospedeiro resultando eventualmente em sua morte. É por isso que Deus se opõe a ele. É um aliado de Satanás, e isso foi dito por ninguém menos que o próprio Jesus quando repreendeu Simão Pedro à frente de todos os outros discípulos se dirigindo a ele como "Satanás".

"Ele, porém, voltando-se, disse a Pedro: Para trás de mim, Satanás, que me serves de escândalo. Porque não compreendes as coisas que são de Deus, mas só as que são dos homens" (Mateus 16:23).

Jesus está dizendo àqueles que têm ouvidos para ouvir que os pensamentos dos homens muitas vezes provém do Adversário de suas almas, o diabo. Origina-se em Satanás, mas sua porta de influência sobre nós está no "eu". É nas "coisas dos homens" que o inimigo e o eu se deleitam e nas quais se aliam para atormentar, tentar e seduzir as pessoas, incluindo os crentes nascidos de novo.

Quem você acha que é, e até pensa ser, não é realmente quem você é! No entanto, isto está oculto a muitos de nós por anos, às vezes até a idade avançada. É triste viver dos conceitos mentais de quem você é como se estivesse condenado a frustrações perpétuas, sensações de vazio e indignidade e uma negatividade geral a seu respeito. Porém este é o triste estado de muitos crentes a maior parte de suas vidas naturais. Exceto em raras ocasiões em que suas mentes se tornam quietas e sentem sua essência real, a maioria vive em função do "eu" e são cegados por ele. Quando experimentam períodos de liberdade, ficam radiantes de alegria em Deus e na vida e dizem: "Gostaria de ser sempre assim". A verdade é que podem.

O "eu" ficou manifesto entre você e seus irmãos muitas vezes durante sua infância. Ele disputava a proeminência entre seus irmãos e irmãs, brigando sobre quem pegou o brinquedo (já que tinha seu conceito de si mesmo ligado a algo exterior a você). Era ele que o fazia sofrer dores reais, chorando para sua mãe e pedindo para que ela "fizesse com que ele lhe devolvesse". Era também o "eu" do seu irmão querendo a predominância que fazia com que ele roubasse o brinquedo da sua mão. Não é que realmente quisesse o brinquedo, só queria lhe mostrar que era maior e superior a você.

Os adultos riem deste comportamento infantil dizendo: "Ele vai amadurecer e sair dessa", mas nós realmente superamos isso? É verdade que nos adaptamos a um comportamento exterior de normas sociais, mas interiormente continuamos querendo o carro do nosso chefe, ou o cargo do nosso supervisor, por querermos reconhecimento. Queremos algo exterior a nós para nos fazer sentirmos melhores com a pessoa que achamos que somos ou queremos nos tornar. É uma ilusão criada pelo falso "eu" e potencializada pelo inimigo. Ainda assim muitos passam a vida atrás dela. Foi a esse eu — o aspecto da vida carnal dirigida pelo eu — que Jesus se dirigiu em muitas de Suas parábolas. (É como se adquirisse uma Bíblia nova depois da transformação e as parábolas de Cristo falam a você como nunca antes.)

O sofrimento exterior é produzido pelo Eu

É precisamente isso, o ego pecador, que está por trás do caos social e que causou todas as guerras no mundo. Quase todo o sofrimento humano (com exceção de desastres naturais) são conduzidos pela cobiça, como Tiago demonstra, e mesmo quando seus objetivos são atingidos eles não trazem satisfação. A versão Almeida Clássica o expressa bem: "De onde vêm as guerras e pelejas entre vós? Porventura não vêm disto, a saber, dos vossos deleites, que guerreiam nos vossos membros? Cobiçais e nada tendes. Sois invejosos e cobiçosos e não podeis obter. Combateis e guerreais e nada tendes, porque não pedis" (Tiago 4:1,2).

Converse com uma pessoa ligada a algum padrão destrutivo de comportamento e irá ouvir da infelicidade frustrante de desejar e não obter o que perseguem. E mesmo se conseguirem, continuam querendo ainda mais — mais dinheiro, mais respeito, mas projeção na sociedade, mais cabelo, mais músculos, mais beleza, mais, mais e mais ainda. A força propulsora por trás deste "mais" é o desejo conduzido pelo ego ou a luxúria (no Novo Testamento a palavra "luxúria" é usada por desejos que vão além do sexual, embora o inclua também). O "eu" nunca está plenamente satisfeito ou, em outras palavras, se encontrar satisfação não estará satisfeito por muito tempo. Esta é a força que impulsiona vários vícios que são pragas humanas.

O "Eu" coletivo causa os problema mundiais

Você e eu não somos os únicos que sofreram com o EU e o confundimos em nossa mente. Todos o têm ou já o tiveram e só uns poucos o enxergaram, e menos ainda foram libertos dele. Se ele o deixa louco, imagine o que é capaz de fazer quando se une a outros "eu"? O "eu" individual se fortalece quando faz coalisões em coletividades e assume identidades grupais. Grupos religiosos disputam uns com os outros, mas quando estão sozinhos e não têm combates externos acabam se virando uns contra os outros da própria comunidade. Sempre foi assim, desde a Queda de Adão. Coletivamente escolhemos ir contra a vozinha interior que nos diz que este caminho é errado e assim criamos todos os tipos de sofrimento em nossas vidas e nas vidas dos demais. Isso acontece porque nos apoiamos em nosso próprio entendimento apurar a natureza do problema que todos percebem e ninguém consegue resolver. Assim geramos uma miséria perpétua dentro de nós e a derramamos sobre a família, colegas de trabalho, e pessoas da igreja ou da comunidade.

Jesus se referiu ao "eu" coletivo quando predisse que "nação se levantaria contra nação" em guerras. Por toda a história a humanidade tem se matado em defesa de ideias e conceitos que se erguem do falso "eu" coletivo. Cada lado da guerra cria que sua causa era justa e honravam aqueles que sacrificavam suas vidas em buscas do sonho nacional de se tornar melhor e mais forte do que as nações que combatiam. Cada um dos pilotos kamikaze da Segunda Guerra Mundial cria que estava realizando algo nobre, e suas famílias no Japão os honravam por se matarem ao mergulhar seus aviões bomba nos navios de guerra americanos. Os mártires da Jihad também são honrados em algumas partes da cultura islâmica atualmente. Muitos se tem escrito detalhando exemplos semelhantes de sofrimento desnecessário e mortes causadas pelos seres humanos. Esta é a triste história da humanidade. As pessoas morrem por algo que no final não é real ou duradouro. As guerras surgem e são vencidas ou perdidas. Então há um período temporário de paz e novamente outra guerra se levanta.

Atrocidades inenarráveis surgem da energia do eu que se baseia na alma e no ego. Crimes individuais são estimulados pelo falso *eu* também. Crimes violentos contra outros seres humanos são levados a cabo por indivíduos perdidos na insanidade da mente carnal, a parte pensante do "eu". Negociações desonestas são evocadas na mente carnal enquanto o "eu" procura usar pessoas em vez de valorizá-las.

O "Eu" causa problemas religiosos

O "eu" é o combustível de conflitos religiosos também, desde divisões em igrejas locais até divisões denominacionais. Foi ele que impulsionou as chamadas "Santas Cruzadas" do cristianismo, bem como a inquisição, e os numerosos movimentos de jihad no islamismo.

Os budistas indicam superioridade às outras religiões em sua famosa afirmação de que nunca participaram de uma guerra, e isto é verdade superficialmente pelo fato de seus líderes nunca terem proclamado, patrocinado ou endossado a guerra. Mas até eles devem admitir que o menos conhecido quase extermínio da religião do Himalaia pelos budistas do vale foi conduzido pelo mesmo princípio do "eu". Como pode outro grupo ensinar que um nobre príncipe havia aberto mão de sua vida de conforto para se identificar com as classes mais baixas 1.200 anos antes da vida de Buda! Os religiosos do himalaia não admiravam Buda porque eles mesmos tinham seu "Iluminado". Quando o budismo entrou nas terras altas do Himalaia e encontrou aquele grupo, ouviu seus ensinamentos sobre o príncipe, ficou tão furioso que os "pacíficos" budistas mataram todos os que puderam encontrar! Queimaram seus escritos sagrados com exceção daqueles que foram recentemente descobertos, que tinham sido escondidos milênios antes em cavernas da região.

Toda religião que inicialmente ensine a paz e depois pratique a violência está demonstrando aos observadores objetantes que todas as religiões são na verdade, quando não baseadas na realidade espiritual, um mero conceito mental de poder de transformação. É fundamentada na alma, em vez de no espírito. Isso é especialmente verdade nos seguidores mais devotos de qualquer grupo em especial. Seu senso do "eu" (a falsa compreensão de quem são) é abastecido pelo fanatismo que tem origem no ego e no zelo conduzido por ele.

Não podemos negar, no entanto, que também há muitas coisas boas feitas pelas várias religiões, mas há uma diferença entre o que é almático e o que é espiritual. O que a maioria das pessoas pensa é que o espiritual é só outro conceito mental que acrescentaram à sua mente já lotada. É na realidade mais religião do que espiritual.

Pode ser que fique ou não surpreso ao saber que, dependendo se já teve uma experiência anterior com uma religião organizada, o termo "religião" é de raiz latina e significa "servidão"! Isso em si é assustador, porque todas proclamam liberdade! Nenhuma diz: "Venha, siga nossos ensinamentos. Você ficará mais infeliz do que já é." Essa servidão encontrou espaço por causa do EU coletivo dos vários grupos religiosos. A mentalidade "somos melhores do que você" não é espiritual, mas almático e até demoníaca. Provém da "sabedoria terrena" (Tiago 3:15). Todas as religiões, incluindo o cristianismo, a possuem. Todas as denominações cristãs e até os não denominacionais estão envenenados por ela. Não vai conseguir uma boa divisão à moda antiga na igreja sem o "eu" corrompido pelo pecado operando! As brigas e confusões são, segundo o observado por Paulo, parte das "obras da carne" (Gálatas 5:16-20). As rixas, em qualquer forma que se apresentem, sempre são arraigadas no "eu". Onde encontrar brigas, discórdia e divisões o "eu" está em ação.

O "Eu" causa problemas de família

Vamos colocar a religião de lado e nos aproximar das casas. Este é o motivo porque reuniões de família, depois que a euforia inicial se apaga, tornam-se em pequenas disputas depois de dois ou três dias. Os "eus" não renovados e falsos acabam sempre por causar atrito sobre crenças diferentes, pontos de vista sobre a vida diferentes, comportamentos e assim por diante. É por isso que as famílias sofrem com as rixas dentro de quase todas as casas da vizinhança. Também é por esta razão que maridos e esposas discutem, muitas vezes na frente das crianças, e porque os filhos fazem confusão e brigam entre si. O "eu" dentro dele está lutando por proeminência sobre os outros. Você já percebeu que os animais de estimação saem dos cômodos quando os humanos começam a brigar? Os animais não gostam da energia que sentem naquele lugar da casa, e sabiamente escolhem sair ou se esconder debaixo de um sofá. Os gatos tentam fechar seus ouvidos franzindo a cara quando palavras de ódio são ditas em tom alto. Os animais percebem a tensão nos humanos e não a desejam.

O Eu causa os seus problemas

Agora vamos deixar a família e olhar para você. É por isso que você pode realmente desfrutar da Presença do Senhor e da paz que Ele traz ao lar, só para mais tarde se ver transtornado em confusão interna no trabalho. Isso acontece porque confundiu o "eu" localizado em sua alma não renovada com sua parte mais profunda, que é seu espírito. A paz e a alegria que experimentou na adoração a Deus era real e profunda em você, antes de sair de casa. Enquanto permaneceu centrado no seu espírito, sentiu a Presença de Deus de forma real e indiscutível. Depois de perder a íntima ligação com ele através dos barulhos mentais em seu trabalho, sua paz saiu e foi substituída pela confusão. Foi na sua alma que o conflito se ergueu no seu trabalho e você permitiu que ele a perturbasse. É por isso que cristãos sinceros normalmente se comportam de um jeito e depois de outro completamente diferente. Alguns observadores podem julgá-los como hipócritas, mas o que está acontecendo é que estão fragmentados — vivendo parte do tempo no espírito e o resto do tempo na alma.

Depois que a alma é transformada na experiência da morte na cruz, você não irá se ver envolvido em perturbação interior em seu trabalho. Quando ela surgir em seus colegas você permitirá que aconteça neles, mas não em você. Irá observar o "eu" em atuação nos outros, do ponto de vista privilegiado de seu espírito. Você sabe quem você é, assim aprende a corrigir sua postura em qualquer situação negativa na qual se veja. É sempre correto não resistir à situação negativa, mas deixar que ela aconteça já que não tem controle sobre os outros. Isso vai logo passar e alguns irão fazer as pazes, outros não, dependendo da força de sua identidade com o falso "eu" dentro deles. Você pode permanecer em paz durante os conflitos em seu emprego. Nunca tome o partido de uma pessoa governada por seu ego, porém não deve se opor a ela também. Pode ficar livre em seu interior, não importa o quanto os outros estejam na vida de superfície. Pode deixar que eles sejam quem são e não se envolver em suas teias almáticas. Pode escolher vê-los com profunda compaixão, sem julgá-los ou rotulá-los, e se praticar isso vai ficar em paz.

É com nossa alma que contatamos os outros, formamos nosso senso pessoal de identidade, e deixamos que o ego corrompido pelo pecado se levante. É por isso que sofremos de conflitos internos e com outras pessoas que são dirigidas pelo "eu" até que nossas almas sejam transformadas.

Carne, mente carnal, velho homem, "eu" não renovado e falso, ego — chame-o como quiser — sua base é na alma. É esta parte de você que pode experimentar transformação total através de uma profunda rendição a Deus.

Harmonia pessoal

Quando a alma do crente experimenta a morte de cruz, a vida nova dentro de seu espírito enche e inunda a alma. Quando o Senhor fez o Seu Reino real para mim a felicidade que se seguiu por dias foi indescritível. Faltam-me palavras para descrever o que exalava de meu interior.

Paulo sabia da realidade experimental deste domínio dentro da alma e o descreveu desta forma:

"E o mesmo Deus de paz vos santifique em tudo; e todo o vosso espírito, alma e corpo sejam conservados irrepreensíveis para a vinda do nosso Senhor Jesus Cristo" (I Tessalonicenses 5:23).

Há uma paz interior que permeia completamente a alma e emana sempre que um crente prova este estado da graça. Quando o "eu" for crucificado, há paz em sua alma, não só em seu espírito. O estado de "céu na terra" dentro de seu coração, uma paz que não pode ser encontrada no mundo, nem ser dada ou tomada é experimentada como real (João 14:27). A alma é renovada, transformada e mudada pelo Espírito do Senhor (2 Coríntios 3:18). O que resulta da transformação é a emancipação da escravidão mental e emocional. A tradução literal do grego "onde está o Espírito do Senhor, aí há liberdade" é "onde o Espírito do Senhor é soberano há libertação da escravidão" (2 Coríntios 3:17).

Estamos nos aproximando de olhar mais profundamente a morte de cruz e a ressurreição. Sua escravidão interior cessa quando o domínio de Cristo toma sua alma. Isso irá resultar em sua própria transformação. Pode acontecer agora mesmo. Se pode vê-lo, pode recebê-lo. Esta foi a última mensagem que Elias deixou a seu servo Eliseu (2 Reis 2:10).

Este é o pré-requisito que Jesus também deu a Nicodemos. Ele tinha que nascer do alto para que pudesse receber novos olhos que irão lhe permitir "ver" o Reino de Deus. Nicodemos tinha que primeiro "ver" para que depois pudesse "entrar" no Reino de Deus (João 3:1-5). Seu novo nascimento não só garantiria que iria "vê-lo" ou "entrar" nele, mas faria que os dois fossem possibilitados para aquele velho fariseu. Você já nasceu de novo, mas já viu o Reino de Deus? Se pode vê-lo, já entrou nele de forma prática? Se já experimentou o domínio de Deus sobre sua alma, Jesus irá fazer com que ela encontre paz permanentemente (Mateus 11:28-30).

Capítulo 5

O que você é?

Analisamos o ensino de Paulo sobre metamorfose – uma palavra que ele escolheu da língua grega que se refere a uma mudança completa, uma transformação total (Rm 12:2; 2Co 3:18). A convicção de Paulo é que Deus deseja *metamorfose* para cada um de Seus filhos. Isto significa que não é a vontade de Deus que Seus filhos permaneçam da mesma maneira que eram quando Ele os gerou em Sua família. Ele deseja crescimento, mudança e maturidade em cada um de Seus filhos.

Transformação é "inteireza"

O que Paulo descreve como "transformação" é a mesma verdade expressa por Jesus em Seu Sermão da Montanha como "perfeição" ou melhor, "inteireza". Um cristão, Jesus ensinou, pode alcançar inteireza como o próprio Pai é inteiro (veja Mt 5:48 em Aramaico). O que Jesus quis dizer como "inteiro"? Ele quis dizer que todas as nossas partes estão em perfeito alinhamento: espírito, alma e corpo. Não há conflito interior entre nenhuma de nossas partes; somos completos assim como nosso Pai é completo, indivisível, sempre em total harmonia dentro de nós. Foi isto que Jesus quis dizer quando nos falou para sermos "perfeitos como é perfeito nosso Pai que está nos Céus." Cristo não quis dizer que de alguma maneira nos tornaríamos Deus ou alcançaríamos onipresença, onisciência e onipotência, mas simplesmente que nos tornaríamos um ou inteiros, indivisíveis e completos.

Isto te descreve? Isto descreve outros que você conhece? A maioria dos cristãos conduzem suas vidas em harmonia indivisível e completa dentro de si mesmos? Se não, por que não?

É o poder transformador da graça, surgindo da parte espiritual de cada um de nós, que contém a capacidade de produzir unidade entre o espírito, alma e corpo. O corpo toma a qualidade radiante e transparente e se torna a "lâmpada" pela qual Sua Luz emana de nós para os outros que estão em trevas, tornando assim, o cristão, a Luz de seu mundo (Mt 5:14). A Luz reflete de dentro e aqueles que a veem, são atraídos a nós por algo que há dentro deles que intuitivamente sente nossa inteireza através de nossa transparência.

Esta é uma vida cristã autêntica... nos tornamos luzes no mundo. Dois versículos após nos dizer "Vós sois a luz do mundo", Jesus continua explicando o nosso propósito diante de outros: "Assim resplandeça a vossa luz diante dos homens, para que vejam as vossas boas obras e glorifiquem o vosso Pai que está nos céus" (Mt 5:14-16). Paulo, tomando de sua revelação na meditação do ensino de seu Mestre, expressou o mesmo conceito desta maneira:

"para que sejais irrepreensíveis e sinceros, filhos de Deus inculpáveis no meio duma geração corrompida e perversa, entre a qual resplandeceis como astros no mundo; retendo a palavra da vida..." (Fl 2:15, 16a).

O que você é?

Notamos que cada um de nós em nossa natureza humana, somos trinos, ou, temos três partes: espírito, alma e corpo. Pesquisas nas Escrituras têm conduzido debates dentre a comunidade cristã sobre o que é o homem. O homem é um espírito? O homem é uma alma?

Teólogos contemporâneos nos dizem que o homem é um espírito, que possui uma alma e vive num corpo. Sua ideia básica é que já que o homem é criado na imagem de Deus e como Jesus disse "Deus é Espírito", o homem também é um espírito.

Teólogos históricos têm uma visão diferente da natureza do homem. Eles dizem que o homem é uma alma, que possui um espírito e vive num corpo. A teologia histórica baseia seu conceito no registro do início de Gênesis, que quando Deus soprou no formato de barro, "o homem se tornou alma vivente", nota-se que a palavra "soprar" é traduzida da mesma palavra como "espírito". Anos atrás quando eu era interessado em teologia, estudei os dois lados com interesse e fui capaz de compreendê-los e ver onde cada lado havia obtido seu entendimento, porém senti que nenhuma das opiniões era completa. O que eu acredito hoje? Ambas as opiniões são parcialmente válidas. A parte de cada opinião que contem a palavra "é" é correta, mas quando acrescentam a palavra "tem" são incorretas. Há uma terceira possibilidade que ninguém considerou ainda, pelo que eu saiba. Mantenha a palavra "é" com todas as partes do homem. *Você é espírito, alma e corpo.*

Nós somos todas as três partes. O que você é, não é apenas espírito ou alma e, um corpo não é apenas um "traje terreno" como muitos definem. Seu corpo não é apenas algo em que você mora; é parte de seu ser eterno, assim como seu espírito e sua alma. Sua alma não é apenas sua mente, emoções e vontade... é parte do que faz você ser você. Seu espírito não é tudo em você, mas certamente é a sua parte mais profunda, é a sua parte que é conectada diretamente com Deus. Então o seu verdadeiro *eu* é espírito. O seu verdadeiro *eu* é alma. O seu verdadeiro *eu* é corpo. **São necessárias as três partes para constituir você por inteiro**, de fato, o seu ser inteiramente eterno.

Parte do seu verdadeiro *eu* é espírito, mas isto não é tudo em você. Parte do seu verdadeiro *eu* é alma, mas isto também não é tudo em você. Parte do seu ser eterno também é corpo, se assim não fora, por que Deus o ressuscitaria dos mortos? Se Ele não tivesse interesse em nossos corpos, qual a necessidade da Ressurreição? Você viverá para sempre no mesmo corpo que você vive agora. Este também passará por completa mudança, uma transformação total, antes que seu estado eterno possa ser alcançado.

Isto acontecerá quando Cristo vier novamente. Então, o cristão não apenas vive num corpo, como uma locusta que lança sua concha, saindo de um corpo temporário para outro. Seu corpo é parte do seu ser permanente.

O apóstolo João viu alguns dos que morreram e estão no Céu agora. Ele os identificou como almas (Ap 6:9; 20:4). Isto foi antes da Ressurreição, obviamente, mas ele podia ver cada pessoa claramente. Eles retiveram todas as suas identificações pessoais. Alguns haviam sido decapitados em execuções terrenas, porém tinham suas cabeças almáticas no céu. Mas na Ressurreição do Justo, o corpo que cada cristão habitou, desde seu nascimento, será transformado para sempre em um momento, "como num piscar de olhos" e, Você Inteiro viverá para sempre no mesmo corpo que você habita agora, menos os quilos extras, as rugas e os cabelos brancos. Nesta transformação, o corpo natural se torna um corpo espiritual (Rm 8:11, 2Co 15:35-56).

É óbvio pelo que João viu que a alma de um cristão é o seu corpo interno porque se parece com seu corpo externo. Pedro e Paulo estão no céu hoje. Seus corpos há muito tempo retornaram ao pó e estão aguardando ressurreição. Porém, Pedro vê Paulo, no céu como ele era na terra, ou pelo menos, muito parecido com ele na terra. Paulo vê Pedro como ele era na terra. Cada um está vendo a alma do outro – o corpo interno que havia enchido o corpo externo.

O corpo é a sua última parte que será completamente transformada na obra de *metamorfose* de Deus em sua vida. E como a alma tem que experimentar a morte antes que possa ser renovada, assim o corpo deve passar pela morte antes que possa finalmente conhecer, sua inovação. Isto é, somente após ter decaído e retornado ao pó e a trombeta do Senhor soar, é que o corpo pode sair da morte para seu novo estado eternamente. Isto ocorrerá com todos os cristãos (exceto aqueles que ainda estarão vivos quando o Senhor vier novamente). O encontro com a morte física não foi anulado pela morte de Jesus na Cruz, mas tornou-se algo temporário e sem poder (Hb 2:14, 15; 9:27). O corpo do cristão em seu estado presente pode experimentar toques do Senhor efetuando curas e uma melhor saúde, mas ainda tem um inofensivo encontro com a morte (Rm 8:10, 1Co 15:21,22).

Na obra de metamorfose do Senhor em nossas vidas, o corpo desempenha um papel fundamental na conexão corpo-alma. O corpo é afetado por um grau de inteireza na alma de um indivíduo. A Bíblia nos ensina que muitas doenças físicas são na verdade, baseadas na alma. "O coração com saúde é a vida da carne, mas a inveja é a podridão dos ossos." E "o coração alegre serve de bom remédio, mas o espírito abatido virá a secar os ossos" (Pv.14:30; 17:22; veja também 26:22). Em outras palavras, a saúde do corpo exterior é influenciada pela saúde do corpo interior.

No Capítulo 4 vimos que há uma parte nossa que já é nova, perfeita e completa: o espírito recriado. É esta parte de nós que está unida com o Senhor, conhece e comunga com Ele, e tem em si a natureza do Pai. Sim, o Seu DNA, como era, assim é em seu espírito. Esta é apenas uma maneira de falar, pois nosso Pai Celestial não possui um corpo físico contendo DNA. Ele é um Espírito, mas Suas "digitais" estão agora em seu espírito. Esta é a nossa parte que se transforma instantaneamente na experiência do novo nascimento e é subsequentemente revestida de poder no enchimento do Espírito Santo. Porém, a parte de nosso espírito é apenas o primeiro lugar que Ele transforma em nós. É o espírito nascido de novo que é uma completa "nova criação em Cristo" onde "as coisas velhas já passaram; eis que tudo se fez novo" (2Co 5:17).

A alma se torna o foco da transformação a partir da conversão, pois nem tudo na alma se torna novo no milagre do novo nascimento. Isto é porque a alma não nasceu de novo, apenas o espírito. A mente, vontade e emoções precisam ser conformadas com a imagem de Cristo, o Filho Primogênito. Este processo leva anos e lágrimas para conclusão, assim como foi com este autor e outros cristãos, a conformidade com a imagem de Cristo é incompleta durante a vida terrena, embora, como vimos, Paulo creu que poderia ser completa por Deus num cristão neste lado do céu. Talvez você deva aceitar esta possibilidade também. Não persista em doutrinas humanas que limitam o poder de Deus; elas podem te impedir de imergir em mais de Deus na terra – Seu Reino dentro de você (Lc 17:20,21).

A conexão corpo-alma

Você percebe que seu corpo é intimamente conectado à sua alma? As emoções são a resposta do corpo para o que está acontecendo na alma. Quando a alma está perturbada, a pressão arterial do corpo é afetada ou o estômago produz ácido em excesso. Quando a alma está calma, o corpo respira com maior facilidade e, uma sensação de bem estar se impregna. Há mais energia quando a existência física não está sobrecarregada pelo peso mental.

Sua alma se parece com seu corpo, na verdade, a palavra no hebraico para "alma" que é usada no Velho Testamento (*nephesh*) é encontrada no sangue (Lv 17:11).

O sangue circula pelo corpo inteiro. A alma é a força vital para o corpo. É por isso que um amputado ainda pode sentir a parte que falta de seu corpo. A parte física da pessoa foi removida, mas não a parte almática. É assim que o homem outrora rico, no inferno, lembrou-se de seus irmãos ainda vivos na terra. Seu cérebro morto estava sepultado, mas sua alma se lembrava de tudo o que ele havia anteriormente processado no seu então vivo cérebro. O mesmo aconteceu com Abraão, morto há muito tempo, cuja alma residia no Paraíso (também conhecido como o Seio de Abraão) que estava localizado há um "grande abismo" de distância do Inferno, onde o antigo rico estava agora localizado. À medida que ele e o homem no fogo do inferno, conversavam, Abraão pediu para ele se lembrar (Lc 16:19-31). Abraão e o ex-mendigo estavam num lugar de conforto e obviamente tinham acesso à água que o homem, perdido no fogo do inferno, podia ver e desejar, mas não podia receber devido ao "grande abismo" entre o Paraíso e o Inferno. Seu corpo morto e sepultado não sentia sede, mas sua alma no inferno sentia.

O Paraíso já foi movido para o Céu e não está mais localizado "nas partes inferiores da terra", no Seol/Hades (Ef 4:8-10). Mas, antes da ressurreição de Cristo, era o lugar de conforto na região dos mortos, separado por um grande abismo, que não poderia ser atravessado, do lugar de tormento que Jesus se referiu como "o fogo do inferno".

O corpo é a estrutura física e suas funções. É intimamente preso à alma, seja a alma transformada ou ainda não regenerada. Considere um exemplo. O olho contempla algo neste mundo natural e o ego, dentro da alma não regenerada, imediatamente sugere: Se eu fosse assim, eu seria tão feliz! Deste ponto ela constrói uma gama de ideias sobre os benefícios que a melhor aparência proporcionaria ao "eu", essencialmente, produzindo felicidade pessoal, realização e sucesso. A beleza, como as mulheres maduras descobriram, é passageira (Pv 31:30). Porém, nenhuma mulher madura deveria se sentir "inferior" ao envelhecer. Ela pode permitir que sua verdadeira beleza que reside em seu espírito recriado, ilumine seu corpo, expressando uma beleza sobrenatural que brilhe através dela.

Quantos cristãos possuem vida abundante?

Jesus veio para dar "vida abundante" ou "vida transbordante" aqui e agora (Jo 10:10), mas muitos cristãos têm uma experiência de vida que parece contradizer a promessa Dele. Família, amigos e outros os observam, travando lutas na vida, sempre guerreando e raramente em descanso interior. O que acontece com os cristãos que você conhece? Eles expressam externamente a vida abundante de Cristo através deles?

Quantos cristãos você conhece que parecem estar cheios de gás, sempre se levantando diante dos problemas que enfrentam? Não importa pelo que passam, nada lhes perturba, lhes toca ou prejudica e lhe recordam da promessa: "Muita paz tem os que amam a tua lei, e para eles não há tropeço" (Sl 119:165). Sim, as promessas de Jesus têm sido cumpridas em seu dia-a-dia: estes vivem em abundância de paz que o mundo não pode dar nem tirar (Jo 14:27). Se abatido ou exaltado "a paz de Deus, que excede todo o entendimento, guardará o vosso coração e os vossos sentimentos em Cristo Jesus." (Fp 4:7). Quantos você conhece cujos corações e mentes são mantidos em paz, não importando a circunstância que se levante?

Quantos filhos de Deus que você conhece pessoalmente vivem em alegria constante? (Jo 15:11). Que andam em amor constante pelos outros? (1Co 16:14). Que nunca murmuram nem reclamam das muitas instabilidades do dia-a-dia? (1Co 10:10). Eles são "encontrados sobre a Rocha", e isto é evidente para todos que os conhecem (Sl 27:5). As pessoas amam estar ao redor deles devido à paz de Deus que é continuamente emitida através deles (Mt 5:9). Mesmo em tempos sombrios eles têm "um cântico na noite" e durante os períodos de tristeza, saltam com "os pés como de corças em lugares altos" (2Sm 22:34; Sl 18:33; Is 30:29; Hc 3:19). Quantos você conhece que "choram com os que choram", e "alegram-se com os que se alegram"? (Rm 12:15). Estas pessoas foram transformadas e estão, em liberdade, expressando estados de espírito.

Por favor, dê uma pausa e volte aos dois parágrafos precedentes. Estes parágrafos descrevem o seu estado interior? Você conhece pessoalmente alguém que pode ser descrito por praticamente cada frase dos parágrafos acima? Quantos cristãos você conhece que são livres de lutas interiores? Quantos vivem livres do medo? Quantos você conhece que nunca apresentam expressões de raiva? Quantos seguidores de Cristo você conhece que obedecem Seu mandamento de "não andar ansiosos quanto às suas vidas?" (Mt 6:25-34). Quantos verdadeiramente amam seus inimigos e oram por aqueles que se aproveitam deles? (Mt 5:44).

Quantos cristãos, se fossem honestos, admitiriam que frequentemente batalham contra desejos sexuais? Quantos cristãos admitem suas cobiças, ganâncias ou avarezas? Quantos continuamente reclamam e murmuram? Murmuração é o pecado pelo qual Israel nunca venceu no deserto. Quem você conhece que está disposto a ser honesto consigo mesmo, com os outros e com Deus? Você está disposto?

Pergunte a você mesmo: *qual a razão de tão poucos cristãos evidenciarem a vida abundante que Jesus prometeu?* Na verdade, Sua promessa de abundância de vida é interpretada por grande parte dos cristãos como coisas materiais enquanto Jesus mesmo disse outra coisa: "a vida do homem não consiste na abundância de bens que possui" (Lc 12:15). Seu Pai bem sabe o que você necessita e prometeu acrescentar-lhe se você fizer de Seu Reino a sua primeira busca. Jesus disse: "Mas buscai primeiro o Reino de Deus e a sua justiça, e todas estas coisas vos serão acrescentadas" (Mt 6:31).

Se a vida do homem não consiste no âmbito de "coisas" externas e, uma vez que Jesus disse que não, onde e no que consiste a vida do homem? Esta é uma boa pergunta e uma que vale a pena refletir. A vida de um homem deve ser constituída de coisas impalpáveis, porém reais, que servem para a paz, coisas espirituais que ele pode usar para edificar outros. Paulo descreveu isto desta maneira:

Sigamos, pois, as coisas que contribuem para a paz e a edificação de uns para com os outros (Rm 14:19).

Estas são as coisas nas quais consiste a verdadeira vida. Você realmente tem Vida Abundante? As coisas materiais não conseguem proporcioná-la; as coisas espirituais, que consistem de uma substância que a mente carnal não consegue perceber como coisas, são a essência da Vida Abundante. A mente carnal irá tentar levá-lo ao engano de crer que você precisa de mais emoções positivas para fazê-lo feliz. Amor, alegria e paz não são emoções positivas, como frequentemente acreditam. Elas são mais profundas que emoções. São estados espirituais. Elas afetam a alma e o corpo, porém não se originam dentro dessas suas partes. Qualidades espirituais têm sua origem na parte do espírito recriado. A palavra "emoção", em sua origem no latim, significa "perturbar". Não existe perturbação positiva.

A maioria das propagandas apela para o falso eu, e milhares de pessoas acreditam que poderiam ser mais felizes se ao menos tivessem isso ou aquilo. O mundo está sempre nos dizendo que precisamos acrescentar algo externo para nos completar internamente. A verdade para o cristão é que você já é completo em Cristo: "você é completo Nele" (Cl 2:10). Nada exterior precisa ser acrescentado nem tão pouco pode ser acrescentado à Nova Criatura que você já é em seu espírito. Tudo o que diz respeito à vida e piedade, já te foi dado. Você é participante da natureza divina; você foi abençoado com todas as bênçãos espirituais (Ef 1:3; 2Pe 1:4).

A mente carnal, que é a parte pensante do eu, não acredita nisto porque não consegue (Rm 8:6). Se ela não puder te distrair com a aquisição de coisas materiais, ela vai te dizer, então, que se ao menos você fosse mais espiritual, mais santo, se orasse mais, você poderia alcançar a paz que está te faltando. Se o ego com princípios pecaminosos, não conseguir te levar às buscas materiais, ele tornará sua atenção para as coisas espirituais. Porém o *eu* é incapaz de buscar o que é espiritual, então ele te confunde com aquilo que é religioso. Religião, de forma alguma pode satisfazer seu verdadeiro eu, mas é capaz de fazer o seu falso *eu* na alma, se sentir bem temporariamente.

Depois de um tempo, o novo "ismo" que você passou a seguir te deixará na mesma miséria que você tinha antes de começar a seguir o "Budismo" ou "Cristianismo". Uma fiel Budista abriu seu coração durante uma conversa comigo em minha casa. Ela admitiu que não tinha a verdadeira paz, mas recebia apenas uma calma momentânea durante a meditação ou a "prática". Ela vinha de uma geração de Budistas e todos de sua parentela, disse ela, eram miseráveis, também. Eu a conheci numa oficina mecânica. Sentada ao meu lado, esperando o mecânico terminar o reparo, ela sentiu algo que queria, mas não tinha. Uma conversa levou à outra e ela acabou me convidando para participar de uma reunião Budista. Eu concordei com ela com a condição de que ela iria depois em minha casa ver alguns livros que eu havia escrito. Ela concordou e falou sobre as diferenças entre Jesus e Buda. Eu falei para ela que Jesus tinha me dado uma paz que não ia embora, mas permanecia em mim depois que eu me entreguei a Ele e o permiti dissolver a parte de mim que resistia a Sua vontade. Ela disse que eu era o primeiro cristão verdadeiro que ela havia conhecido e, que tinha vivido neste país por quase toda a sua vida.

Muitos cristãos também já admitiram sua falta de paz em conversas comigo desde que a transformação de alma ocorreu neste discípulo. Eles também sentiram algo que não tinham. Mesmo que eles desfrutam da paz com Deus como resultado de sua experiência do novo nascimento, não vivem na paz de Deus. Olham para mim com um olhar de incredulidade e admiração. Mas não podem negar que o que eles sentem em mim é real. Alguns começaram a se entregar a Deus mais do que antes. Outros saíram balançando suas cabeças.

A verdade sobre objetivos criados na mente

A alma não regenerada ama objetivos e o seu *eu* tentará fazer você focar neles. Você acaba seguindo objetivos muito parecidos com fazendeiros que costumavam amarrar cenouras em varas que pendiam na frente de uma mula. Assim, a mula andava em direção à sua sempre ilusória cenoura e o fazendeiro tinha seu campo arado. A abordagem de uma vara de cenoura na vida, em quaisquer de suas várias formas é, por fim, frustrante. Pessoas guiadas pela mente recorrem às suas varas de cenouras como "objetivos pessoais" que esperam alcançar. Ainda que alcancem um objetivo, a satisfação que recebem é somente temporária, e os deixa querendo mais. Eles estão constantemente acrescentando objetivos para a melhoria do seu *eu* para que "possam se tornar uma pessoa melhor" e estão sempre buscando todos os vários tipos de "cenouras" que o sistema de mundo ou as religiões oferecem a eles. Demorou quase 40 anos depois do meu novo nascimento até que eu percebesse que também tinha buscado cenouras.

Demorou 40 anos para Israel finalmente, entrar em sua herança, em Canaã. Eles gastaram quatro longas décadas fazendo círculos na areia.

Isto pode soar estranho para você, mas eu não tenho lamentos do tempo gasto no deserto do eu. Sim, o tempo de deserto poderia ter sido menor. Em retrospecto, vejo propostas feitas de tempos em tempos pelo meu Pai Celestial para diminuir o período de permanência que eu escolhi gastar na aridez. Eu poderia ter me inclinado ao doce comando do Espírito Santo e, teria então evitado dor desnecessária assim como, também não teria causado dor em outros. Mas, uma vez dito isso, não há lamentos. Nenhum passo foi desperdiçado. Ter aprendido que o melhor que o David Alsobrook pode fazer é andar em círculos, gera uma gratidão todos os dias, pois ainda encontro as mesmas circunstâncias externas negativas que costumavam a aborrecer, entristecer e deprimir grandemente o meu "eu". O fato é que elas não mais produzem negatividade interna, então há ainda uma maior apreciação pela "terra que mana leite e mel" após 40 anos andando em círculos.

Se eu tivesse sido trazido para Canaã direto do Egito, o meu eu estaria reclamando sobre o quão pesado um cacho de uvas pode ser!

Jesus levou todos os nossos lamentos

Eu não somente não lamento pelo meu tempo no deserto, como também não lamento de absolutamente nada, incluindo os muitos abusos na infância. Não lamento por nenhum pecado que cometi nem nenhum fracasso e erro que fiz, tendo me arrependido diante de Deus de todos eles e, no melhor de minha habilidade, tendo pedido a qualquer que tenha ferido, pelo seu perdão. Não lamento de nada do meu passado, pois Deus usou tudo para o meu bem (Gn 50:50). Em minha experiência, todos os fracassos se tornaram espelhos, assim pude ver o meu falso *eu* como o impostor que era, pude me cansar dele totalmente, e permitir que meu Pai revelasse o meu novo eu. Que Deus grande e maravilhoso nós temos!

Uma das muitas coisas que nosso Messias levou na Cruz por nós foi todo o nosso lamento! Você tem consciência deste aspecto de nossa redenção? Isto raramente tem sido visto e ensinado, mas a palavra "dores" em Is 53:4 é makobaw e inclui em seu significado "dores, angústia, lamentos por fracassos passados, prolongada vergonha. Assim Jesus carregou (ou "removeu para muito longe de nós) nossos lamentos, a angústia que eles nos causaram e a prolongada vergonha. Tudo isso se torna maravilhosamente real dentro de sua alma em transformação. Isto é Is 53:4 em minha tradução alternativa:

Certamente! Porque sim! Ele tomou sobre Si nossas enfermidades e dores, e as removeu para bem longe de nós, carregando sobre ele todos os nossos lamentos, dores no coração, dores internas, prolongada vergonha, desilusões e traumas emocionais.

O tempo não importa

A sensação de passagem de tempo com a qual somos muito familiarizados no nível superficial de vida do ser humano, também desaparece no Reino de Deus. Ao invés de lamento pelo tempo desperdiçado, há uma gratidão por cada momento na nova beleza deste Reino. Qualquer "preço" pago no decorrer dos anos de andar em círculo se dissolve na beleza Daquela Pérola de Grande Valor agora segura, nas palmas das mãos. Não consigo encontrar palavras para descrever adequadamente este novo estado. Posso apenas me maravilhar de sua beleza, simplicidade e *eternidade*. Todos os dias me perco em momentos de louvores de gratidão que me invadem sem esforço. A adoração a Jesus flui no espírito, através da alma e pelo corpo na maravilha de Sua redenção completa.

Capítulo 6

O processo e a crise da metamorfose

A transformação radical na vida do cristão é um processo ou uma crise? Vamos analisar três palavras nesta questão antes de respondê-la. Transformação "radical" é a mudança na natureza ou na raiz da vida de um cristão, o que João se referiu ao dizer: "está posto o machado à raiz das árvores" (Mt 3:10).

O "processo" de transformação se refere à uma mudança gradual, uma série de ações que levam a um fim. A "crise" de transformação significa que a mudança ocorre num momento preciso e definido.

O que você acha? A transformação radical na vida de um cristão é um processo ou uma crise?

Se você respondeu "processo", você respondeu como a maioria das igrejas ensina. Acreditam que a mudança interior e profunda no cristão leva anos. Se você respondeu "crise" você é a minoria do Cristianismo moderno. Poucos cristãos hoje conhecem o poder de Cristo como uma realidade existente e disponível no Espírito Santo, a qual é necessária para efetuar a mudança (2Co 3:18). Ou, se eles aceitam o poder de Deus como disponível e operante hoje, limitam Seu poder a situações e condições externas. Deus é poderoso para curar corpos e operar milagres de suprimento – e é isso. Quanto ao que se refere à mudança interior e profunda de caráter na vida de um cristão, podem apenas conceber isto acontecendo em longo prazo.

Minha resposta para esta questão em aberto teria sido "processo", pois a mudança profunda na raiz da minha vida foi na verdade, lenta por anos, algumas vezes até estagnada. Descobri ser muito mais fácil modificar comportamentos do que atitudes e maneiras de pensar. Como resultado do que me aconteceu sob o poder da rocha, entretanto, hoje eu responderia "crise" como um resultado do que aconteceu comigo e também do que tenho visto nas Escrituras. Porém, não deixaria a questão respondida como "crise".

Desde o momento da mudança definitiva que aconteceu comigo na rocha, há um processo de mudança contínua. Na verdade, o processo não tem apenas continuado, mas acelerado. Então, minha resposta final é "ambos".

Na transformação radical e instantânea, um milagre profundo e súbito acontece em um momento. O resultado é uma liberdade jamais experimentada antes. Uma paz interior e profunda permeia o ser que outras pessoas passam a perceber quando se aproximam. Aqueles que experimentaram uma mudança profunda não são plenos na mudança que Deus quer para suas vidas. Eles continuam no processo de expansão para uma maior semelhança com Cristo.

O crescimento após a transformação é muito maior do que era anteriormente. O cristão não mais experimenta profundas lutas internas. A alma se torna tão enraizada no espírito onde a "árvore boa que produz bons frutos" está crescendo, que o cristão não é mais atacado por problemas na mente como era anos atrás (Mt 7:17,18). A árvore má que produz frutos maus recebeu o machado de Deus posto em sua raiz. Agora está morta e não mais em crescimento na alma do cristão. George Fox achou impossível se preocupar após sua esclarecedora experiência de transformação de alma, entretanto continuou a se aprofundar e a crescer em paz. George Mueller viveu em perfeita paz, um homem consagrado e santo. Seu nível de fé continuou a crescer no decorrer de seus últimos anos. O Sr. Mueller, como foi observado, nunca estava com pressa.

Descobri em um estudo Bíblico na minha adolescência, o quão grande é o pecado da preocupação, mas que era impossível não se preocupar. Hoje, o oposto é verdadeiro. Descobri que a preocupação é impossível porque a resistência à vontade de Deus foi quebrada pela obra do Senhor em minha alma à medida que me aquietei sob o poder da rocha. A preocupação contínua foi substituída por uma confiança profunda, constante e de momento a momento.

Pensamentos diversos vêm às vezes, mas são observados no novo estado como um ser externo. O cristão transformado identifica-o como absurdo, divertido e por vezes interessante, ao invés de sério e muito importante. Isto porque o cristão transformado mudou-se para um novo local. Ele fez suas malas e mudou-se para um novo estado! Ele não habita mais em sua mente (cabeça); ele agora habita em seu espírito (estômago). Ele não tem mais senso de habitação na mente, mas verdadeiramente ele é consciente de si mesmo vivendo no espírito. O estado interior de tal cristão é mais leve do que o anterior. Nada mais o aflige.

Se uma momentânea sonolência ocorrer, uma alma transformada se desprende disto rapidamente e se levanta em vigilância. Aqueles que têm sido totalmente transformados não caem em sono profundo novamente, pois o brilho da luz de Cristo refletindo sobre eles no estado de vigilância torna o sono espiritual impossível (Ef 5:14).

Aqueles que "encontraram descanso" em suas almas, não precisam dormir (inconsciência espiritual); suas almas são continuamente revigoradas.

Suas almas nunca estão "cansadas" ou "sobrecarregadas" como antes, necessitando a frequente fase "sonâmbula" da vida carnal. Esta fase de "descanso encontrado" da alma é diferente do "descanso dado" que conheceram por curtos períodos durante o início de sua caminhada com o Senhor. Este habita permanentemente na alma.

Em Mateus 11:28-30 Cristo se refere aos dois tipos de descanso. "Descanso dado" é experimentado quando alguém simplesmente vem para Jesus. "Descanso encontrado" é experimentado após tomar o Seu jugo, Seu governo sobre si e aprender de Cristo dentro do novo estado. Há dois convites nesta passagem. O primeiro é vir a Cristo e receber o descanso que Ele dá. Isto é temporário em sua natureza. O segundo convite é para "tomar (Seu) jugo sobre" sua vida, onde a pessoa encontrará descanso dentro de sua alma. O descanso que o cristão trabalhou para entrar é muito prazeroso para ser perturbado com preocupação ou inquietação. Nem tão pouco um cristão transformado inicia coisa alguma por si mesmo. Ele espera por um comando interior do Espírito. "Porque aquele que entrou no seu repouso, ele próprio repousou de suas obras, como Deus, das suas" (Hb 4:10).

O poder transformador da Luz

Em Sua parábola das Dez Virgens, Jesus disse que o Noivo atrasou sua chegada para a Festa de Casamento. Enquanto elas esperavam Sua chegada, todas as dez virgens na companhia de noivas dormiram (Mt 25:1-13). Jesus frequentemente exortou Seus discípulos ao despertamento e vigilância. Ele estava se referindo ao estado interior de Seus seguidores, não ao fato de que o corpo deve dormir. Paulo se referiu a este sono espiritual pelo menos três vezes em seus escritos. Ele escreveu para a igreja em Roma que "é já hora de despertarmos do sono; porque nossa salvação está agora mais perto de nós do que quando, no início, cremos" (Rm 13:11). Aos Coríntios, ele exortou, "Tornai à sobriedade e não pequeis" (1Co 15:34). E aos Efésios ele disse "Desperta, tu que dormes, levanta-te dentre os mortos e Cristo te esclarecerá" (Ef 5:14). Todos os cristãos são propensos a dormir durante algum ponto de sua caminhada espiritual. Lembre-se, "um filho que dorme durante a colheita causa vergonha ao seu pai" (Pv 10:5 – paráfrase).

Meu passado inclui prolongados períodos de sono. Eu fui um sonâmbulo pela vida, mesmo estando ocupado com projetos ministeriais esforçando-me para ajudar outros. O Salmista disse, "na tua luz veremos a luz" (Sl 36:9). Um fato sobre a luz é que ela é o despertador chamando toda a natureza para despertar. Foi ótimo quando acordei em julho de 2008 e percebi que estava dormindo.

A luz do sol é transformadora no âmbito natural. Plantas, animais e pessoas crescem por causa da luz do sol. A comida que você come todos os dias fornece calor e energia ao seu corpo. O que você come deve sua existência ao sol. A luz do sol é transformada em calorias para esquentar e energizar seu corpo físico.

A luz espiritual é transformadora também. Quando a Luz Verdadeira veio ao mundo na pessoa de Jesus Cristo, expôs as trevas pela Sua Presença (Jo 1:4). O povo assentado em trevas viu uma "grande luz" – extremamente brilhante, luz intensa – diz no grego (Mt 4:16; Lc 1:79). Sem a Luz as pessoas teriam continuado na crença de que assentar-se nas trevas é "normal". O que você é no novo âmbito de seu espírito, e o que você está se tornando no âmbito transformado de sua alma, e o que você será no estado eterno de seu corpo, você deve a Cristo. Sem a Sua Luz, viver em trevas parece normal, mas é anormal.

Eu havia ministrado com outro palestrante em Queens (bairro de New York). O pastor levou nosso grupo para um restaurante de classe alta em Manhattan. Era extraordinariamente escuro dentro daquele estabelecimento. No começo era difícil enxergar o copo de água na minha frente, mas depois de um tempo meus olhos se ajustaram e ficou mais fácil enxergar. Alguns de nosso grupo tiveram dificuldade de ler o cardápio, então o garçom acendeu uma vela em nossa mesa. Um de nós perguntou em voz alta como nosso garçom poderia se adaptar a trabalhar na escuridão daquele restaurante. Ele riu baixinho e disse que trabalhar no escuro tinha se tornado "normal" para ele, que em casa ele estava inconscientemente desligando as luzes, pois a casa parecia muito clara para ele. Este hábito se tornou um aborrecimento com sua esposa que o seguia acendendo as luzes! O que parecia normal para ele era anormal para ela. Ela não trabalhava no escuro, mas em um escritório bem iluminado.

Pessoas "normais" se acostumam com escuridão espiritual. Isto é tudo que eles sempre conheceram, então preferem-na do que a Luz. João disse "os homens amaram mais as trevas do que a luz, porque suas obras eram más" (Jo 3:19). Qualquer pessoa que é acostumada com a luz, prefere-a do que as trevas. É então mais fácil de ver as coisas como elas realmente são.

O poder transmutável da Luz

A luz deseja se manifestar, pois esta é a sua natureza. Você não precisa implorar para que a luz do sol venha à sua casa, você só precisa abrir as cortinas. O mesmo é verdade com a Luz de Cristo. Tudo que você tem que fazer é permitir que Deus tenha liberdade em você e a Luz virá. As cortinas da carnalidade não se abrem facilmente porque "a inclinação da carne é morte" (Rm 8:6). O problema não está na Luz, mas nas cortinas. Quando alguém é profundamente transformado, as "cortinas" se abrem através do poder amplamente superior do espírito recriado.

O abrir das cortinas da alma, que havia mantido para fora a Luz do espírito nascido de novo, não pode ser alcançado pela força de vontade. A força de vontade é parte da alma não regenerada. As cortinas são abertas pelo efeito da graça de Deus operando na alma em regeneração. A Luz penetra a alma pela Luz que emana do espírito do cristão, onde tudo já se fez novo e de onde desejos de Deus se originam (2Co 5:17). Este desejo é Deus trabalhando dentro de você. Você de repente deseja abrir as cortinas apenas para aprender que você não consegue fazer o que quer, não obstante o quanto se esforce ou quão frequente tente fazer. Você não consegue abrir as cortinas, bloqueando a Luz do Filho em sua alma. Você somente permite que isto aconteça ao se entregar ao Senhor mais profundamente. Você pode impedir que isto ocorra se continuar a resistir a Sua vontade, mas a força de vontade não pode fazer isto acontecer. O ceder, a entrega e o render-se é o que Ele quer em você. Ele está esperando o seu reconhecimento de sua fraqueza antes que Ele revele Sua força para você (2Co 12:9).

Você tem a opção de se submeter ou de resistir. Esta escolha Deus deixou para você. Se você escolher resistência, a escolha mais comum, sua dor aumentará ao ponto que você sentirá como se não tivesse escolha. Você é forçado a se render? Você irá então se render verdadeiramente para Deus? Talvez não à medida que encontre maneiras de anestesiar a dor com algo que ingira internamente, ou se identifique externamente. A dor é aliviada temporariamente, mas não vai embora. Ela retorna ainda mais intensamente. Você finalmente decide permitir Seu comando em seu espírito, trazer um real alinhamento dentro de você com a vontade Dele. É quando você verdadeiramente desiste e deixa Deus ter liberdade, que você se torna como criança diante Dele. Ser passivo em Sua presença te torna tranquilo internamente. Quando a alma se torna passiva através da quietude interior, Deus pode trabalhar nela.

Jeremias compreendeu esta realidade espiritual, visitando uma casa de oleiro. Ele observou um oleiro trabalhando no barro em processo de produzir um vaso diferente do que havia sido formado originalmente (Jr 18:1-6). Jeremias também notou que um leopardo não pode mudar suas manchas. Jesus expressou a mesma verdade em Seu evangelho do Reino, não podemos mudar nossa altura ou a verdadeira cor de nosso cabelo (Jr 13:23, Mt 5:36). Uma mudança real não pode vir de você, não obstante o quanto se esforce ou tente mudar. Toda mudança verdadeira, o tipo que traz galardão eterno, é a obra de Deus dentro daquele que está sendo mudado. É um trabalho iniciado divinamente, criando o desejo de mudança, enquanto simplesmente permitimos o Espírito Santo fazer o que Ele quer. João observou que as trevas são mais fracas que a luz (Jo 1:5). Jesus disse, "sem mim nada podeis fazer" (Jo 15:5). No grego a palavra "nada" significa nada. O mesmo é verdade na vida. Somos impotentes sem Ele.

A Luz de Cristo não apenas transforma, mas também transmuta. Ou seja, conforme a Luz de Cristo transforma a alma com princípios pecaminosos, onde reside escuridão, ela transmuta a escuridão da alma em Luz. O resultado é uma alma iluminada e o fim permanente do sofrimento interior.

Séculos atrás um fiel seguidor de Cristo, depois conhecido como "St. John of the Cross", passou por um longo período de profunda escuridão interior. John deu a isto um termo que perdurou por séculos: a noite sombria da alma. Ler seu diário é esclarecedor. Ele descobriu o poder da Luz de Cristo para transmutar a escuridão. Para resumir seu ensino, John disse que a madeira, o feno e a palha são as coisas da noite sombria. Quando Deus põe Seu fogo sobre isto, as coisas que eram problemas se tornam combustível para o fogo e a luz reluz ainda mais! Quanto maior a madeira, o feno e a palha dentro da alma, maior será a transmutação experimentada.

Sou profundamente grato por ter conhecido por experiência o que o "John of the Cross" ensinou. Ele foi correto ao ensinar que a chama de Deus continua ardente no interior uma vez que a "noite sombria" se torna "um novo dia". Onde havia um prolongado pesar pelo restolho e pelo joio, há agora, uma gratidão por tudo o que passou, por obter Aquela Pérola de Grande Valor (Mt 13:46).

No final, o homem que encontrou Aquela Pérola "foi e vendeu tudo o que tinha" para "comprar o campo" e legalmente obter Aquela Pérola. Fazendo isto, este homem experimentou a realidade do Reino de Deus.

O que você tem para vender que tenha algum valor espiritual? Nada. Tudo que você "possui" é o que foi obtido através de esforços almáticos e físicos. Trata-se de empreendimentos, realizações e conquistas humanas altamente valorizadas. Estas são, na perspectiva de Deus, apenas "madeira, feno e palha". Paulo observou que suas primeiras realizações, nas quais ele havia encontrado satisfação avarenta, eram na verdade "lixo para os cães" (1Co 3:12; Fp 3:8, uma tradução alternativa para "esterco"). Para seu ser não regenerado, entretanto, este lixo é altamente valioso, assim como os moradores de rua em nossa sociedade valorizam o lixo de outros.

O que você exalta em seu coração?

Jesus expressou a mesma verdade décadas antes de Paulo durante Seu caminhar na terra: "porque o que entre os homens é elevado, perante Deus é abominação" (Lc 16:15). "Os homens o louvem quando faz o bem a si mesmo" (Sl 49:18). Isto é o que eles exaltam: realizações, ganhos, educação e exaltação social. Todas estas coisas são detestáveis aos olhos de Deus. Por que Ele as detesta? Porque estas são as coisas pelas quais os homens vendem suas almas. Eles, de bom grado, abrem mão de um galardão eterno por um ganho temporário – que perda!

Quais são as coisas que Paulo primeiramente viu "como ganho", mas depois, através de uma visão, viu a verdade: seus bens, uma vez valorizados, eram lixo? Ao vermos sua lista em Filipenses 3, ele se refere à genealogia, à posição familiar estimada, realização religiosa elevada e posição social. Além do que ele disse em Filipenses, ouvimos de historiadores da igreja que este apóstolo possuía poderes mentais extraordinários. Paulo não apenas estudou "aos pés de Gamaliel", o rabino mais erudito, ele ultrapassou seus contemporâneos em outras áreas da educação também (At 22:3).

Paulo descobriu que tinha que entregar toda sua antiga identidade como "um Hebreu de Hebreus" e "um Fariseu de Fariseus" (um membro do Sinédrio). Paulo também abriu mão de tudo o que foi incluído em sua lista e mais, todas as coisas que sua carne tinha valorizado e se orgulhado. Estas foram as coisas que ele, voluntariamente, entregou para Deus quando Paulo, o antigo e altamente considerado, Saulo de Tarso, seguiu o conselho de Jesus e "vendeu tudo o que tinha". O que ele abriu mão de bom grado, foi trocado pela alegria de conhecer a Cristo íntima e profundamente em seu espírito. Porque Paulo permitiu sua alma ser transformada, Cristo foi magnificado através de seu corpo (Fp 1:20).

Identificação com funções externas produz miséria

Jesus dará tudo de Si para você gratuitamente, Paulo está nos dizendo tanto pela palavra como pelo exemplo, mas ao fazê-lo, isto custará ao discípulo tudo que ele atribuiu ao sentido de si mesmo. Todos os valores altamente valorizados, conquistas terrenas, identificações com vários papéis, posições sociais, aquisições materiais, até mesmo seus próprios membros, se necessário (Mt 10:37). Se abre mão do apego interior a tudo que é exaltado entre homens governados pelo seu eu.

Na Igreja, o abrir mão de apegos interiores inclui a entrega genuína de qualquer posição de liderança. Muitos líderes ficam absolutamente espantados ao descobrir que seu principal apego interior não era Cristo, mas os seus ministérios. Tenho os assistido sentar, balançar suas cabeças em espanto do que o seu *eu* tinha mantido escondido deles. Tenho os assistido chorar abertamente na descoberta de sua idolatria oculta.

Eles também descobriram, enquanto estavam sob as disciplinas do Pai, que inconscientemente, tinham visto suas posições como identidades, também.

Foi para uma posição religiosa que eles tinham atrelado o senso de quem são, e quando a posição alterava ou diminuía, eles sofriam grande dor. O *eu* sempre produz dor em seu hóspede. Deixe que ele se dissolva e você conhecerá verdadeira liberdade.

O apóstolo Paulo passou por várias coisas muito piores que qualquer coisa que possamos passar na vida, mas ele estava sempre se regozijando, nunca murmurando. Ele não tinha nenhum sentimento de inferioridade quando trabalhava para se manter durante seu ministério (At 20:34). Paulo não experimentou nenhum sentimento de dano pessoal quando os Gálatas se tornaram judaizantes e rejeitaram sua liderança (Gl 4:12). Para ele, viver era simplesmente "Cristo" e tudo o mais era perda (Fp 1:21). Ele não sentiu nenhuma inferioridade diante dos outros quando preso ou empobrecido. Isto não quer dizer que todo discípulo se tornará desacreditado pela sociedade, e experimentará privação como foi a aparente experiência de vida daquele apóstolo. Não, esta não é a mensagem de Paulo para nós em Fp 3. É o apego e a identidade com estas coisas na vida interior de um discípulo que deve ser entregue. Apenas assim, Deus pode confiar nele com as "verdadeiras riquezas" que Jesus contrastou com "Mamom" (Lc 16:11). Mamom não é apenas o dinheiro obtido através de ganância, mas qualquer coisa que você estima como valioso, porém não passa de madeira, feno e palha.

Apegos interiores produzem sofrimento

Em sua caminhada espiritual um fiel discípulo de Cristo pode ser um necessitado ou pode abundar aparentemente. Ele pode experimentar ambas as situações durante sua vida. O que o discípulo entregou foi seu apego interior às situações externas, então, isto não importa, pois seu estado interior é submisso a Deus.

Ninguém deveria ser estereotipado por sua situação aparente ou pelo papel que atualmente ocupe. Um homem rico pode ser livre do materialismo em seu estado interior, enquanto que um homem pobre pode ser inteiramente apegado ao ganho de bens materiais como seu principal objetivo. O pobre pode ter o dinheiro como seu deus, enquanto que o homem de bens pode ser completamente livre do amor ao dinheiro. O estado interior do pobre, neste exemplo, é que é o materialista. É uma questão do coração em cada caso. Deus sabe o que está em cada um de nossos corações e não vai tolerar nenhum concorrente à afeição de Seu povo, nenhum ídolo, se eles quiserem entrar no Seu Reino. O principal mandamento que temos que obedecer é amar a Deus de todo o coração, alma, mente e força (Dt 6:5; Mt 22:37; Mc 12:30; Lc 10:27). Deus claramente quer o nosso amor. Nossas vidas são empobrecidas se não forem ricas em amor por Ele.

Onde está o teu tesouro

No lidar de Deus com Abraão, Ele requereu o bem mais valioso daquele velho rico: seu único filho, Isaque. A Galeria da Fé diz que nisto, Abraão foi finalmente provado: "Pela fé Abraão, quando foi provado, ofereceu Isaque..." (Hb 11:17). A maioria dos cristãos vê um quarto de século aguardado para o nascimento de Isaque, como a maior prova de fé de Abraão, baseado nos relatos de Gn 12-20 e Rm 4. Isto definitivamente foi uma grande prova de fé. Após viver com o galardão de sua fé por aproximadamente 14 anos, Abraão desenvolveu um grande apego interno pelo filho da promessa. Foi quando Deus lhe disse: "Toma agora o teu filho, o teu único filho, Isaque, a quem amas, e vai-te à terra de Moriá; e oferece-o ali em holocausto sobre uma das montanhas, que eu te direi" (Gn 22:2).

Imagine o grande amor que o velho patriarca tinha por Isaque! Agora a voz de Deus, que Abraão conhecia intimamente, requeria Isaque em holocausto! A Voz não requereu todas as riquezas materiais de Abraão, pois o senso do *eu* de Abraão não estava apegado aos bens materiais. Ele tinha bens, mas estes não o tinham. Abraão estava apegado e colocou sua identidade futura em seu tão amado filho. Era através de Isaque, o velho cria corretamente, que o destino de Abraão como o "pai de muitas nações" seria cumprido (uma palavra antiga de Deus).

Imagine o desespero de alma que Abraão passou durante os três dias entre a ordem de Deus e sua chegada no Moriá. Ele chegou a um lugar em fé, que mesmo que sacrificasse Isaque, Deus o ressuscitaria dos mortos, pelo que Abraão "o recebeu de volta em uma figura" (Gn 22:5, Hb 11:16-19). Isto foi especialmente uma grande fé demonstrada por Abraão, pois durante sua vida ninguém em toda história humana, havia morrido e depois sido restaurado à vida.

Jesus disse, "Porque onde estiver vosso tesouro, aí estará também vosso coração" (Mt 6:21). É por isso que Paulo nos aconselhou a colocar nossa afeição nas coisas do alto, não nas que são da terra. Sabemos que ressuscitamos com Cristo e estamos assentados com Ele (Cl 3:1,2).

Apegos a objetivos mentais produzem miséria

Quando você era jovem e "deixou o ninho" na casa de seus pais, você provavelmente sentiu uma liberdade, um aumento de si mesmo. Naquele momento você estava "por si" produzindo duas emoções simultâneas em sua alma. Uma emoção em relação aos possíveis perigos que poderia enfrentar ao viver sozinho, e a outra emoção relacionada a cumprir um objetivo interior de independência que você tinha estabelecido dentro de si. Talvez tenha visto a vida de seus pais não realizadas e você pré-determinou que sua vida seria diferente da que eles tiveram. Você ia fazer isto ou aquilo e ser mais feliz e mais rico do que eles foram.

Todas as gerações experimentam esta vaidade precoce causada pelo *eu* e a empolgação temporária de grandeza que ela produz.

Quando a maior idade se aproxima, a maioria das pessoas percebem que terminaram da mesma maneira que seus pais. Talvez a maneira que sua vida tem sido também não seja o que você imaginou em sua juventude. Apesar de seus melhores esforços, o aumento da desilusão em seu interior diga, em termos óbvios que você, também como seus pais antes de você e os pais deles antes deles, não conseguiram "chegar".

Esta percepção pode ter te deixado com um rótulo autoproduzido de "fracasso" e você pode ter se tornado amargo "a respeito de como a vida tem te tratado".

Desilusão é baseada, como a palavra sugere, em ilusão. Os "sonhos" que as pessoas buscam são ilusões, não a verdade. Sonhos se transformam em pesadelos quando a perda é experimentada em uma ou mais de suas várias formas. Elas podem vir como a perda de recursos financeiros, perda de relacionamentos, perda de respeito ou posição, perda de saúde, perda de oportunidade, e outras. A experiência da perda pode tornar a alma de um indivíduo "sobrecarregada" ou até mesmo "amarga". Ele ou ela se torna cheio de pesar até mesmo ao ponto de desespero. Isto é tudo que alguns idosos são capazes de falar, de quão injustamente foram tratados em suas vidas. Alguns chegam ao ponto onde questionam o propósito de suas vidas e se perguntam qual o valor da vida, afinal? Como uma senhora me disse pouco antes de sua morte, "A vida é uma piada, e a piada está com você, garoto. Eu já vi tudo". Ela se contorceu em notória dor, embora não estivesse tão doente fisicamente como amargamente resmungava em suas palavras.

Esta percepção de que a vida governada pelo *eu* é fútil e vazia oferece uma oportunidade ao indivíduo chegar à conclusão do verdadeiro propósito da vida. O Catecismo de Westminster descreve de forma sucinta: "O propósito principal do homem é glorificar a Deus e desfrutar Dele para sempre". Mas quantos irão pelo menos reconhecer o vazio que sentem dentro de si mesmos? Você se sente vazio por dentro? Você já teve uma vida superficial o bastante para saber que ela é, por si só, em última instância, insatisfatória?

Ao invés de perceber a verdade mais profunda que a perda proporciona uma grande oportunidade para o avanço no Reino, muitos cristãos vivem seus dias finais suspirando sobre "esta velha vida". Tudo que pensam que têm a aguardar é o Céu, mas isto pode ser autopiedade em outra forma. Desejam o Céu para finalmente concretizar suas ambições terrenas. "Terei uma mansão lá e andarei em ruas de ouro", muitos dizem que seu principal objetivo não cumprido foi o sucesso financeiro.

O Céu não é a realização de ambições terrenas!

A riqueza do Céu é o próprio Deus e nossa união com Ele. Qualquer que seja a definição dada, não vale conjecturar acima da verdade que O conheceremos ainda mais profundamente no Céu do que na terra. Você pode experimentar a realidade do Céu agora em seu espírito. Você não tem que esperar até a morte de seu corpo. Você tem sim, que esperar até que o seu *eu* morra em sua alma. Quando você experimenta a realidade do Reino dentro de você, a vida terrena se torna diferente de viver "debaixo do sol" em "vaidade e aflição de espírito" (Ec 1:14). Uma vida superficial adquire riqueza em geral, doçura e paz e, a alegria se torna concentrada e intensa dentro de você, de modo a ser uma real satisfação momentânea. Você não espera por nada no Reino. Você está satisfeito. Assim, a promessa de Jesus no Sermão da Montanha é o seu estado no tempo "presente" de sua vida (Mt 5:6).

Apegos internos a coisas aparentes, bens, conquistas, saúde e opiniões dos outros sobre você, são submetidas a Deus no estado de entrega de sua vida espiritual. Você chega à percepção interior da verdade que isto não possui um valor duradouro. Elas pareciam tão reais, mas no final não eram! Na verdade, tudo que há "debaixo do sol" é uma ilusão da realidade, mas não uma realidade autêntica. Hebreus diz que o âmbito externo da vida terrena é uma "sombra" e Paulo diz que Cristo é "a substância" da vida presente (Cl 2:17; Hb 10:1). Como é que uma sombra, o que toda vida superficial o é, pode ser capaz de cumprir o profundo anseio por substância? Não pode.

Os bens terrenos são reais e permanentes? Olhe para eles daqui a cem anos, em seguida, novamente daqui a mil anos. A maioria ou todos os seus bens materiais terão retornado para a terra de onde surgiram. A realidade é que a sua linda casa é poeira sob outra forma, temporária e não permanente. É útil para você no seu estado presente, e isso é tudo. Não há nada a que você deva se apegar – nem naquela casa, nem no carro ou nenhum outro bem material.

O universo está se dissolvendo.

Desde a antiguidade fundaste a terra, e os céus são obra das tuas mãos. Eles perecerão, mas tu permanecerás; todos eles envelhecerão como uma vestimenta; como roupa os mudarás, e ficarão mudados. Tu, porém, és o mesmo, e teus anos nunca terão fim (Sl 102:25-27).

Pagãos dos dias modernos rezam para "o Universo" como se fosse Deus. É apenas criação de Deus e está envelhecendo e já se dissolvendo, como o presente resfriamento do nosso sol, por exemplo. O salmista inspirado escreveu a passagem acima há mais de 3.000 anos. Deus, porém, é sempre o mesmo e Seus anos não terão fim. O que há em toda a criação para que nos apeguemos? Nada. Por que pôr seu desejo sobre uma estrela?

Abra mão do nada por tudo

Quando você renuncia a identidade de quem você é, baseado na função ou papel na vida superficial, você está livre para obter o verdadeiro conhecimento de quem você é na realidade eterna. É um conhecimento que vai mais profundo do que a mente pode compreender, formular ou articular. Nos últimos dois anos, tenho sido agraciado com uma porção de íntima comunhão com Deus superando todas as minhas décadas anteriores na terra.

Sim, nada pode se comparar com o atual dia-a-dia de minha alma neste Reino de vida transformada. O que experimentei dois anos atrás está cada vez mais profundo dentro de mim e permanece algo que não posso explicar em palavras. Eu sei em meu espírito o que minha mente não pode formular ou expressar. Há muitas realizações de "alegria indizível e gloriosa" experimentadas durante o momento em que entro no coração de Deus e quando Ele toca profundamente o coração deste seguidor (1Pe 1:8).

Houve muitas frustrações, lutas e derrotas por 40 anos! Como desejo que cada cristão entre em sua herança na realidade presente do Reino de Cristo. A maior benção que já tive o privilégio de receber tornou-se o maior "fardo" que já carreguei para o Corpo de Cristo. Mas o fardo não é pesado. É leve e alegre para carregar, assim como tem sido escrever este livro. Eu desejo o desejo de Deus – compartilhar com outros as maravilhas desta Vida.

Você pode ir mais fundo

Quanto mais você abrir mão de identidades temporárias e apegos do coração às coisas externas, incluindo dependência interior de todas as pessoas amadas (família e amigos), mais profundo seu espírito penetrará a Eternidade.

Pense desta forma: assim como Paulo expressou que ele contava tudo como perda no âmbito aparente da vida em troca da suprema alegria de conhecer a Cristo intimamente, ele também percebeu, profundo em seu ser, que ele não havia perdido nada e tinha ganhado tudo! Uma vez que você perde o apego pelas coisas da vida, você se torna um recipiente da essência e realidade da Única Vida. Você tem a doce percepção que você não perdeu nada, porque na verdade, você não tinha nada permanente na vida superficial. Todos os seus bens são temporários, todas as suas conquistas serão ultrapassadas por outros e as pessoas que você ama irão morrer. Tudo na vida superficial está constantemente mudando; nada externo é permanente, duradouro ou pleno em última instância. Este é o âmbito onde, Jesus observou, "a traça e a ferrugem tudo consomem, onde os ladrões minam e roubam" (Mt 6:19).

Por que não abrir mão de seus apegos a estas coisas e dar um fim em sua miséria?

Isto tem sido percebido por muitos que têm retornado para visitar seus bairros de infância após décadas de ausência. Nada do que eles eram apegados emocionalmente, permanecem agora, como se lembram. Muitos visitantes de bairros antigos têm sentido uma profunda perda do senso de si mesmos. "Você não pode voltar atrás" tornou-se o dito popular para este sentimento de perda. Há aqueles, que tem tentado voltar atrás no tempo, durante uma visita ao antigo reduto apenas para descobrir que eles não poderiam abraçar o seu próprio estado transitório? Alguns, talvez, mas a maioria entra em profunda recusa, e tenta desviar a sua mente do que tinha vislumbrado ser o verdadeiro estado deste mundo. Se eles abraçassem o que sentiram durante a visita, seriam forçados a reconhecer que desperdiçaram suas vidas naquilo que se desvanece e perece. A visão da realidade produz intensa dor e a maioria tenta esquecer, colocando suas mentes em outras coisas o mais rápido possível. Suas mentes carnais não querem que eles ponderem sobre nada que possa levá-los ao esclarecimento espiritual.

Aqueles que abraçam a perda que sentiram ao revisitar lugares não vistos por décadas, descobrem que o vazio que sentiram dentro de si é rapidamente substituído por uma paz mais profunda do que eles conheciam anteriormente. Todas as perdas, em quaisquer formas que apareçam a nós, ou como venham ocorrer, são usadas para o bem em nossas vidas se forem abraçadas e não resistidas. A visita ao antigo bairro foi usada por Deus para despertar um homem idoso e trazê-lo para o Senhor Jesus. Este é o propósito de Deus em permitir a perda na vida de todas as pessoas. A perda, não importa como venha, revela o vazio produzido pelo apego interior às coisas externas.

Algo lindo que Deus faz dentro de nós quando abraçamos uma severa dor é aprofundar a fonte para mais do Seu Espírito em nossas vidas. Ele amplia nossos corações à medida que aceitamos a atual situação ou experiência. Mesmo um ente querido que morre inesperadamente ou tragicamente pode criar espaço para uma paz mais profunda do que o parente em luto já experimentou. Um evento traumático como um estupro nunca poderá ser desfeito, mas a dor por ele causada pode ser dissolvida. Eu sei. Molestações aconteceram comigo por diversas vezes na tenra idade de sete anos e era uma fonte constante de profunda dor interior mesmo quando estava inconsciente da dor em minha mente. Eu "explodia" com as pessoas por nenhuma razão, especialmente com qualquer homem que se chamasse "Glen". Nada mais dói internamente, e não há mais um tremor interno quando conheço alguém que se apresenta como Glen.

Nada aqui é duradouro

Esta Era, assim como todas as outras que a precederam, está passando. Então, por que entesourá-la? O que há nos cosmos da humanidade, entre as coisas que as pessoas valorizam e lutam por elas, que tenha um valor duradouro? A memória que outros têm de você vai desvanecer, todos os seus bens terrenos vão envelhecer, incluindo seu corpo físico. Nossos mui amados animais de estimação, todos eles, morrem.

Livre-se da crença interior que Sparkie estará abanando o rabo assim que você entrar nos Portões Celestiais. Submeta esta crença ao Senhor. Por que isso é importante? Porque agora está te causando dor, está tornando sua alma sobrecarregada ao invés de leve, pois não há muito, ou nada nas Escrituras que sugira que ele esteja lá. Então, você senta e espera que Deus te una novamente ao seu animal de estimação. Sob sua esperança há dor. Sendo assim, há outras dores escondidas que pesam sobre sua alma as quais você desconhece. Livre-se de um apego e outro lhe será revelado. Se o Sparkie estiver te esperando, ele não se importará se você o liberar agora. Eu também não sei se meu amado "beagle" de infância, Herman, está esperando por mim. Mas há uma profunda gratidão em meu coração pelo tempo que eu o tive. Está na natureza da alma se tornar facilmente pesada com desejos e anseios. Submeta todos eles ao Senhor – anseio por um companheiro, desejo pelo sucesso, e por tudo que seu futuro pode ou não reservar.

À medida que você submeter apegos interiores a memórias passadas e não mais querer voltar a eles, mudá-los, tomar decisões mais sábias que melhor afetem sua vida, sua alma se tornará mais leve. O Espírito Santo conhece os apegos interiores de sua alma, e você não pode amar a Deus de toda a sua alma até que você seja livre de todos os apegos interiores às coisas externas.

Quando o inevitável estado temporário de sua vida revelar sua provisoriedade para você, provavelmente você sentirá uma enorme dor. Esta dor é presente em você por causa de seu apego interior àquela coisa externa. O sistema do mundo é prender alguém internamente às coisas externas – coisas que certamente mudarão, entrarão em decadência e se dissolverão. Esta é a razão pela qual Paulo exorta os cristãos, "Não seja moldado, formado nem conformado com esta Era externa de passagem, mas seja continuamente transformado pela renovação da vossa mente" (Rm 12:2, tradução alternativa). Esta Era externa em que vivemos é uma era de passagem. Não irá durar. Se você aceitou o estado transitório da vida superficial antes de seu corpo acelerar o processo de morte que já começou, você não irá sofrer internamente pelo inevitável declínio do seu corpo. Ainda que o homem exterior se corrompa, o homem interior se renova a cada dia (2Co 4:16).

Tiago descreveu nosso tempo de vida como "um vapor que aparece por um pouco e depois se desvanece" (Tg 4:14). Isaías descreveu a brevidade da vida com outra forma na natureza – erva:

"Voz que diz: Clama; e alguém disse: Que hei de clamar? Toda a carne é erva, e toda a sua beleza, como as flores do campo. Seca-se a erva, e caem as flores, soprando nelas o hálito do Senhor. Na verdade, o povo é erva. Seca-se a erva, e caem as flores, mas a palavra de nosso Deus subsiste eternamente" (Is.40.6-8).

Você, eu, e o paciente com câncer em estágio final, somos terminais.

Aceitar que o estado presente de seu corpo é temporário (seja de oitenta dias ou oitenta anos) irá ajudá-lo contemplar o invisível. Em contraste, nada no invisível Reino de Deus, o qual sempre tem sido e sempre será, é transitório ou temporal. Há milênios um salmista declarou: "Teu reino é um reino eterno; teu domínio estende-se a todas as gerações" (Sl 145:13). Pode-se dizer que este Reino é uma dimensão da Vida acima e abaixo de todas as manifestações externas da vida.

Quando o espírito de um cristão está acordado e alerta, e sua mente se mantém tranquila, esta Vida pode ser vista abaixo, acima e através de todas as várias formas da vida no universo material. A visão intrínseca desta Vida revela a Glória de Deus. A Glória de Deus não é criação propriamente dita, mas é a qualidade que emana através de diversas coisas materiais que Ele criou. Toda substância se originou desta Vida, é sustentada por esta Vida, e quando a matéria se desintegra, dissolve ou termina, a Vida se mantém em si mesma, intocável por aquilo que se dissolveu. A Vida é em que "porque nele vivemos, nos movemos e existimos" (At 17:28). A Vida é Deus.

Muitos povos antigos não compreenderam Deus como a Vida intrínseca nas criações temporárias e externas que Ele fez. Adoravam as diversas criações como corpos planetários, ou até mesmo rochas e árvores. Cometeram o ainda praticado erro, de uma forma externa ser a Glória que eles intuitivamente sentiam, ao invés de uma manifestação temporária da Vida Eterna, o que na verdade o é. Esta é a mesma razão pela qual cristãos idolatram ministros, embora mintam a si mesmos quando o Espírito Santo atenta em revelar isso para eles. Qualquer forma externa que for adorada é um ídolo.

"e mudaram a glória do Deus incorruptível em semelhança da imagem de homem corruptível, de aves, de quadrúpedes e de répteis" (Rm 1:23). Idolatrar um ser humano não é em nada melhor do que adorar uma serpente.

Moisés, Paulo e muitos outros nas Santas Escrituras mantiveram seu foco contínuo, durante as últimas partes de suas vidas terrenas, naquilo que não era temporário, dissolvido ou insatisfatório. Eles prevaleceram, por "ver" o Deus invisível.

Sabendo que esta é a única realidade absoluta, Paulo nos advertiu quanto a nossa presente perspectiva: "não atentando nós nas coisas que se veem, mas nas que não se veem; porque as que se veem são temporais, e as que não se veem são eternas" (2Co 4:18). Foi assim que Moisés venceu suas muitas aflições conduzindo o rebelde povo de Deus no deserto. "ficou firme, como vendo o invisível" (Hb 11:27). É isto que vai ajudar cada um de nós "ficar firmes vendo" também, vendo o Invisível. Se nossos corações são puros e os olhos do nosso entendimento forem iluminados, podemos "vê-Lo" agora (Mt 5:8; Ef 1:18).

Capítulo 7

A conexão corpo-alma

Retornemos agora para um tema introduzido no início do livro, a fim de o analisarmos com maior profundidade e obtermos maior entendimento. É de vital importância que você entenda a conexão entre seu corpo e alma. Alternamos entre referir-se a ela como "conexão corpo-alma" e "conexão alma-corpo". Essas suas duas partes são tão intimamente ligadas que não faz diferença como você se refere a esta conexão.

O padrão original

No padrão original para o homem, Adão viveria pelo seu espírito, através de sua alma e expressaria vida pelo seu corpo. Seu espírito era sua maior parte, a que o envolvia e, através dele, Adão comungava com o Criador. Sua alma era inocente, pura e sem defeito. Na alma, sua mente funcionava apenas quando necessária, e quando chamada pelo seu espírito, sua mente operava num nível que hoje chamaríamos de gênio. Com sua mente, Adão deu nomes a todos os animais, pássaros e outras partes da criação. Ele os catalogava com perfeita precisão e, lembrava-se deles sempre que sua alma desejasse (Gn 2:19,20). Obviamente, os animais falavam livremente com ele e ele falava livremente com eles. Adão representava Deus para eles, tendo sido feito em Sua imagem e semelhança (Gn 1:26,27).

Seu corpo, embora físico, havia sido criado em perfeição e jovial maturidade. Nunca iria funcionar mal, envelhecer ou morrer em estado pecaminoso. O estado espiritual do seu ser era contínua alegria e, em seu corpo ele apenas sentia prazer, felicidade e satisfação.

Deve ser entendido que, embora os primeiros homem e mulher, foram criados perfeitos como dois seres, não havia divisão entre eles no nível almático ou espiritual. Eram considerados como um aos olhos de Deus, razão pela qual Ele "os criou em Sua imagem; macho e fêmea os criou, e chamou-os de Adão no dia em que os criou" (Gn 5:1-3). Não havia Adão e Eva no jardim antes da queda. Havia Adão, o macho e Adão, a fêmea. Juntos formavam o "Homem". O nome Eva foi dado para a mulher apenas depois que pecaram e se dividiram em duas identidades completamente diferentes (Gn 3:20). Homens e mulheres têm experimentado dificuldades profundas ao se relacionarem desde que o pecado entrou na raça, criando divisão entre eles e uma divisão dentro de cada pessoa.

A queda

A conhecida história da queda ocorreu como registrada em Gênesis 3. Deixaremos com os teólogos de mentes pensantes, que gostam de intermináveis especulações e debates, ponderarem sobre os porquês e justificações da primeira tentação e do pecado. Sabemos que Adão, a fêmea, não estava surpresa que a serpente pudesse falar. Isto implica que não era incomum para todos os animais se comunicarem entre si e com nossos pais originais. A serpente, tendo cedido e sido possuída por Satanás, foi o instrumento de tentação. Após a mulher ter comido o fruto proibido, o fruto que cresceu da Árvore do Conhecimento do Bem e do Mal, ela o deu ao seu marido e ele comeu junto com ela.

Imediatamente, seus espíritos morreram, murcharam, encolheram, e se tornaram a menor parte do seu ser, com buracos negros por dentro. Seus olhos físicos podiam então ver que estavam nus. Suas mentes, anteriormente imaculadas, eram agora infectadas com um vírus hediondo, algo completamente estranho ao seu estado anterior de inocência. Foi o surgimento do ego contaminado pelo pecado, do *eu*. Suas mentes, tendo provado o conhecimento, iniciaram o processo de nomear coisas, experiências, eventos e situações como "boas" e "más", baseado apenas no processo mental. Tratava-se de conhecimento baseado na mente e não, no conhecimento por experiência íntima anteriormente vindo de seus espíritos. Foi aí que a mente assumiu controle e, ao invés de ser uma serva do homem como antes e operar apenas se e quando chamada pelo seu espírito, agora começou a operar quase que continuamente. Encheu nossa raça com ideias de grandeza, importância, realização (por um lado) ou fracasso, inferioridade, e desespero (por outro lado). Assim, a humanidade começou a miséria que hoje conhecemos como "vida". Isto não é vida de forma alguma, mas mera existência e, na maioria das vezes, uma miserável existência.

Não sei quem primeiro disse isto, mas tem sido repetido por muitos: *"O homem só percebe o quão longe ele foi, quando começa a viagem de volta"*. Esta também tem sido minha experiência. Tem sido a sua? Se sim, a transformação dinâmica que Deus reservou em seu nome é como uma joia rara pela qual você deve trocar todo o seu lixo. Jesus disse que foi por isso que Ele veio: para dar Vida eterna, abundante e transbordante (Jo 10:10). Seu propósito não foi proporcionar existência eterna, mas vida eterna. "Vida", no Grego (*zoe*), denota uma mais alta qualidade de vida, uma vida que transcende a vida natural para uma vida espiritual.

Por que são poucos os genuínos crentes no Messias que, de maneira experimental, vivem a vida abundante que Ele veio dar? Será que Ele não cumpriu Seu propósito em todos os níveis ou Ele falhou em prover tudo que era necessário? Será que Ele não derrotou tanto Satanás como todas as suas obras? (Hb 2:14,15; 1Jo 3:8). Se Cristo venceu, como consequência temos autoridade sobre o inimigo (Lc 10:19). O que nos impede de experimentar tudo que o Senhor proveu para nós?

O problema do falso Eu

Há um problema, com certeza, e qualquer coração honesto vai prontamente admitir. O problema é com a parte alma não regenerada que somos. Nosso espírito é novo em Cristo e, quando permitimos que o Espírito Santo nos alinhe no âmbito do nosso novo espírito, a vida é rica. Como pessoas nascidas de novo, todos nós temos experimentado estes doces momentos. O problema surge quando deixamos a mente assumir o controle e não a mantemos governada pelo Espírito, aí ela assume seu antigo lugar de tirania. Sua atração é que gostamos de pensar em nós mesmos como sábios, inteligentes, capazes de fazer qualquer coisa que imaginamos. Esta é a raiz básica da alma não regenerada que João apropriadamente denominou de "a soberba da vida" (1 Jo 2:16).

Assim, inclinando-se para o nosso próprio entendimento, esquecendo-nos que "a maneira do homem direcionar seus passos não está nele" e, que sem Jesus não podemos "fazer nada", caímos de volta no modo carnal da vida da alma contaminada pelo pecado, não regenerada e natural (Pv 3:5; Jr 10:23; Jo 15:5; Rm 7:18). E depois sofremos. O *eu*, antes de ser dissolvido e o verdadeiro você surgir, sempre produzirá sofrimento, mesmo que seus objetivos sejam alcançados. Contido em todos que vivem com base na alma não regenerada, o ganho é dor. Contido em toda alma renovada e embasada no espírito, o ganho é alegria. A dor do ganho baseado na alma egocêntrica pode não se manifestar imediatamente, mas eventualmente, aquilo de mais doce obtido pela nossa parte não regenerada se torna amargo. A vida carnal pode ser doce na boca (quando primeiramente provada), mas amarga no estômago (pois não pode ser digerida).

A conexão corpo-alma é uma professora de Ensino Fundamental

Em Sua misericórdia, Deus proveu para Seus filhos uma maneira fácil de saber quando estão vivendo com base na alma, ao invés de viver do espírito: *o corpo*.

Ouvir o seu corpo é uma maneira fácil de dizer se você se tornou inconscientemente preso em sua mente e está vivendo de sua alma não regenerada ao invés de seu novo espírito. Emoção, que na raiz do latim significa "perturbação", é a sensação física que você sente em seu corpo. Amor, alegria e paz, não são como muitos erroneamente chamam: "*emoções positivas*". Não são emoções de forma alguma, pois não causam perturbação. Amor, alegria, paz e todos os outros positivos eternos são estados espirituais do ser.

Muitos acreditam que as emoções são parte da alma. É verdade que se originam lá, mas *emoções são experimentadas como sentimentos no corpo*. Há uma íntima conexão alma-corpo ou corpo-alma em muitas pessoas. Isto é considerado normal, mas apenas parece normal por causa do estado de queda do homem. A conexão alma-corpo não é um alinhamento natural, foi necessária uma vez que o espírito foi reduzido a um buraco negro e pequeno. Este não foi o projeto divino do ser humano no estado original. Não foi experimentado no Homem antes de sua Queda. Não é parte do estado presente do seu novo ser em Cristo. Você pode ainda não ter percebido isto em sua experiência. Na graça da transformação, você se torna o novo ser que você já era, mas não havia percebido que era.

Quando você se torna consciente de sua conexão corpo-alma, você pode utilizar-se disto para sua vantagem espiritual. Não há necessidade de esperar por uma "transformação total", ou qualquer tipo de experiência especial. Um cristão pode se pegar entrando no estado anormal. A respiração de uma pessoa é a primeira indicação do que vem do espírito para a alma, a respiração se torna ofegante, curta e tensa. O pulso é outra coisa que você pode monitorar. O coração sempre bate mais forte quando a ansiedade ou medo estão surgindo na mente. Seus músculos se tornam tensos. *Uma sensação geral de desconforto físico sempre indica que o cristão está se movendo para o âmbito da alma, longe do âmbito espiritual.*

Isto ocorre na maioria das vezes em situações familiares ou no trabalho, mas também pode ocorrer quando um cristão está totalmente sozinho exceto pela sua mente barulhenta. Estar ao redor de pessoas egocêntricas pode provocar o ego contaminado pelo pecado em você. Uma vez que o ego contaminado pelo pecado ou o "antigo *eu*" for dissolvido, as energias egocêntricas de outros não terão nada em você para se conectar e serão incapazes de perturbar a sua paz. Os outros não podem mais te fazer infeliz.

O que é perturbado em você por outros egos é o seu falso *eu* ou como Paulo classificou de "o velho homem", "mente carnal", "a carne", etc. É o "você" que sua mente, por anos, disse ser o "você" que provavelmente ainda acredita ser, porém não é o verdadeiro você. Então, quando uma perturbação interna ocorrer em seu trabalho ou em casa, você não deve por a culpa naqueles que estão ao seu redor. A verdade é que ninguém e nada externo jamais te chateia. É a sua reação a eles que te chateia. Eles não "fizeram" você cair no seu falso *eu*. Muito provável que este é o âmbito de existência natural deles. *Sua reação* à carnalidade deles foi algo que *você escolheu*. É algo que você não pode reverter até que assuma a responsabilidade. Culpar outros pelo seu estado interior é uma estrutura da mente carnal que certamente te manterá em prisão.

Muitas mulheres cristãs têm pedido para mim: "Ore para que Deus salve o meu esposo. Assim poderei viver no espírito". Esta é uma ilusão criada pela mente. Um esposo ou esposa carnal pode, na verdade, ajudar o cônjuge cristão a se tornar guiado pelo Espírito, tornando-se assim um atuante cidadão do Reino. Seja grato pela sua circunstância de vida e, ou ela ou você ou os dois irão mudar.

Ouça seu corpo. Ele é um bom termômetro do que está acontecendo dentro de você.

Seu corpo vai lhe ensinar quando você está começando a entreter pensamentos de ressentimento, de medo, de ansiedade, de autocomiseração, etc. Ele vai te ensinar à medida que você aprender a ouvi-lo e se tornar consciente das mudanças físicas.

Esta é uma verdade maravilhosa: o corpo, que você pode ter considerado como um inimigo do seu crescimento espiritual é, na verdade seu amigo. Lembre-se, você não meramente habita num corpo. Parte do seu verdadeiro *eu* é o seu corpo (você viverá nele para sempre depois que Cristo voltar). Você é espírito, você é alma, você é corpo... você é um ser completo. Cristo fez redenção completa para você por inteiro.

Tornando-se governado pelo Espírito

Pois todos os que são guiados pelo Espírito de Deus são filhos de Deus.
Rm 8:14

Entender este versículo é crucial para se tornar um filho de Deus maduro.

A locução verbal "são guiados" é *ago* no Grego e na verdade significa: "são dirigidos, controlados, guiados, governados". Na sequência do batismo do nosso Senhor por João, o Espírito Santo literalmente "dirigiu" Jesus para o deserto (sim, a palavra "dirigir" é o significado correto no Grego). Jesus obedeceu o que o Espírito o estava compelindo a fazer e consequentemente, nosso Senhor foi guiado pelo Espírito (ou governado pelo Espírito) em tudo o que ele disse e fez (Lc 4:1). O Espírito Santo, operando em seu espírito nascido de novo, deseja guiar você também. Jesus disse que o Espírito Santo é o seu Ajudador, e sendo assim, o Espírito Santo irá dirigi-lo em toda verdade, mostrar o que há de vir e revelar Jesus a você numa medida ainda maior.

O que é verdadeiramente maravilhoso é que o Espírito Santo produzirá Seu fruto em você — o "fruto do Espírito" (Jo 16:13-15; Gl 5:22, 23). Qual é o fruto do Espírito Santo? O fruto consiste em Suas qualidades espirituais do ser — amor, alegria, paz, longanimidade, benignidade, bondade, mansidão, fé e temperança. Estes "frutos" ou estados espirituais do ser consistem na natureza de Deus em você. O Espírito Santo está unido ao seu espírito, os dois são um (1Co 6:17). Sua maturidade como filho de Deus depende de sua entrega a cada momento ao Espírito Santo. É isto o que Paulo está ensinando em Rm 8:14.

Uma forma de "*ago*" é usada em At 16:20 quando Paulo e Silas "foram trazidos" diante dos magistrais. É duvidoso que eles quisessem ir diante de um juiz e ser lançados em prisão. Aqueles que os prenderam, os *arrastaram* diante do juiz de acordo com a Versão "Modern English".

Estou usando este exemplo apenas para ilustrar o quanto o Espírito Santo quer tomar as rédeas de cada filho de Deus e direcioná-los a uma maturidade e semelhança com Cristo. Verdade, o Espírito é uma dócil pomba, porém tenho sido bruscamente repreendido muitas e muitas vezes. Suas repreensões, embora firmes, não são destrutivas; elas são cheias de amor e podem ser transformadoras de vida. Esta é uma expressão diferente do mesmo amor ágape que conforta. Nesta expressão, entretanto, a santidade de Deus é revelada para um cristão quando ele é repreendido pelo Senhor. Jesus disse, "Eu repreendo e castigo todos quantos amo; sê, pois, zeloso e arrepende-te" (Ap 3:19).

O Espírito Santo em você pode ser muito insistente sobre a mesma coisa. Graças a Deus que isto é verdade! O Senhor nos compara com a mula quando somos teimosos, e nos pede para não sermos assim (Sl 32:9).

Houve muitas vezes que este discípulo foi um "cabeça de mula" – um termo originado por fazendeiros que aravam com mulas e tinham que usar fortes cabrestos e repreensões para conseguir sua obediência. Assim, o termo "cabeça de mula" foi introduzido ao nosso vernáculo e é usado para descrever pessoas que exibem fortes tendências de teimosia.

A palavra grega em Rm 8:14 para "filhos" é única e seu significado é necessário para um entendimento mais profundo do versículo. Há muitas palavras gregas usadas no novo Testamento que descreve os vários estágios de crescimento (*brephos*, *nepios*, *teknon*, *pedagogue*). Estas palavras respectivamente, descrevem bebês, crianças que estão aprendendo andar, adolescentes e estudantes na fase da adolescência. Há uma palavra, no entanto, que se refere a um filho adulto, um filho maduro, e esta palavra é *huios*.

Esta é a palavra (*huios*) que Paulo foi inspirado a usar para "filhos" em Rm 8:14. Entretanto, este versículo poderia ser mais profundamente traduzido desta maneira: *"Pois todos os que são governados pelo Espírito de Deus, somente estes são filhos totalmente maduros de Deus"*. Se você deseja se tornar um filho de Deus, que é maduro e inteiro como seu Pai do Céu é maduro e inteiro (Mt 5:48), você deve estar sob a ordem do Espírito na sua vida diária.

Viver do espírito produz Luz para você e para outros

Para voltarmos à estrutura original, o cristão deve viver do espírito, através da alma e no corpo. A alma deve se tornar de novo a serva do espírito recriado e o corpo seguirá com transparência, permitindo a Verdadeira Luz de Cristo brilhar através dele. Alguém que está no Espírito se torna iluminado e, uma Epistola Viva "conhecida e lida por todos os homens" (2Co 3:2). Esta Luz não é uma unção ministerial temporária, mas um estado geral de habitação na Única Fonte que é a Luz do mundo.

Alguns cristãos, especialmente os pentecostais e renovados, têm enfatizado a palavra "unção" acima de sua verdadeira esfera de efeito. Unção, especialmente a medida que se refere ao ministério, é um poder liberado temporariamente, para uma tarefa específica, enquanto que luz é o estado permanente que Deus está e quer que nós também estejamos (1Jo 1:5). Jesus expressou esta realidade aos Seus discípulos, que Ele era a Luz do mundo enquanto Ele estivesse no mundo, mas continuou a dizer-lhes que depois que Ele se fosse, eles tinham que ser "filhos da Luz" (Jo 8:12; 9:5; 12:36).

O projeto de Deus para o homem em seu estado original era ser governado de dentro do seu espírito, através de sua alma, e pelo seu corpo. Os três devem trabalhar juntos em harmonia e unidade. Isto não pode acontecer enquanto o *eu* governar a alma do cristão. A frequente ruptura na conexão alma-corpo é o normal para muitas pessoas, mesmo para verdadeiros cristãos. Poucos têm se permitido submeter ao governo de Deus em seus espíritos e assim experimentar a dissolução do *eu*. Seu estado de vida, consequentemente, depende de vários eventos, com frequência oscilante, da vida exterior. A oscilação e a mudança constante constituem a realidade de vida da qual você nunca escapará enquanto viver na terra, mas não haverá perturbações internas ou distrações, quando as oscilações externas ocorrerem após o *eu* ter experimentado a crucificação.

Você pode viver em contínua paz (2Co 13:11). Não há necessidade de perturbação na alma quando ela permanece debaixo do governo divino, no espírito constantemente novo do cristão. Sua parte espírito não é estática; está sempre começando, sempre nova, sempre fluindo. Por isso Jesus a comparou com "rios de água viva" pois você nunca entra num rio duas vezes no mesmo lugar (Jo 7:37-39). Há algo sobre a natureza do seu verdadeiro *eu* que você aprende após a transformação: *você está sempre começando e nunca terminando*. Você chega ao entendimento que começar não é algo que aconteceu no passado, mas está sempre acontecendo! Este é o âmbito ou o domínio do Reino de Deus que está dentro de você; este é o melhor Dele para você.

Grato a Deus pela queda do homem

Tudo o que o homem e a mulher conheciam antes da queda eram as bênçãos positivas de Deus. Não havia como verdadeiramente, apreciarem o encanto do ambiente, a qualidade e o relacionamento diário com Deus, pois não tinham nada negativo com o que comparar em sua experiência de vida. Tudo isso mudou após a Queda. Entenderam a grandeza de seu estado anterior de benção e ansiavam pelo Paraíso perdido. Sim, foi triste; todas as guerras, enfermidades, perversidades, crimes e mortes são também tristes. Paulo ensina em Romanos o famoso "muito mais" que agora temos em Cristo. Ele ensina que o que nos foi dado em Cristo em muito excede o que teríamos se Adão não tivesse pecado. Ele expressou isto aos Efésios um pouco diferente, que, agora, estamos legalmente assentados com Cristo em lugares celestiais (Ef 2:6). Este nunca foi o estado de Adão mesmo antes da Queda! Quando a graça transformadora faz sua obra maravilhosa dentro da alma do cristão, ele experimenta Céu na terra. Isto torna a vida verdadeiramente animada, rica e plena – uma alegria interior que nunca cessa. Uma profunda gratidão cresce continuamente no espírito e é experimentada como satisfação na alma e agradecimento no corpo. Adão não tinha este profundo apreço em seu estado de inocência. Como poderia? Este nível de apreço somente pode vir após a redenção do pecado ter sido experimentada e entendermos o quão profunda era a cova que nosso Salvador nos livrou. O estado muito mais abundante da graça em que agora nos encontramos em Cristo, nos dá muito mais do que Adão jamais conheceu. As boas novas são que podemos adentrar nesta graça abundante agora, na presente realidade do Reino. Não precisamos esperar até o Céu "num lindo dia" para experimentar uma eterna gratidão. Podemos ter vida, e esta mais abundantemente, no presente cotidiano, ao permitirmos o Senhor nos conduzir à nossa herança — entrando na nossa Canaã e no prazeroso descanso que ela traz.

Quando você entra no descanso de Deus para sua alma, daí em diante, você cessa as obras ativadas pela alma e, experimenta o verdadeiro *Shabat* dentro de você (Hb 4:10). Você entrou no descanso. A exaustão é impossível neste estado. Você não queima mais pavio, somente óleo.

Capítulo 8

O cruel tormento da mente carnal

... a inclinação da carne é morte. Rm 8:6

A maioria das pessoas que conheço vive num estado de tortura mental contínua. São atormentadas pelas suas mentes, assim como foram seus pais, como são suas famílias, seus vizinhos e seus irmãos da igreja. É tão comum para as pessoas viverem desta forma que elas inconscientemente consideram isto normal. Isto, na verdade, é anormal e, em suas formas mais agudas, torna-se insuportavelmente doloroso. Se a pessoa procura ajuda profissional, será informada que está sofrendo de uma neurose e será colocada em medicação. Muita coisa para ser "normal"!

A cruel tortura da mente carnal é a razão por trás do suicídio. O pensamento incessante causa dor de cabeça latejante, como a tortura chinesa da água. Alguns se matam com álcool, drogas, trabalho, diversão, atividades mentais. Seja o que for que tenham abusado para medicar a dor interior, já não ameniza mais a dor dentro deles. Outros se matam gradualmente com o veneno que a negatividade injeta em seus corpos, como uma vespa venenosa à medida que a mente carnal lentamente os fere para morte, com preocupações incessantes.

Eu sabia que "minhas rugas foram cavadas pela preocupação" como um antigo escritor inglês descreveu, mas desconhecia um "H" maiúsculo bem no meio da minha testa até que meu neto de quatro anos, Hayden Dickens, apontou-o enquanto estava no meu colo. "Papa, como você fez um "H" maiúsculo no seu rosto?" Seus olhos brilhantes radiavam pensando que eu tinha colocado o "H" lá por causa dele. Eu neguei sua existência, mas ele insistiu, então olhei no espelho do banheiro e vi claro como o dia: "H".

Eu voltei para a sala dos Dickens e admiti para o Hayden que ele estava certo afinal, e o Papa estava errado.

Havia um "H" definido. Porém, como expliquei para o Hayden, o "H" significava "*Headaches* (Dores de Cabeça)" que a vida na alma havia produzido na minha testa. Falei para ele que a vida, incluindo a parte de quando a mãe dele era adolescente, tinha feito o "H" na testa do Papa. A sala explodiu em risadas. Sua irmãzinha Brenya, de dois anos, riu não porque entendeu a conversa, mas simplesmente porque todos estavam rindo. (Netos são fantásticos!)

Mas não foi a verdadeira Vida que gravou o "H" maiúsculo. Foi a vida "embaixo do sol", a vida superficial por décadas, que cava "linhas de preocupação" na testa de qualquer pessoa. Assim, sou recordado a cada manhã logo que olho no espelho, da força destrutiva da preocupação. Há uma sensação imediata de profunda gratidão que nunca mais encontrei uma razão para me preocupar desde julho de 2008. Eu, antigamente, sem querer, me preocupava com praticamente tudo e qualquer coisa. Minha mente tinha sua própria mente e, eu não tinha nenhum poder sobre ela. Tentei por vários anos parar de me preocupar, pela minha própria força, mas não consegui alcançar o estado livre de preocupação que Jesus ordenou em Mt 6:25-31.

A liberdade é vislumbrada na quietude

Teresa de Ávila referiu-se à mente carnal como uma "mente-macaco" que tem que ser "acalentada para dormir" diante de "passos que se tornam mais leves". Esta era a sua maneira de descrever tanto a operação da mente humana no seu estado presente, como a necessidade de alguém de ignora-la através do silêncio interior. Ignorar a mente carnal através da quietude interior é um bom começo. Isto oferece um alívio temporário e produz um vislumbre de liberdade. A quietude interior em si mesma não resulta na morte da mente carnal, sem o necessário acompanhamento da entrega a Deus de todo o seu ser. A transformação acontece quando a quietude e a entrega estão juntas. Deus vem sobre o sacrifício oferecido do *eu*, em grande luz, poder e glória. Assim Ele muda o indivíduo para que se torne completamente Dele. O resultado desta graça de transformação é viver em paz permanente. Sim, a mudança verdadeira da alma é algo que somente Deus pode efetuar. As boas novas são que isto é algo que Ele já proveu para que todos os Seus filhos entrem! Isto é precisamente o que a Cruz de Cristo proveu: *execução do velho homem*. O "velho homem" é uma das muitas expressões que Paulo usou para descrever a inerente natureza caída dentro da humanidade.

Observe o que Paulo disse que Jesus conquistou ao morrer na Cruz:

Sabendo isto: que nosso velho homem foi com Ele crucificado, para que o corpo do pecado seja desfeito, a fim de que não sirvamos mais ao pecado. Rm 6:6

Outras traduções são também claras. Verifique-as. Ao lê-las você frequentemente, encontrará a palavra "destruiu". Deus é maravilhoso! Ele não quer restaurar a natureza caída através de "habilidades copiadas" como os terapeutas bem intencionados ensinam seus pacientes. Tais habilidades são, com frequência, úteis para encontrar alívio temporário para a tortura mental. Mas Deus, como sempre, tem um plano melhor: Ele está pronto para destruí-la em você! Ele não vai eliminar a sua alma, pois esta é uma parte do seu ser eterno. Ele vai dissolver o *eu* dentro de sua alma, o qual você erroneamente identificou por toda a sua vida como sendo "você".

Perdão é uma provisão da redenção

Perdão de pecados através do derramamento de sangue do Messias é somente uma provisão de nossa multiforme redenção (Cl 1:14).

Há também a liberdade "do domínio das trevas" (Cl 1:13). A Igreja tem, sem saber, minimizado a plenitude de nossa "tão grande salvação" quando focada apenas no perdão de pecados (Hb 2:3). Realmente, levará a eternidade para expressarmos nossa gratidão por este aspecto de nossa salvação em Cristo Jesus. Nunca devemos minimizar a importância do perdão de nossos pecados de forma alguma. Somos perdoados de todos os nossos pecados! Louvado seja Deus para sempre! Somos salvos do inferno eternamente! Graças ao Cordeiro que foi morto!

Como é que nós que, experimentamos o perdão em Cristo vivemos num tipo de inferno na terra, agora? Vivemos assim, se governados pela mente carnal. Ela é implacável em sua tortura na maioria dos cristãos, mesmo que alguns deles leiam suas Bíblias, frequentem cultos nas igrejas e compartilhem suas dificuldades com irmãos em Cristo na tentativa de aliviar a dor dentro deles. Estes meios da graça ajudam temporariamente, graças a Deus, porém ajuda temporária não é a ideia de Deus para a Vida Abundante. O que a maioria das igrejas oferecem aos fiéis são agradáveis chavões e adesivos de teologia para ajudar os cristãos a se "sentirem melhor" sobre si mesmos! Deus proveu algo muito, muito melhor.

A morte do eu é outra provisão da morte de Cristo

Não somos apenas livres do castigo do pecado (o que é a ênfase da Igreja); somos também libertos do poder do pecado (o que é a ênfase de Jesus e de Paulo nas Escrituras). Porém esta maravilhosa libertação do poder do pecado inerente, tem sido agressivamente combatida por muitos líderes religiosos no decorrer de nossa longa história. Como um cristão, acho muito espantoso o quão defensivos os cristãos se tornam quando você ameaça o "direito" deles de serem infelizes! Cristãos, com mentes sobrecarregadas, algumas vezes se tornam irritados, inquietos, defensivos ou mesmo grosseiros quando ouvem esta verdade libertadora de Cristo. Eles se levantam, fazendo barulho, balançando a cabeça, murmurando e se enfurecem com a reunião, batendo a porta. O que é ainda mais espantoso é que muitos destes que se enfurecem, se consideram cristãos "maduros".

Esta reação é o resultado do domínio da mente carnal por anos e, a raiz por trás disto é rejeição, medo ou a combinação dos dois. É muito triste o que verdadeiros cristãos estão dispostos a suportar em suas mentes. Eles fecham seus olhos para isto, como uma criança faz ao ser encontrada na brincadeira de esconde-esconde.

A liberdade da natureza pecaminosa com todas as suas formas de tormento mental e dor emocional é o tema central de Romanos 6. É também um dos temas gerais de Paulo em Gálatas, Efésios, Filipenses, Colossenses e também, em suas cartas pastorais. Examine estas cartas e o Espírito Santo tornará isto claro para você.

Ah, alguém alega, e Romanos 7? Na melhor das hipóteses, acreditam que a vitória sobre a natureza pecaminosa é temporária e, com frequência, citam a frase de Paulo: "Miserável homem que sou" em luto e choro. O que eles falham em notar são os primeiros dois versículos do capítulo. Paulo torna sua atenção, não para os seus primeiros leitores gentios em Roma, mas para aqueles entre eles, que são como ele segundo a carne: Judeus. Ele direciona suas observações àqueles que eram casados com a Lei. Mesmo que ele esteja escrevendo no tempo presente, todas as suas observações são postas no que é conhecido na língua portuguesa como o "presente histórico".

O presente histórico não é conhecido na língua grega, mas Paulo escreve aqui daquele modo. O que é presente histórico? Eu acabei de usá-lo na frase anterior: "Paulo escreve aqui daquele modo". Paulo escreveu aquela carta dois milênios atrás. Ao dizer, Paulo escreve aqui ou Paulo fala agora concernente ao relacionamento do cristão com a Lei que Deus deu a Moisés, estou usando o presente histórico.

Deixe-me perguntar-lhe: você realmente acredita em seu coração, que nosso amado irmão Paulo viveu numa total derrota em sua alma como um cristão? O tema de Filipenses é apresentado para nós num tom queixoso de derrota? Aquela carta foi escrita numa vil prisão romana onde os soldados que andavam sobre eles num piso de grade, urinavam neles regularmente, mesmo quando eles dormiam. Paulo está sempre grato apesar de sua aparentemente negativa situação de vida? Ele está continuamente se regozijando no Senhor. Para Paulo, viver é simplesmente "Cristo". Mesmo a pior condição externa negativa – morte – é vista como ganho por este prisioneiro muitas vezes, sujo, imundo, faminto, cansado, porém feliz e alegre!

É por isso que Paulo enfatiza o tema da vida governada pelo Espírito em Romanos 8. O Espírito Santo é o que dá para o cristão, poder para andar na nova natureza. O Espírito é mencionado mais vezes em Romanos 8 do que em qualquer capítulo da Bíblia. Em qualquer momento que Paulo fala de viver ou andar no Espírito, ele está falando de estar agora, sob o governo do Espírito. Ele está ecoando o convite de Jesus para tomarmos o Seu "jugo" sobre nós e encontrarmos descanso permanente em nossas almas (Mt 11:28-30). O jugo naquela sociedade rural era um mecanismo de governo. O jugo de Jesus é a autoridade diária do Espírito Santo na vida do discípulo, permitindo o Espírito dirigir, guiar e direcionar de maneira prática e não mística. Alguns têm aprendido como se inclinar ao Espírito Santo para liberação de poder durante momentos ministeriais, mas nunca aprenderam a habitar agradavelmente sob o dócil governo do Espírito no seu cotidiano. Oh! A diferença entre as duas coisas é tremenda!

O Espírito libera poder ao seu verdadeiro eu para uma vida transformada

O cristão não é apenas "mudado (*metamorfoseado*) pelo Espírito do Senhor" porque o Espírito põe o prisioneiro de mente "em liberdade"; o cristão também é dotado com poder dinâmico dentro do mais profundo de seu ser (o novo espírito). O novo espírito se levanta para a sua legítima posição de domínio sobre a alma e, em fazendo isto, transforma a alma (2Co 3:17,18). Uma vez que a transformação é acelerada dentro de um cristão, a imagem de Cristo é estampada mais claramente em sua alma. Esta pessoa tem a face de Jesus Cristo brilhando através de sua inteira personalidade, mas nunca perde sua identidade almática como indivíduo único.

Após tomarem as suas cruzes e seguirem o caminho que Jesus colocou diante de nós, os cristãos experimentam não apenas a crucificação do ego de princípio pecaminoso, como também a ressurreição de um estado altruísta à semelhança de Cristo. O pecado não tem mais domínio sobre nós na salvação plena porque o pecado é inusitado e alheio à alma transformada.

Se o nosso Exemplo nunca foi preso por preocupação e medo, por que Seus seguidores esperam viver desta maneira? Afinal, Ele nos ordenou no Evangelho do Reino nunca se preocupar ou temer (Mt 6:25-31; Lc 12:31, 32). O anjo instruiu José que a sua esposa ainda virgem geraria um Filho, ao qual José tinha que dar o nome de JESUS. Ao explicar o significado de Yeshua, o anjo declarou: "Ele salvará Seu povo **dos** seus pecados" (Mt 1:21). A palavra "dos" significa "do meio, dos efeitos dos" seus pecados. Examine isto se você tiver dificuldade de aceitar. Leia todos os seus comentários no Grego concernente à "dos" em Mt 1:21. Seu próprio estudo vai convencê-lo que Jesus não veio para nos salvar em nossos pecados ou a medida que pecamos, mas de nossos pecados – seus antigos poderes sobre nós foram quebrados no presente governo do Reino de Deus.

A mente carnal é tão inimiga de Deus, como sua

Um dos primeiros efeitos de nosso pecado é a mente carnal. Paulo chega ao ponto de declara-la como inimiga de Deus (veja Rm 8:7 em várias traduções). Se algo é inimigo de Deus, não seria sensato considera-lo como seu inimigo? Se algo é um inimigo de Deus, e mesmo assim está operando em nossas vidas, como podemos esperar que "vida e paz" dominem nossas vidas terrenas? A quantidade de queixas sobre a maneira que as coisas caminham neste mundo não vai mudar a sua vida; pelo contrário, isto vai enrijecer você a um estado de derrota quase permanente.

A mente carnal foi vencida pela Cruz de Cristo. Paulo disse que o cristão está agora de posse da "mente de Cristo" (1Co 2:16). Nada poderia ser mais claro do que isto. Se temos a mente de Cristo e as Escrituras não mentem, como podemos justificar nossa tolerância ao cruel tormento da mente carnal? A mente carnal não é parte da herança de Canaã do cristão.

Se você está como o Israel antigo — vivendo muito abaixo de sua herança no Reino enquanto anda em círculos no deserto da mente carnal — acorde e perceba que o chamado de Deus é para seguir em frente para a sua terra que mana leite e mel. Você está no Deserto do *Eu* onde a incredulidade, o medo e a preocupação torturam seu estado interior. É onde você quase não aguenta mais e, suspenso por um fio, murmura de Deus e dos outros e está em contínuo sofrimento produzido pelo *eu*. Sua vida é difícil e suas dores são muitas quando você é auto governado ao invés de ser governado pelo Espírito.

A Canaã Dele para você, o Reino de Deus em seu espírito, é um lugar de plenitude, não de escassez: "uma terra que mana leite e mel" (Nm 14:8).

A cruz Dele te conduz à sua cruz

Há duas cruzes enfatizadas pelo nosso Senhor nas boas novas do Reino de Deus. A primeira foi a Cruz que Ele tinha que suportar. A segunda é a sua própria cruz, feita sob medida por Deus, *reservada para ninguém mais a não ser você*. Sua cruz, uma vez aceita, vai lhe permitir ser transformado e fará com que suas velhas tendências de alma sejam dissolvidas. O que ficará será a nova vida do Salvador Ressurreto em sua alma. Sua alma se tornará serva do seu espírito e a Luz de Cristo emanará de dentro de você, fazendo com que seu corpo inteiro seja cheio de Luz (Mt 6:22; Lc 11:36).

Mateus 16 é o mais esclarecedor sobre a obra de transformação.

Neste capítulo, Simão (cujo nome de nascença significa "cana") recebeu a revelação do Seu Pai Celestial concernente à verdadeira identidade de Jesus, o Filho do Deus Vivo. Muitos pensavam que Jesus era um dos profetas. Simão, após falar para Jesus quem Ele era (é), recebeu então sua própria identidade espiritual de Jesus. Em outras palavras, Jesus deu a Simão sua identidade espiritual no novo nome "Pedro" (*petros* significa "pedra"). Contrastada com uma cana, uma pedra não é facilmente assoprada pelo vento. Jesus estava falando para este discípulo que Ele iria transformá-lo numa rocha, e isto certamente aconteceu (Pedro se tornou um dos pilares da Igreja Primitiva). Onde ele havia sido fraco, a ponto de negar o seu próprio Senhor, Pedro mais tarde, com ousadia, proclamou Jesus. Após ter sido revestido de poder pelo Espírito Santo, ele proclamou Jesus na mesma cidade onde ele o havia anteriormente negado.

Algo aconteceu não muito depois que Jesus pronunciou Simão como "abençoado" e disse que ele era agora, *Pedro*. Mateus 16 continua a descrever a repreensão do nosso Senhor à Simão Pedro, a ponto de dirigir-se a ele como satanás. Isto não significa que Pedro era literalmente satanás. O que ele na realidade, falou — Cristo não deveria ser crucificado — foi originado no maligno. Simão, cheio de si, falou as palavras que foram colocadas em sua mente. Depois, voltando-se aos Seus discípulos, Jesus expôs as chaves do Reino ou da transformação pessoal:

Então disse Jesus aos seus discípulos: Se alguém quiser vir após mim, renuncie-se a si mesmo (Grego: "sua alma"), tome sobre si a sua cruz e siga-me; porque aquele que quiser salvar sua vida (Grego: "sua alma"), a perderá, e quem perder sua vida (Grego: "sua alma") por amor de mim, a achará. Pois que aproveita ao homem ganhar o mundo inteiro e perder sua alma? Ou que dará o homem em recompensa da sua alma? Mt 16:24-26.

O poder dessa passagem tem sido completamente perdido na Igreja moderna por não compreendermos o Grego das palavras "ele mesmo", "sua vida" e "sua alma" na passagem. São todas a mesma palavra: *psuche* em referência a alma do cristão. Quando Jesus disse "aquele que quiser salvar sua vida a perderá, e quem perder sua vida por amor de mim, a achará", Ele não está, como a Igreja tem interpretado, se referindo a martírio. É verdade que a passagem pode ser aplicada desta forma, e aqueles que perdem sua existência física devido à perseguição por Cristo recebem galardões especiais no Reino dos Céus, mas este não é o principal significado desta passagem!

Mais adiante, quando Cristo pergunta, "o que dará o homem em recompensa da sua alma?" Ele não está primariamente se referindo a alguém se tornar rico e depois morrer e sofrer maldição eterna, embora esta também seja uma aplicação de Suas palavras que são de fato verdade. É verdade que se alguém ganhar o mundo todo, o que ninguém nunca o fez, e depois perder sua alma em eterna condenação, não lhe aproveitaria em nada.

Mas este não é o ponto que Jesus está se referindo para Seus futuros líderes. O perigo para eles não é a maldição eterna (exceto Judas "o filho da perdição"). Seus nomes já estão escritos no Céu como Jesus está falando com eles (Lc 10:20). Leia a passagem de Mateus 16 lentamente e o Espírito lhe mostrará que isto é verdade. O que Jesus está falando para os Seus primeiros discípulos é que se eles se perdessem em qualquer promoção que encontrassem no mundo, o que ganhassem não lhes traria nada agora, além de miséria.

Os "reality shows" na televisão com ricos e famosos, por exemplo, revelam o quanto de miséria, conflito e aflição eles sofrem, assim como o resto das pessoas comuns. Nada que alguém ganhe externamente tem poder de transformá-lo internamente.

Esta é a eternamente nova mensagem de Jesus para os Seus discípulos de todos os tempos, que viveram e que irão viver.

Jesus está focando no estado da vida terrena de um cristão nos três versículos. Ele está se referindo à *transformação* de alma para todos os Seus discípulos, incluindo aqueles que vivem na terra hoje. Simão Pedro demonstrou sua necessidade de purificação da alma, ao falar palavras do Pai produzindo a benção de Jesus, e, em seguida falar palavras de satanás, resultando na repreensão de Cristo. **Jesus está dizendo que não há nada no planeta mais valioso para um discípulo que a completa e pessoal transformação de sua alma**. Comparando, ganhar o mundo todo e não ser transformado na alma não valeria nada. Este discípulo seria deixado em tormento mental e dor emocional independente de qualquer conquista externa ou ganho. Qualquer coisa que um discípulo ganhar no mundo material é vazio, fútil e vão sem uma transformação anterior. O contrário também é verdadeiro: qualquer coisa que um discípulo perder no âmbito externo da vida terrena não será perda de maneira alguma, se a alma do discípulo for transformada.

Qualquer coisa que um seguidor de Jesus vier a perder na vida externa sempre terá em si a possibilidade de aumentar o progresso do Reino. Em cada perda temporal, é inerente o potencial para um ganho eterno.

No contexto, observe que Cristo está falando com Seus discípulos, todos que, exceto Judas, estavam destinados para o Céu. Seus nomes já estavam escritos lá e estão hoje, desfrutando de sua belezas (Lc 10:20). Embora fossem crentes verdadeiros, Seus discípulos estavam longe de serem transformados. Interiormente, todos eram deficientes em algumas ou várias áreas. Tiago e João eram muito cheios de si e isto se manifestou em orgulho e no mínimo, duas vezes em cólera. Os discípulos de Cristo eram "vagarosos de coração para crer", eles muitas vezes, "endureciam seus corações". E com frequência, eram incapazes de entender verdades espirituais. Uma vez Jesus perguntou-lhes: "Como não entendestes?" (Mt 16:11). Ele entendia a natureza de Seus discípulos perfeitamente. Todos eram egocêntricos. Eram dominados pela alma, assim como Seus discípulos de hoje são dominados pela alma no falso *eu*, o "eu" que cada um tem criado em suas mentes não regeneradas.

O que Jesus está enfatizando a todos os Seus discípulos, de antes e de agora, é que assim como o Pai intentou a Cruz para Jesus, Ele também preparou uma cruz sob-medida para cada seguidor de Cristo. A beleza é que assim como é com cada discípulo, assim foi com o Mestre. A escolha a favor ou contra a crucificação é deixada para cada um, particularmente. É uma escolha pessoal para você e em nada diferente do que foi para Jesus. Você aceita a sua cruz? Se aceitar, muitos outros serão abençoados. Se não, os muitos que você poderia ter ajudado ficarão sem ser tocados por você, mas Deus enviará outro para eles. Há somente Uma pessoa que foi indispensável para o Seu plano, Jesus. Se Ele tivesse escolhido o caminho do *eu* e recusado Sua Cruz, estaríamos perdidos. Não havia Plano B para a salvação da humanidade.

Você não apenas será muito menos usado por Deus em seu estado não regenerado, mas também será muito menos alegre, ativo e tranquilo, do que poderia ter sido. Há apenas uma maneira de desfrutar a Vida ressurreta de Cristo dentro de sua alma: você tem que morrer na cruz primeiro!

O Propósito de sua cruz

Espere um minuto, irmão, talvez você pergunte: "Você não ensinou no início desse livro que quando Cristo morreu na Cruz, nós também morremos ali com Ele?" Sim, está correto. "Bem", você continua, "por que tenho que morrer na minha própria cruz se já morri na Dele?" **Aceitar a sua cruz e experimentar a morte em sua alma torna a sua morte com Cristo experimental dentro da alma.**

É verdade que todos os crentes morreram com Cristo e se identificaram com Sua morte, sepultamento e ressurreição através do sepultamento nas águas do batismo (Rm 6:1-4).

É isto o que é conhecido na soteriologia, a teologia da salvação, como "status social" ou "verdade argumentativa". Porém, a verdadeira experiência pessoal de morte do *eu* em alguém é percebida quando cada discípulo toma a sua cruz feita unicamente e sob-medida. Esta experiência afeta o que é conhecido como "estado atual". Seu status social e o seu estado atual podem diferir dramaticamente. O primeiro não muda; o último muda muito na maioria dos cristãos. Seu estado interior pode ser um de paz, durante as orações da manhã, mas pode mudar para outro de confusão, mais tarde durante o dia de trabalho. No status social do cristão, ele já é "a justiça de Deus em Cristo" mas em seu *estado atual*, ele pode estar vivendo muito abaixo da justiça (2Co 5:21). O propósito de Deus em nos "desarraigar do presente século mau" é elevar nosso estado para o nível de nosso *status* (Gl 1:4).

Sua cruz é diferente da minha, e cada um de nós possui coisas únicas na alma para as quais deve morrer. Possessões materiais podem significar muito para um cristão, enquanto que uma posição ministerial pode ser muito importante para outro. Sua cruz é unicamente projetada para você. O que há em comum para todas as cruzes é que todas elas se originam na Cruz de Cristo e todas elas são diferentes, feita sob medida exclusivamente para cada seguidor de Cristo. Você toma a *sua cruz*, aquela feita para você, e sobre ela você deve morrer.

Muitos dos seguidores do Senhor vivem em tormento mental e dor emocional. O estado de suas almas não é um dos mais saudáveis ou "inteiros" como Jesus expressou, *kodesh* é a palavra hebraica para "santo", mas essa palavra levada ao cabo no uso hebraico também significa "saudável". (A palavra "kosher" que significa "limpo" vem da palavra "santo", então "saudável" é um derivado exato. Os judeus evitam alimentos que não possuem o rótulo "kosher" hoje, porque para eles, ingerir esses alimentos tanto é insalubre como imundo). O tormento mental e a dor emocional não são apenas insalubres mas também conduz a vários pecados: ressentimento, amargura, julgamento, explosões de ira, difamações e muitos outros pecados. Estar doente na alma conduz a vários tipos de pecado, inclusive pecados no corpo.

Alguns cristãos procuram remédios para dor interior, mas quando deparados com o que parece para o *eu* como "remédio amargo" — morrer para o *eu* que produz inteireza — as pessoas governadas pelo *eu* se esquivam. Ao falar para alguém com dor que a solução está em morrer, isso soa para eles como se você estivesse falando em línguas. Por quê? A verdade Bíblica sobre a dissolução da alma não tem sido apresentada em muitas igrejas, muito menos enfatizada. A não ser que o cristão tenha levado a sério as palavras de Jesus nos Evangelhos, é duvidoso que tenha sequer ouvido sobre a morte do *eu* no cristão, requerida na alma de cada discípulo de Jesus.

Essa mensagem não chama a atenção, pois afinal, quem quer morrer? Queremos nos sentir bem a nosso respeito e isso não soa como sentir-se bem, não é mesmo? Grande parte da Igreja, não apenas a parte que busca agradar a homens, com todo o ímpeto, rejeita a mensagem da cruz do cristão. Pela mesma razão o mundo rejeita a mensagem da Cruz de Cristo. Ambas as rejeições são devidas à mesma coisa: *a velha natureza em cada ser humano*. O *eu* reconhece a verdade que se o indivíduo, sobre o qual ele age, aceitar a sua cruz projetada por Deus, ele, "o *eu*", vai morrer. Ele teme a sua própria morte e se esforça para se manter preso à sua vítima, pelo engano de que sua morte significará a morte dela. Nada poderia ser tão longe da verdade.

Somente quando um cristão experimenta a verdadeira entrega de sua alma a Deus que então experimentará a morte do *eu* — o "velho homem" como Paulo denominou. É assim que a alma de um cristão é transformada. A alma de um cristão é então restaurada ao seu estado original que conhecia antes da Queda de Adão. Isto ocorre quando um cristão abraça e experimenta sua própria morte, tomando a sua cruz. Quando a alma é restaurada à sua função original num ser humano, a alma deixa de ser como uma adversária para o espírito do cristão e, novamente se torna sua serva. Ao invés de continuar na miséria do governo da alma, o cristão se torna governado pelo Espírito. Como consequência do alinhamento da própria alma, o cristão transformado chega ao fim do sofrimento induzido pelo *eu*. A vida se torna fascinante.

Dentro de cada crente em Cristo foi gerado um novo espírito, que está mais profundo dentro dele do que a alma. Este novo espírito é onde Deus habita em Seus filhos e onde Ele dá aos verdadeiros cristãos, o desejo de mudança em suas almas. Isto não significa que todos os cristãos verdadeiros permitem as obras de seu Pai em seus interiores para produzir almas transformadas. Muitos vivem suas vidas inteiras resistindo o que o Espírito de Deus quer produzir dentro deles. Seus galardões eternos no Céu serão muito menores do que Deus desejou que eles desfrutassem. Eles serão chamados "o menor no Reino dos Céus", Jesus profetizou (Mt 5:19). Muitos dos que chamarão o Céu de sua eterna morada, irão ainda "sofrer perda" à medida que suas obras terrenas de madeira, feno e palha forem queimadas no Julgamento dos Cristãos – o Tribunal de Cristo (1Co 3:13-15; 2Co 5:10).

É porque nosso Pai quer que Seus filhos sejam "participantes de Sua Santidade" e recebam galardões eternos, que Ele nos trata tão severamente quando resistimos Sua obra de mudança interior em nossas almas (Sl 118:18; Hb 12:5-14). Quando os filhos de Deus rejeitam as suas cruzes, o amoroso Pai Celestial corrige-os de várias maneiras, incluindo adversidades na vida; é através da correção que muitos de Seus filhos teimosos, finalmente chegam ao lugar de disposição necessária para aceitar suas cruzes e morrer para o *eu*. Eu era um dos "filhos problemáticos" do nosso Pai. Foi necessário que eu sofresse uma dor intensa, perda, vergonha e a ameaça de destituição antes que me tornasse disposto a desejar morrer na minha cruz. Foi necessário que eu passasse por várias tribulações antes de entrar no Reino de maneira experimental, por uma razão: Eu criei esta necessidade.

Em muitos momentos chave em minha vida, sofri muito e, mesmo assim, continuei sendo teimoso de coração para Jesus. Houve momentos que *imaginei* que tivesse submetido tudo a Ele, mas era apenas outro truque da minha mente carnal, em seu esforço para preservar o *eu*. Permiti que meu *eu* me enganasse e me convencesse que havia finalmente submetido meu tudo para Cristo, inúmeras vezes durante as quatro décadas anteriores. Foi necessário um encontro dramático com Deus, ao sentar-me numa rocha plana e grande no meio de uma reserva natural, para que *eu* finalmente visse meu *eu* na forma de um sujeito-objeto. Vi meu maior inimigo e, era o falso *eu* que havia se mascarado como eu por toda a minha vida. Foi somente então que meu Senhor dissolveu o tirano *eu* dentro de mim.

Esta capacidade de ver o *eu* e assisti-lo se dissolver, não foi nada que eu fiz, mas apenas permiti. Isso tudo foi a operação da graça de Deus, não o resultado de preparação anterior, através de disciplinas diligentes, como muitos que têm me ouvido ensinar esta mensagem têm erroneamente imaginado. Isto é um truque do *eu* neles, mentindo para eles que o David ofereceu grandes e maravilhosos sacrifícios para Deus, para ser qualificado a receber a benção da transformação da alma. Exatamente o oposto é verdadeiro. Eu era teimoso, muitas vezes obstinado e cheio de orgulho. Isto é tudo o que vou revelar!

É verdade que eventualmente me tornei tão desiludido pelas decepções do *eu* que tive fome e sede de justiça, mas toda a fome e sede foram também iniciadas pela graça do Senhor. Sim, escolhi negar o *eu* em minha alma, mas, enfim não teria me rendido (com quase 40 anos!) se meu Pai não tivesse operado em mim o querer e o efetuar Sua boa vontade (Fp 2:13). Ele pacientemente me permitiu chegar ao final do *eu*, então Ele poderia enfim, agir à Sua Doce maneira em minha alma. Não mereci nada do que recebi gratuitamente. Uma das muitas características maravilhosas da graça é que ela é dada sem consideração a méritos ou deméritos.

Transformação é uma obra de sinergia de Deus (sinergismo, neste caso, significa que Deus e o indivíduo trabalham juntos em direção ao mesmo resultado). Você eventualmente deve cooperar com qualquer coisa que Deus iniciar em você, ou a transformação não ocorrerá e você sofrerá por toda a sua vida, uma vida miserável. Quero ressaltar que o autor está incluso no meio dos grandes pecadores (1Tm 1:15). Esta é uma razão pela qual sofri muito e necessitei tanto da obra de transformação de Deus em minha alma. Quando se trata da graça, suas desqualificações te qualificam. Esta é uma das muitas belezas do Senhor, a graça de Deus.

Você não precisa seguir o caminho de teimosia que segui, mas muitos dos cristãos que tenho conhecido no decorrer dos anos, são governados pelo *eu* ao invés de serem governados pelo Espírito Santo e, são verdadeiramente muito teimosos e obstinados. É por isso que eles sofrem. Alguns se submetem ao Espírito em atuações ministeriais, pois aprenderam que esta é a única maneira de ter uma reunião ungida, mas no dia-a-dia, resistem-no assim como os outros crentes. Pare de criar a sua própria miséria! Permita o Pai lhe trazer a sua herança da maneira simples – porque Ele tem prazer em você – e não porque você não teve outra escolha a não ser se entregar ou morrer no deserto, sufocado com a boca cheia de areia (2Sm 22:20).

O que Ele está dizendo neste livro é: "Ouça filho, você não pode evitar a dor. Ao invés de continuar nela por todos os seus anos, vá em frente e abrace-a. Após abraçá-la, tome a sua cruz e morra. Então, a dor interior cessará e a nova vida se tornará seu estado de alerta na terra de sua presente herança, o Reino de Deus."

Não, você não tem que morrer para a vida egocêntrica se você não quiser; na verdade, isso só pode acontecer se você quiser que aconteça. Posteriormente, você somente vai querer que isso aconteça se Deus tiver dado a você o desejo de permitir a dissolução do seu *eu*. Você deve decidir que não pode continuar em resistência à vontade Dele como foi no passado. Porém, posso lhe prometer isto: se você continuar a reprimir o desejo do Espírito de transformar-lo, você continuará na miséria e isso só ficará pior do que é agora. Seu sofrimento interior continuará crescendo se você continuar endurecendo seu coração para a persistente voz de Deus em seu espírito. Após a morte, sua eternidade não será mais tão maravilhosa para você como poderia ter sido. Se você não tomar a sua cruz e deixar seu velho *eu* se dissolver, você sempre será menor do que poderia ser, tanto agora como sempre.

Você precisa de uma alma renovada para perceber seu pleno potencial no Senhor, pois a alma velha não pode desfrutar o Reino de Deus em seu presente estado não regenerado. Você nunca desfrutará da vida abundante na terra, que é a provisão de Jesus para cada um de nós, até que permita o velho *eu* se dissolver ou morrer. Você nunca vai irradiar a glória de Deus na eternidade no nível que poderia. Você será salvo da condenação, mas ainda sofrerá perda" (1Co 3:15).

Poupe-se de alguns anos dolorosos e faça da sua eternidade a melhor possível por alegremente abraçar a sua cruz. Sua cruz é onde a sua vontade se choca com a vontade de Deus e você escolhe a Dele ao invés da sua. É assim que um discípulo continua em alinhamento com o Reino e continua no estado transformado de graça diária: "Não a minha vontade mas a Tua seja feita."

Pergunte ao Senhor se o que você está lendo é verdade. Deixe o Espírito Santo lhe mostrar. Os parágrafos que você acabou de ler apontam para a sua liberação espiritual. Então, considere essa passagem sobriamente:

Portanto, como diz o Espírito Santo: "Hoje, se ouvirdes sua voz, não endureçais vosso coração, como na provocação, no dia da tentação no deserto, onde vossos pais me tentaram, me provaram e viram, por quarenta anos, minhas obras.
Por isso, me indignei contra esta geração e disse: Estes sempre erram em seu coração e não conheceram os meus caminhos; assim, jurei na minha ira que não entrarão no meu repouso."
Vede, irmãos, que nunca haja em qualquer de vós um coração mau e infiel para se apartar do Deus vivo. Hb 3:7-12

Você fará bem em orar sobre esta admoestação e pergunta do Senhor: "Querido Jesus, há em mim um coração incrédulo e pecaminoso? Uma parte minha se revoltando contra o Deus Eterno?" Depois, espere Nele. Permita o Espírito Santo te mostrar que preocupação é um pecado – uma forma de adultério, que promove a infidelidade em sua alma ao invés de uma confiança contínua em Deus. Muitos dos cristãos que conheço, tratam a preocupação como algo pequeno, e verdadeiramente acreditam que é impossível viver livre de preocupação. **A preocupação é um pecado horrível, um que corrói a alma de qualquer cristão que o pratica**. Jesus disse: "Não andeis cuidadosos quanto à vossa vida" (Mt 6:25). Fazer isto é pecar contra o Deus Vivo e tornar-se endurecido de coração, impedindo-lhe de entrar na herança do Reino nesta vida e diminuindo o seu eterno galardão.

O Senhor diz aos Seus discípulos que devemos primeiro "negar nossas almas" antes de adentrar à liberdade de vida. O que significa negar a alma? Isto significa mais do que dizer "não" para o seu "eu"? Sim. Significa desautorizar, desprezar e perder a identidade com a sensação de quem você sempre pensou que fosse. Quem você sempre pensou que fosse, não é quem você é. Quem você é, é mais profundo que pensamento.

Dissolver a alma com princípio pecaminoso

É claro que *dissolução* é o que Jesus quis dizer quando nossas Bíblias nos declaram que Ele disse que temos que "negar" a nós mesmos. Falando em aramaico como Ele o fazia, e não em grego em que o Evangelho de Mateus foi primeiramente traduzido (esta é a opinião de muitos estudiosos), Jesus estava falando de uma *total dissolução do ego pecaminoso na alma*, e assim a alma poderia então, ser transformada e restaurada ao seu propósito original. Assim como Ele nos falou no inicio de Mateus que tínhamos que ser "inteiros" assim como nosso Pai Celestial é inteiro, agora Ele diz que nossa parte alma, não regenerada e velha, deve ser negada, anulada, renunciada, não mais identificada, ou *dissolvida*. Isto entra em completa harmonia com o ensino de Paulo que o velho homem, tendo sido crucificado com Cristo, deve ser agora, "*destruído, abolido*" (Rm 6:6, em várias traduções).

Sua alma é a sua primeira identificação como "*você*". Esta é a sua parte onde a sua sensação do *eu* surgiu nos primeiros estágios da infância:

meus brinquedos, *meu* quarto e *minhas* roupas. Sua primeira explosão de ira deve ter sido demonstrada quando outra criança entrou em seu quarto sem ser convidada e brincou com seus brinquedos! Este é o velho *eu*, meu amigo e, bem vindo à raça humana como todos nós temos experimentado, a ascensão do falso *eu*. Também nunca o superamos, mas ele sim, nos superou até que controlou praticamente toda nossa vida. Na transformação ele é dissolvido de maneira *experimental* e, não é mais identificado como sua alma. Sua nova identidade é uma criação única em Cristo, e Ele não é um Deus que copia, como demonstrado em bilhões de diferentes criações no universo. Como Simão descobriu, Cristo te dará um novo nome. O novo nome é o seu destino espiritual em Cristo.

Seu destino espiritual é único para você, ilustrado no Novo Testamento como o seu próprio e novo nome numa pedra branca que somente Ele que dá e o que recebe, podem entender (Ap 2:17). Se quiser, você pode esperar até o céu, para recebê-lo ou pode deixar o Senhor lhe falar quem você realmente é nesta vida. Isto pode acontecer apenas quando você paga o preço do discipulado verdadeiro (negar a si mesmo, tomar a sua cruz e seguir a Jesus). Depois, nunca mais você sofrerá de confusão interior produzida por não saber quem você é, e nunca mais necessitará prender-se a um título externo, função ou identidade como o fez por muitas vezes no seu passado. A morte pode acontecer rapidamente e a nova vida que você desfrutará em seguida é sem fim. A dissolução do meu falso *eu*, de 52 anos, aconteceu em um instante. E desde então nunca mais sofri de dor interior.

As pessoas acham isto difícil, se não impossível de acreditar, mas se apenas nutrirem dentro de si um coração incrédulo, estarão continuamente, se desviando do Deus Vivo. A principal manifestação do coração incrédulo de um cristão não acontece quando ele ouve que Deus é capaz de realizar milagres de cura hoje, mas quando ouve que Deus é capaz de matar o *eu* dentro dele, para que possa verdadeiramente viver na nova liberdade que jamais conheceu.

O que a maioria das igrejas ensina é a *supressão* do *eu*. "Vigiem a natureza carnal", elas aconselham. Não ceda ao princípio pecaminoso, elas dizem. Por que é tão difícil para os líderes da igreja entenderem o propósito da cruz? A cruz significa suprimir alguém ou matá-lo? A cruz retrata a morte, não a supressão! A morte pode acontecer repentinamente assim como a ressurreição. Os primeiros cristãos tinham um credo que entoavam ao serem levados aos leões no Coliseu de Roma: "*É morrendo que vivemos*". Esta pode ser sua experiência também. Quando isto acontecer no seu *eu*, os romanos de hoje vão se maravilhar de sua serenidade ao enfrentar "famintos leões" da vida.

Deixe-me perguntar-lhe: se você *suprimisse* um assassino com cordas, ele não seria capaz de te atacar novamente após ser desamarrado? Se, ao invés, você o *matasse*, não estaria permanentemente livre dele? Uma vez que o assassino é muito mais perverso e astuto que você, você seria o derrotado se você o mantivesse consigo. É por isso que o *eu* tem te dominado todas as vezes que você tentou lidar com ele em sua própria força. Ao invés, deixe Deus matar o enganador e assim você será livre do seu velho *eu*.

Se o seu eu morrer antes que você morra, você viverá o resto de sua vida.

Seu novo nome é a sua identidade permanente

Em toda a Bíblia, nomes são importantes. Eles significam o destino espiritual e natural, a natureza, propósito e afins. O antigo nome de Simão foi algo que ele sempre se sujeitou. Seu novo nome, Pedro, foi algo que ele finalmente viveu à altura. Seu novo nome é sua identidade espiritual em Cristo, e é possível que você conheça-o na terra, porém, se você descobrir seu novo nome, não conte para ninguém. Há coisas que Ele fala em secreto que você não deve repetir para outros e, no novo estado não há ego presente que te faça desejar contar para outros. Não há competição no Reino de Deus, nenhum lugar para o *eu* se gloriar. Até que Ele possa confiar em você com isso, é provável que você não receba seu novo nome.

Seu novo nome não é um papel, um ministério ou uma função que você deva desempenhar na terra. Se o Senhor te chamou para ser um evangelista, então é perfeitamente aceitável falar para outros que você é um evangelista, desde que você não se permita ser preso numa identidade de função, como, lamentavelmente, muitos pregadores e professores têm sido. *Uma função ministerial não é uma identidade espiritual.* Identificar função ministerial como identidade espiritual é uma receita para a miséria pessoal, sempre que houver uma redução da função que você executar. Diminuição, de uma maneira ou de outra, em qualquer função terrena, irá de fato acontecer neste âmbito superficial de constante fluxo e imprevisibilidade, "onde a traça e a ferrugem corroem".

Antes de sua morte, um famoso pregador falou de sua saída de cena da atividade ministerial e do desconforto que isto lhe causou. Ele comentou durante uma entrevista na televisão que tinha que descobrir quem ele era, pois nunca soube sua verdadeira identidade. Este famoso pregador até mesmo imaginou se tornando um morador de rua em sua velhice! Este prezado senhor estava ainda preso pela sua falsa sensação do *eu*. Quer você seja um pregador famoso, um político, um líder militar poderoso, um atendente de manutenção, um contador, ou um empregado doméstico, há uma coisa que você pode contar: *sua função externa com certeza, irá diminuir com o passar do tempo*. Esta é a fragilidade e inconstância da vida "debaixo do sol".

Porém, se você experimentou a transformação de sua alma, permitindo que o falso *eu* dentro dela se dissolvesse na Presença de Deus, você não sofrerá nem pelo resultado da mudança de função, nem pela depreciação da opinião dos outros sobre você. Eventos superficiais já não importam, e você vai sorrir com os nomes e títulos que as pessoas lhe derem. Elas não sabem quem você é porque não podem saber, antes que descubram quem elas são. As pessoas chamavam o amado apóstolo Paulo de falso mestre e, líderes religiosos diziam que Jesus era o demônio (Mt 12:24; 2Co 6:8). Os títulos para Jesus e para Paulo não afetavam nenhum dos dois e você também não será afetado pelo que as mentes carnais dizem a seu respeito.

Em outras palavras, uma vez que o ego governado pelo pecado em você, a velha e não regenerada parte de sua alma, for dissolvida, algo lindo acontece em seu estado interior: *pensamentos de tormento de todos os tipos cessam imediatamente*. Estes tormentos incluem pensamentos de comparação com outros, assim como pensamentos de passado e futuro, condenação, lamentos, consciência pesada, preocupação, desespero, etc. Todos os pensamentos negativos e as emoções correspondentes que esses pensamentos produzem no corpo, simplesmente vão embora. Você perceberá algumas destas mudanças, mas não todas, até que o Espírito Santo revele algo novo que está agora em você. Então, você oferecerá um novo louvor e adoração de um lugar mais profundo em seu ser. Você não sente mais a necessidade de se rotular nem de contar a quantidade de seus bens. Sua vida passa a ser de contínua gratidão, pois sua alma santificada, transformada e renovada, é mantida na serena paz de Deus.

Levou dias para que eu processasse mentalmente, muitas das mudanças que ocorreram instantaneamente, enquanto estava sentado na pedra. Muito tempo passou desde aquele dia de transformação de vida e, ainda não processei tudo completamente. Não sinto a necessidade disto porque a função da mente na minha vida diminuiu dramaticamente. Minha falta de compreensão mental de tudo que experimentei na nova dimensão, não inibe meu gozo. Não preciso entender com a mente o que sei e livremente desfruto no espírito.

A mudança principal que você experimenta inicialmente é que sente uma leveza no coração e uma diferença na aparência. Você passa a entender, que levou circunstâncias e pessoas muito a sério. As pessoas são como a erva; elas murcham. As circunstâncias são como a temperatura; são independentes e mudam constantemente. As pessoas ao seu redor e as diferentes formas da natureza são vistas num estado sereno e tranquilo. As coisas negativas que venham a ocorrer em sua presença, simplesmente vão passar por você. Elas não mais se prendem a você nem te incomodam. Muros internos de resistência se despedaçaram e as coisas negativas passaram. Elas não se alojam nem criam raízes de amargura no jardim do coração como faziam antes dessa mudança acontecer.

Você pode ainda ter um "H" em sua testa, mas não há mais preocupações em sua mente. As pessoas comentam que você aparenta mais novo. Você lhes diz a sua idade e eles dizem: "Você aparenta mais novo, por alguma razão". Não sabem como colocar em palavras, a novidade que eles intuitivamente sentem. Os olhos deles lhes dizem que você é mais velho do que dizem seus corações.

Outra coisa interessante que aconteceu desde a transformação, é que as pessoas frequentemente pensam que sou rico, financeiramente. Minhas roupas são muito comuns, geralmente jeans e camiseta e não uso relógio nem joia. Um jovem se aproximou de mim outro dia e me pediu um empréstimo. Isto levou a uma discussão sobre bens verdadeiros. Ele saiu sem dinheiro, mas com uma nova consciência sobre riqueza. Ele irá ponderar sobre a verdade que ele reconheceu? Talvez não agora, mas depois que ele se cansar do *eu*, pode ser que sim.

Outra profunda diferença que percebi foi como a vida se tornou de uma hora para outra, simples. Há menos atividade mental, mas sempre que a ocasião pede, a mente tranquila, se torna ativa e muito mais eficaz do que antes. Quando o momento presente não tem necessidade de um pensamento, a mente simplesmente se aquieta e permanece em quietude enquanto o espírito ativamente se comunica com o Senhor. Ao invés de um barulho interior, há uma quietude interior, parecida com a quietude que você deve sentir quando está em contato com a natureza, com vida ao seu redor. A mesma quietude reside em você não importa onde esteja porque você permanece centrado internamente em seu espírito. Há uma continua satisfação na vida terrena do Reino de Deus.

A sua parte espírito é primária, sua parte alma é secundária e a sua parte corpo é terciária. As três são a plena totalidade que você se torna na transformação. A alma, tendo sido transformada e restaurada ao seu devido lugar no projeto divino, está em descanso. O sono se torna mais tranquilo, funções físicas como se alimentar, tornam-se mais prazerosas e você fica satisfeito, talvez, não com tanto como anteriormente. O sexo se torna algo usado para expressar o amor ao seu cônjuge, não algo que te controla, o qual você precisa desesperadamente. Se o seu contexto de vida faz do sexo algo moralmente indisponível, você é contente. Você nunca se sente privado, mas antes, satisfeito.

A lamúria tem milênios de impulso por trás de si em nossa raça, porém ela cessa instantaneamente na transformação. Tudo é bom, incluindo batatas frias e gordurosas. Você pode escolher não comê-las, você pode até mesmo pedir uma substituição, mas você age num estado de paz, não em murmuração ou lamúria. As pessoas cujos trabalhos envolvem atendimento ao público, estão constantemente lhe agradecendo por sua paciência ou sua gentileza. Você não tem consciência dessas coisas, simplesmente tem consciência da profunda paz.

Ontem, uma senhora num movimentado balcão de uma lanchonete foi inundada por clientes exigentes. Eu estava em pé no final da fila, desfrutando da paz do Senhor. Quando chegou a minha vez, calmamente, fiz o meu pedido e sorri para ela. Sua resposta imediata foi "Você é cristão, não é?" "Sim", respondi, "como você sabe?" "Jesus é notório em você. Obrigada por ter vindo, eu estava sobrecarregada, mas senti que alguém estava orando por mim e fiquei te observando. Você iluminou meu dia". Ela já não estava mais sobrecarregada com o dia ocupado em que ela se sentia presa. Ela deixou sua resistência do que estava sentindo e, que havia produzido uma miséria interior visível em seu semblante. Ela agora expressava paz e alívio em seu rosto. O seu fardo foi suavizado pela minha paz.

A vida tem mais sabor. Você desfruta de tudo que acontece; há graça para viver. Há paz. Há um doce contentamento. As queixas contra o clima desaparecem neste novo estado, pois você descobre como a chuva pode ser tão restauradora para a alma quanto a luz do sol, e que a neve é agradavelmente pacífica. O deserto é lindo em sua aridez e, uma única árvore se torna tão magnífica quanto uma grande floresta. Um lago ou uma lagoa comum torna-se tão significante quanto o oceano. Há paz em cada perda e alegria em cada diminuição que ocorre. Você sente um alargamento de coração na Presença de Deus quando coisas negativas externas ocorrem (2Co 6:11).

Este é o novo estado de Vida Eterna em você agora. Não é nova cronologicamente; é para sempre nova espiritualmente. Parece que sua vida está sempre começando, sempre nova. Suas misericórdias se tornam novas a cada manhã em seus sentidos (Lm 3:23).

A vontade de Deus não é difícil e penosa (Sl 40:8; Mt 11:28-30). Jesus se deleitava em fazer a vontade do Pai e, nós nos deleitaremos em Sua vontade sempre que experimentarmos a profunda paz que emana de habitar Nele. Jesus disse que Seu fardo é leve (fácil de carregar), mas torna-se Luz (radiante e brilhante). Seja pregando para milhares ou atendendo mesas, o que quer que você faça neste novo estado, trará a mesma satisfação. É uma satisfação profunda e duradoura.

É satisfatório porque mais atenção é dada para tudo o que você faz e, o resultado que pode ou não acontecer, é relativamente sem importância. Você sabe que fez bem, "como ao Senhor", independente de como saiu ou do resultado externo.

Tudo quanto fizerdes, fazei-o de coração, como ao Senhor, e não aos homens, sabendo que recebereis do Senhor o galardão da herança, porque a Cristo, o Senhor, servis. Cl 3:23,24

Você não atrela nenhum rótulo de "fracasso" quando alguma coisa "vai mal", sabendo que não pode desfalecer porque você é "motivado pelo amor ágape" em tudo o que faz (1Co 13:8; 1Co 16:14).

Siga Jesus

Seguir a Jesus a cada dia é simples quando mantemos o nosso foco Nele e habitamos em confiança a cada momento. O Espírito Santo faz Sua obra em nós e através de nós neste novo estado de quietude interior. Somos como varas ligadas à videira. O fluir da Fonte em que estamos ligados, produz uvas em nossos galhos (Jo 15:1-6). Os frutos crescem sem esforço enquanto permitimos que Ele aja na Sua maneira em nós a cada momento. Ele nos mantém no caminho certo enquanto permitimos que Ele nos governe. Seu jugo de autoridade sobre nós é suave e Seu fardo é fácil de carregar. Nós O seguimos; Ele nos faz. "*Segue-me, e Eu te farei...*" (Mt 4:19). Nosso trabalho é seguir. O trabalho Dele é fazer. Ele nos torna vasos diferentes conforme lhe agrada; um vaso não é mais importante ao coração Dele do que um outro vaso — cada um é profundamente amado pelo Criador de todas as coisas.

Jeremias observou que o barro na roda do oleiro era macio, úmido e maleável e, assumia a forma que o oleiro desejava.

À medida que você se torna macio e maleável nas mãos do Senhor, Ele te coloca na função terrena que Ele bem desejar. Para você não há opinião, isto já não importa mais, pois seu desejo é habitar na vontade

Dele. Você deixa de se esforçar, abre mão, relaxa e se aquieta. E então, você conhece o Senhor e Ele te conhece (Sl 46:10). Você pode passar por muitas funções diferentes que mudam na existência terrena do seu destino espiritual, mas você não se identifica com nenhuma delas. Elas, simplesmente acontecem em você e através de você.

Para deixar isto claro, deixe-me ilustrar com um exemplo pessoal. Neste momento, não sou um pregador. Sou um escritor. Quando eu guardar este notebook, deixarei, temporariamente, minha função de escritor. Daqui a uns minutos, serei um jogador de bilhar, tentando derrotar meu, até então invencível, filho no porão (o lugar onde este livro se solidificou). Sim. Nas coisas comuns do dia-a-dia que Deus falou comigo, através de um momento atipicamente sério na vida do meu animado, divertido e amável filho. Dentro de poucos momentos, não serei um escritor. Me tornarei em um pobre jogador de bilhar e desfrutarei de cada minuto do jogo, assistindo a excelência do meu filho na mesa de bilhar. Desfrutarei de cada momento do jogo tanto quanto tenho saboreado cada momento deste dia, que foi na sua maior parte, gasto na minha sala de oração com meu notebook.

Há apenas uma coisa que é constante em minha vida: *Eu sou*. O que muda são as várias funções, mas não me identifico com elas. As funções são menos que secundárias, mas são sempre satisfatórias se é *Ele* que está pedindo ou me permitindo fazer algo neste exato momento. A vida se torna muito mais leve quando você é focado em quem você é no âmago do seu ser, ao invés de andar carregando um peso mental de "eu sou um escritor" ou "eu sou um carpinteiro" ou "eu sou uma dona de casa". Se for perguntado o que eu faço, posso simplesmente responder no mesmo nível da pergunta, sabendo que a resposta é correta na vida superficial. Embora eu seja um cidadão permanente do Reino dos Céus, em nada inferior neste momento do que sempre serei, continuo usando a linguagem da terra ao falar de coisas terrenas.

Quando a vida terrena é levada com leveza: "Não importa se você ganha ou perde. O que realmente importa é como você joga o jogo."

Capítulo 9

Transformação através da renovação do entendimento

Rogo-vos, pois, irmãos, pela compaixão de Deus, que apresenteis vosso corpo em sacrifício vivo, santo e agradável a Deus, que é o vosso culto racional. Não vos conformeis a este mundo, mas transformai-vos pela renovação do vosso entendimento, para que experimenteis qual seja a boa, agradável e perfeita vontade de Deus. Rm 12:1,2

Como vimos no início deste livro, Rm 12:1,2 é uma passagem base em que Paulo fala de metamorfose. Paulo conecta transformação com a experiência de renovação do entendimento ou o que é comumente chamado de "renovar a mente". Ele introduz a renovação do entendimento com um chamado para uma profunda consagração a Cristo, rogando a seus irmãos que se apresentem a Deus, como sacrifícios vivos.

A maioria dos ensinos que já ouvi sobre renovar o entendimento concentrou-se em ler, estudar, aprender e confessar a Palavra.

A Renovação do Entendimento é tão ensinada como reprogramação da mente que mestres têm comparado-a com reprogramação de computador. Nunca ouvi ninguém pregar ou ensinar que a renovação do entendimento do cristão é precedida de alguém fazer de si mesmo um sacrifício vivo para Deus, o que é a única ênfase de Paulo no texto.

O conhecimento da Palavra é fundamental na vida do cristão. O estudo e o aprendizado das Escrituras são vitais para o crescimento espiritual, provendo leite para os recém-nascidos em Cristo e carne para os santos maduros (1Pe 2:2, Hb 5:13,14). A Palavra de Deus é a nutrição espiritual e é por isto que primeiro ler, depois estudar e meditar nela dia e noite produz crescimento. Paulo certamente acreditava nisto, como qualquer leitura rápida de suas cartas demonstra, mas ele não enfatiza a importância de aprender a Palavra para renovar o entendimento. Efésios 4:23 diz: "e vos renoveis no espírito do vosso entendimento".

Por mais importante que o estudo das Escrituras seja, este não é o foco de Paulo em nosso texto. Ele enfatiza a entrega de nosso ser inteiro a Deus. Ele diz que é certo que você e eu façamos isto, falando para cada um de nós que é "seu culto racional" ou o culto espiritual aceitável para você oferecer a Ele. Jesus se deu por inteiro para nós.

Portanto, é plausível que você e eu entreguemos nosso tudo para Deus. Este é o único "sacrifício aceitável para Deus" "diante das misericórdias que Ele tem lhe mostrado" (tradução alternativa de Rm 12:1).

Eu pessoalmente, conheço muitos seguidores de Cristo que creem que seus entendimentos são renovados porque fizeram "da Palavra de Deus seu foco principal" no decorrer de incontáveis horas e anos de estudo e, acreditam em certas verdades que a Bíblia ensina. As mesmas pessoas são, entretanto, totalmente dominadas pela mente por trivialidades e pensamentos mundanos, inúteis e sem propósito. Suas mentes vagam entre um pensamento e outro, apesar de seus consideráveis conhecimentos Bíblicos. Estes cristãos são completamente despercebidos que suas incessantes atividades mentais consistem em um dos maiores impedimentos para suas vidas espirituais.

Este "sacrifício vivo" difere dos sacrifícios do Velho Testamento, em que eles já estavam mortos ao serem apresentados sobre o altar. Nosso sacrifício é vivo e não morto porque a parte espírito do cristão não morre na apresentação de um sacrifício vivo, somente o velho *eu* morre ou é "aniquilado" (Rm 6:6). O ego com princípios pecaminosos morre na alma. O sacrifício vivo, então, inclui morte, assim como a palavra "sacrifício" indica.

Esta é a maneira de Paulo ecoar o ensino de Jesus que a não ser que alguém negue sua alma, tome sua cruz e siga a Cristo, este não pode ser discípulo de Jesus. Paulo está ensinando a mesma coisa que seu Mestre ensinou, embora ele esteja apresentando a mesma verdade no entendimento Hebraico de se fazer sacrifícios. Jesus apresentou a mesma questão na frequente punição na era Romana de crucificação. Nenhum de Seus discípulos interpretaram mal o que Jesus quis dizer quando Ele lhes falou que cada um devia tomar sua cruz. Eles entenderam corretamente que Ele estava falando que eles tinham que morrer para segui-Lo.

O que é consagração?

No pensamento Hebraico, consagrar algo significava que alguém o separava para serviço sagrado. Isto é precisamente o que cada discípulo é chamado para fazer antes que a renovação do entendimento possa ocorrer. É algo que alguém faz sozinho, individualmente e, separado de outros. A pergunta para cada um de nós é: Eu, verdadeiramente, tenho separado todo o meu ser para Deus? A pergunta não é: Eu entreguei tudo ao ministério? Ou, consagrei meus filhos? A pergunta é apenas esta: Eu separei meu tudo para Deus, somente? A resposta só pode vir do Espírito Santo dentro de você. Ele vai te assegurar se você fez isto: Ele te convencerá se você estiver retendo parte do seu ser Dele. Seria sensato colocar este livro de lado e, em oração, considerar esta pergunta antes de continuar a leitura. Você verdadeiramente separou como santo, seu inteiro ser para Deus?

Para mim, a consagração completa e absoluta do meu inteiro ser ocorreu em julho de 2008. Como um jovem cristão, pensei que tivesse feito isto muitas vezes, mas o Espírito Santo revelou ao meu coração que, antes da minha consagração absoluta em 2008, sempre havia uma agenda escondida que o *eu* tinha cuidadosamente mascarado e escondido da minha consciência.

A agenda de um jovem pregador era que Deus me usaria mais, e, com certeza, seria apenas para a Sua glória! Durante longas sessões de oração e dias e semanas de jejum, eu estava me consagrando para uma maior unção, um maior ministério e outras coisas semelhantes. Eu não estava me consagrando, como Paulo disse, "diante das misericórdias e compaixões de Deus" para mim. Sempre havia o "eu" superficial em algum lugar das parciais consagrações anteriores.

A consagração por inteiro é consagração verdadeira: é feita pela apreciação de tudo o que Deus tem feito no indivíduo e, não pelo que o indivíduo possa querer realizar para Deus! Na consagração absoluta e completa, a pessoa se torna consciente que ao dar tudo o que ela é para Deus, ela não está, de modo algum, dando nada para Deus! Ela está meramente retornando a Deus o que é Dele por direito.

Aqui reside a controvérsia e é tão ampla como o Grand Canyon. Você, verdadeiramente, deu tudo de você para o Senhor? Vamos, responda, realmente?

Ao passo que a obra realizada em mim foi revolucionária e proveu a base para a completa transformação que se seguiu, muitos outros consagraram-se plenamente ao Senhor sem executarem um programa formal. O Espírito Santo pode não estar te guiando neste ou naquele caminho. Ele é o Perfeito Guia. Deixe-O revelar para você o que é necessário em sua vida para que você se torne capaz de "se apresentar como um sacrifício vivo, santo e aceitável a Deus". Seguir a liderança do Espírito Santo é uma chave vital para a consagração que produz transformação. Ele me guiou a um programa formal, enquanto guia outros em caminhos diferentes. Visto que cada indivíduo é único, cabe a você, amigo, "operar a sua salvação com temor e tremor" porque "Deus é o que opera em vós tanto o querer como o efetuar, segundo a Sua boa vontade" (Fp 2:12,13).

Eu, por exemplo, sou grato por qualquer disciplina que ajuda as pessoas a consagrarem suas vidas ainda mais a Deus e não critico nenhum programa, ensino da igreja, movimento de renovação, estilo de oração ou método de estudo que ajude quem quer que seja a se entregar mais ao nosso Senhor. Depois que a transformação acontece, porém, você irá eventualmente, pôr de lado qualquer disciplina primária que seguiu porque ela já não mais trará vida para você como trouxe um dia. Não há necessidade dentro da alma transformada, de se prender a nenhuma prática externa ou método de estudo, assim como as crianças na escola eventualmente põem livros de lado, com os quais aprenderam muito porque cresceram e estão prontos para outros.

A transformação segue a consagração

Paulo diz que após um cristão plenamente se render, se entregar e se consagrar a Deus, ele "será transformado" "pela renovação do seu entendimento".

Ninguém que é transformado fica em momento algum, sem paz. Este é o critério para provar a transformação para alguém. Eu vivo em paz contínua? Paulo menciona "a paz de Deus, que excede todo o entendimento" (Fp 4:7, mas leia de 6 – 10 para o contexto). Ele, sem dúvida, vivia neste âmbito, tendo sido transformado, e sabia, por experiência, que não há nada na terra que possa se comparar com este abençoado estado interior. Isto torna todo amargo, doce e transforma escória em ouro.

Deus frequentemente se apresenta ao Seu objeto de mudança através de situações adversas da vida. Ele fez isto com Jó. Aquele que está argumentando com Deus em reclamações sobre a adversidade, está demonstrando que não é consagrado. Aquele que reclama sobre isto ou aquilo, murmura sobre o quão terrivelmente injusta a vida tem sido para ele, resiste ao que está acontecendo neste momento da vida e está em desacordo com Deus.

Não há como contornar isto, precioso filho de Deus. Se você está reclamando, você não está consagrado. Ao invés, você está na posição de resistência. Isto não é bom porque sempre que resistimos a Deus, Ele nos resiste (Tg 4:6). Sempre que estamos em posição de resistência, não estamos em submissão. Quando não estamos rendidos a Deus em todas as coisas, o resultado é perturbação interna e, algumas vezes chega até ao ponto de caos em nossas almas.

Quando esta aparente e passageira forma de existência terrena é verdadeiramente vista pela primeira vez – ela não é estimada nem tão pouco algo que queiramos nos prender – então a consagração plena de alguém para Deus se torna mais fácil. O mundo sempre esteve num estado "passageiro", então por que deveria ser precioso para nós? (1Jo 2:17). É uma ilusão da mente carnal se prender a esta externa era passageira, o que é a causa de Paulo prosseguir com a declaração profunda "e não se conforme com este mundo" após falar da consagração oferecida a Deus como um sacrifício vivo. A maneira principal que os cristãos de hoje são conformados com este mundo está na sua visão de tempo. Você pode nunca ter pensado nisto antes. Eu, com certeza, não tinha até que o Espírito Santo me revelou a minha escravidão mental do tempo. Na transformação, uma das principais coisas que você experimenta é a paralisação do tempo. Você adentra à eternidade. O eterno é a sua casa. É aqui que você é um com Deus. Ele é o eterno pelo qual todas as coisas, incluindo tempo e espaço, vieram a existir.

É durante a experiência de transformação que a sensação de tempo como você conhecia em toda a sua vida, cessa como uma realidade interior. Durante a graça da transformação de alma, um cristão se torna, como Paulo disse, "inclinado ao espírito". Você está fora do tempo no doce abraço de Deus, um com o Eterno. Você vive, se move e existe em Deus. Você é abençoado continuamente enquanto vive neste estado. Você foi renovado no espírito do seu entendimento.

O "espírito" do seu entendimento

...e vos renoveis no espírito do vosso entendimento. Ef 4:23

Como observamos no início deste livro, o espírito e a alma são distinguíveis como duas partes de cada um de nós. O novo espírito e a velha alma não podem se misturar, eles lutam entre si. Esta é a vida cristã "normal". Numa pequena quantidade de tempo, um cristão se encontra em seu espírito, como por exemplo durante uma inusitada, profunda e concentrada oração, adoração ou ao receber oração de alguém ungido. Algumas vezes o espírito do cristão é o seu endereço durante uma profunda meditação na Palavra, embora muitos cristãos geralmente não vão mais profundo do que o processo de raciocínio da mente quando estão na Palavra.

A maior parte do tempo, entretanto, cristãos profundamente devotos se encontram em sua alma. São conscientes de sua parte espírito e, podem com frequência, sentir a Presença de Cristo lá, mas não se encontram lá. Eles permanecem em sua parte alma.

Durante a transformação, o véu entre o Lugar Santo e o Santo dos Santos (que tipifica a alma e o espírito) é removido. As duas áreas não são mais divididas internamente, assim como nunca foram divididas quando vistas do lado de fora. No Tabernáculo de Moisés, a Tenda da Congregação (onde Deus e o homem se encontram), o Lugar Santo e o Santo dos Santos são contidos em duas tendas sagradas, porém mais tarde quando Salomão constrói seu Templo, ambos foram contidos em um mesmo local, que foi chamado de Santuário ou "a Casa do Senhor". Na verdade, os dois compartimentos abrangiam inteiramente o oráculo do templo (2Cr 5).

Este templo era rodeado por vários alpendres e continham locais menores usados para diferentes propósitos para que o ministério do Templo pudesse funcionar. Era correspondente ao Átrio no Tabernáculo de Moisés. Esta área era parte da Casa do Senhor e, entretanto, sagrada, porém não tão santa como o Santuário. Havia degraus em que os adoradores tinham que subir para alcançar o perímetro externo do Templo de Salomão. Eles, também, eram considerados como parte da Casa do Senhor num sentido geral. Os israelitas oravam vários salmos enquanto subiam os degraus para a Casa do Senhor. A área inteira era considerada sagrada, até mesmo a cidade na qual o templo foi construído era sagrada (Jerusalém). A terra na qual Jerusalém tinha sido construída era também considerada sagrada (Israel) e separada "das nações". Na mentalidade judaica cada lugar sagrado variava em níveis de santidade. A terra de Israel, embora sagrada não era tão sagrada como a cidade de Jerusalém. A cidade, embora fosse sagrada, não era tão sagrada como os degraus que conduziam ao Templo propriamente dito. O Templo, propriamente dito, contendo todos os locais sagrados, era mais sagrado do que os degraus que conduziam a ele. O Santuário era mais santo que o Átrio do Templo. O Santo dos Santos era também conhecido como "o Lugar Santíssimo" por causa da visível Presença de Deus dentro dele.

O Átrio era o lugar onde os sacrifícios de sangue eram oferecidos no decorrer do ano sobre o Altar de Bronze. Atrás do Altar de Bronze estava a Pia de Bronze, posicionada em frente ao Santuário (o Lugar Santo e o Santo dos Santos).

Era na Pia de Bronze que os sacerdotes tinham que lavar suas mãos e pés antes de entrar no Lugar Santo. Eles entravam no Lugar Santo, abrindo o primeiro véu que mantinha os pertences do Lugar Santo protegidos da visão dos israelitas, quando iam ao Átrio oferecer sacrifício através dos sacerdotes ministradores que serviam no Altar de Bronze.

O segundo véu

Uma vez, dentro do Lugar Santo, os sacerdotes que tinham entrado pelo primeiro véu tinham acesso a tudo no Lugar Santo – a Mesa do Pão da Proposição, o Candelabro de Ouro e o Altar do Incenso. Porém, ali era o limite do acesso deles dentro deste local. Havia um segundo véu lindo, estampado com um Querubim que era pendurado entre o Lugar Santo e o Santo dos Santos (é por isso que o Santuário se tornou uma referência para o Lugar Santo mais frequente do que o foi para o Santo dos Santos. Quando os sacerdotes eram chamados para ministrarem no Santuário, eles iam apenas no Lugar Santo e não no Santo dos Santos).

O propósito deste véu era separar estes dois compartimentos neste local. Somente o Sumo Sacerdote podia passar para o Santo dos Santos e era permitido fazer isto somente em um dia do ano: Yom Kipur. Este era o dia mais sagrado no calendário de Israel, o reverenciado Dia da Expiação. Quando o Sumo Sacerdote abria o segundo véu e entrava no Santo dos Santos (também conhecido como o Lugar Santíssimo nas Escrituras) ele era privilegiado a contemplar a Shekinah – a teofania da visível Presença de Deus.

Esta pequena e brilhante Nuvem pairava continuamente sobre o Propiciatório. O Propiciatório era uma tampa de ouro em cima da Arca da Aliança. Esta Arca era um baú retangular que continha as Tábuas de Pedra nas quais foram escritos os Dez Mandamentos, um pote de Maná e a vara de Arão que havia florescido com vida.

O Sumo Sacerdote carregava uma tigela com ele ao Santo dos Santos. A tigela continha sangue dos animais que ele tinha sacrificado anteriormente "perante o Senhor". O Sumo Sacerdote aspergia este sangue sete vezes sobre o Propiciatório. Em ambas extremidades da Arca da Aliança assentava-se um querubim de ouro, cujas asas se estendiam sobre o Propiciatório. Os querubins ficavam de frente um para o outro e a Shekinah, a única Luz no Santo dos Santos, pairava ali entre as asas que cobriam a tampa de ouro. A Shekinah era considerada pelos hebreus a própria Face de Deus, a manifestação do Deus Invisível (Hb 9:24). Yahweh contemplava o sangue aspergido na tampa de ouro e mantinha Seu Povo "expiado" ou coberto ao longo do ano seguinte. (Se você quiser estudar sobre isto veja Lv 16, 23; Hb 9, 10).

Quando Jesus morreu na Cruz, algo extraordinário aconteceu com o Segundo Véu, o véu que o Sumo Sacerdote de Israel anualmente abria no caminho ao Santo dos Santos. Este segundo véu, no tempo de Jesus de Nazaré, era localizado no segundo templo reconstruído de Salomão, o Templo de Herodes. Era de 18.3 metros de altura:

Jesus, clamando outra vez, altissonamente, rendeu o seu espírito. Eis que o véu do templo se rasgou em dois, de alto a baixo; e tremeu a terra e fenderam-se as pedras. Mt 27:50,51.

Estudiosos têm apontado o fato que este lindo véu havia sido tecido em partes e costurado juntamente. A maneira que as partes foram tecidas e costuradas teria esfarrapado de maneira irregular se uma força natural, como a de um terremoto, tivesse causado o rasgo. Embora não possamos ter a certeza sobre a natureza do rasgo, o manuscrito no grego pode indicar que o véu se rasgou em duas partes uniformemente. Isto o levou a ser dividido em duas metades de igual tamanho. Se o véu se rasgou em dois pelo terremoto, é muito mais provável também que teria se rasgado de baixo para cima, do que "de cima para baixo".

O que é evidente aqui é que a espada do Senhor deve ter rasgado o segundo véu para baixo num corte reto. Verdade, estou concluindo que foi isto que aconteceu. Ninguém pode ter certeza, pois os líderes judeus não quiseram reportar este evento à população – sua razão certamente foi de evitar o constrangimento do fato que não havia a nuvem Shekinah sobre o Propiciatório. O lindo, o adornado Templo de Herodes, o apóstata e marionete-rei judeu autorizado por Roma, estava vazio da Glória de Deus! Isto era inconcebível para o povo judeu que considerava estar perto do Senhor quando estava em solo do Sagrado Templo. A Presença de Deus representada pela Shekinah é o que faz o Templo santo! A ausência da Glória (chabod em hebraico) no Santo dos Santos significava que Ele não havia aceito nem mesmo observado a adoração do povo para Ele. Seus caros sacrifícios pelos quais tinham sido cobrados preços exorbitantes pelos servos do Templo tinham sido nulos. Qualquer judeu a quem fosse falado a verdade do que aconteceu em seu santíssimo Santuário teria ficado horrorizado. Isto significa uma coisa: a religião deles era vazia e vã.

A importância do romper do véu

Havia mais a respeito do romper do Véu do que expor o vazio de Israel diante de Deus.

Porém há algo imensamente mais importante no partir do segundo véu pendurado entre o Lugar Santo e o Santo dos Santos. A ênfase de Hebreus 9 é que Cristo entrou no Templo Celestial que era o Templo original (o Templo terreno era uma cópia física). Ele não entrou com o sangue de animais, mas com Seu próprio Sangue e realizou mais do que uma cobertura anual. Ele ratificou a nova e eterna aliança. O romper do Segundo Véu no Templo de Herodes na morte de Cristo significou que o caminho ao Santo dos Santos tinha sido aberto para nós. Não existe mais divisão entre o Lugar Santo e o Santo dos Santos.

Isto toma ainda uma maior significância quando você considera que todo cristão é agora um templo do Espírito Santo (1Co 6:19,20). Neste símbolo de você como um templo do Espírito Santo, o Átrio corresponde ao seu corpo. O Lugar Santo corresponde à sua alma. O Santo dos Santos corresponde ao seu espírito.

Ou não sabeis que vosso corpo é o templo do Espírito Santo, que habita em vós, proveniente de Deus, e que não sois de vós mesmos? Porque fostes comprados por bom preço; glorificai, pois, a Deus no vosso corpo e no vosso espírito, os quais pertencem a ele. 1Co 6:19,20.

Num cristão não transformado há uma divisão explícita que existe entre o espírito e a alma. O cristão "se encontra" podemos dizer, em um ou no outro lugar, no Lugar Santo (alma) ou no Santo dos Santos (espírito). Quando ele está no Santo dos Santos, você pode ver no rosto do cristão. Há paz e uma sensação da Presença (Shekinah – a Face de Deus na Nuvem brilhante) sobre o seu semblante. Isto acontece, principalmente, durante "bons" cultos de adoração, reuniões de oração ungidas e coisas semelhantes.

Isto não acontece com frequência, mas quando acontece, todos os presentes sentem a realidade de Deus, a Sua Presença, que é descrita de maneira "maravilhosa". Tal cristão se encontra no Santo dos Santos e é visivelmente alterado de seu estado comum. Ele é alegre, confiante, tranquilo e sem preocupação. Há um frescor sobre ele.

Quando você vê este mesmo cristão no dia seguinte, ele pode estar sofrendo com preocupações, ou se estiver "bem", estará notoriamente diferente do que estava durante a percebida Presença. Você pode ver, como era antes, a engrenagem da mente trabalhando. Agora, ele "se encontra" no Lugar Santo ou na alma. Neste estado, ele é mais "normal" em seu comportamento, muito mais parecido como uma pessoa comum que não conhece o Senhor, contudo seja ainda diferente. Embora sua alma possa estar "sobrecarregada" com cuidados e responsabilidades para lidar em seu trabalho, ele não amaldiçoa, não conta piadas sujas, nem age de maneira rude com os outros. Ele é obviamente um cristão, mas perdeu a quase visível Presença sobre seu semblante.

Este âmbito de vida do ser localizado na alma e não no espírito, é a maneira que a maioria dos cristãos vive, trabalha e se diverte. Isto é considerado vida cristã "normal". Ele pode ter um tempo de devocional diário, pode gastar tempo com o Senhor em Sua Palavra, mas opera numa maneira quase normal do dia a dia. É visível que a parte espírito deste cristão permanece "coberta" da sua parte alma.

O milagre da transformação arranca o Segundo Véu como uma realidade praticada dentro do cristão. O espírito é agora ligado à mente e apto para um contínuo renovo. É isto que Paulo quis dizer ao afirmar, "e vos renoveis (continuamente) no espírito do vosso entendimento após dizer aos Efésios "se despirem do velho homem" (Ef 4:23).

A Presença de Deus é mais presente agora do que antes, mais óbvia no dia a dia. Sua conexão com Deus é forte e os outros se agradam em ficar perto dele, mesmo se não consigam explicar o por quê. "Ele tem tanta força" ou "ele é tão calmo" são expressões comuns ouvidas a respeito de um cristão que se encontra no Santo dos Santos.

Outro benefício do rompimento do segundo véu é que o espírito e a alma entram em harmonia. Embora cada parte continue sendo distinta, não há divisão entre elas. A alma santificada se torna transparente a ponto que o eterno novo espírito pode emanar suavemente através dela. A alma transformada e santificada não tem mais nada dentro dela que possa entristecer o espírito nascido de novo. Este tipo de cristão é um filho "completo" de seu Pai Celestial (Mt 5:48). Quando outras pessoas estão próximas a ele, elas sentem intuitivamente esta diferença a respeito deste indivíduo e podem notar que ele é "cheio de energia", "vivo" e "diferente" dos outros. Muitas oportunidades de glorificar a Deus naturalmente aparecem conforme o dia se desenrola.

O doce conforto da inclinação do Espírito

A inclinação da carne é morte; mas a inclinação do Espírito é vida e paz.
Rm 8:6

Minha meditação acerca dele será suave; eu me alegrarei no Senhor.
Sl 104:34

Como temos visto, quando alguém vive na inclinação da carne, a vida se torna difícil, enfadonha e insuportável. Como Salomão descobriu naquele momento de sua vida, o qual ele chamou de "debaixo do sol" – viver totalmente na carne – tal vida é vã, vazia e fútil: daí a expressão "Vaidade, vaidade! Tudo é vaidade!" Salomão observou em seu vazio, "Atentei para todas as obras que se fazem debaixo do sol; e eis que tudo era vaidade e aflição de espírito" (Ec 1:14).

Futilidade (irritação interior) é o resultado costumeiro e inevitável de viver uma vida regida pela carne. Lembre-se que quando Adão caiu, a alma se levantou e começou a guiar, ou melhor, começou a desencaminhar a humanidade (o espírito atrofiou, morreu e se tornou como um buraco negro dentro de nossa raça). O homem passou a viver pela razão, imaginação, consciência e astúcia – funções da alma. Este padrão é incorrigível na vida natural, por isso é predominante em todas as sociedades, religiões e governo. Sem dúvida, cada problema solucionado pela carne gera um outro problema criado pela carne! Quase todos os problemas que o homem tentou resolver no seu ambiente, inevitavelmente, geraram outros maiores. Isto não é apenas verdade no âmbito da natureza, como também na sociedade, na vida familiar, nos negócios, na igreja, etc; quase tudo que é conduzido pela mente humana, termina numa bagunça maior do que era anteriormente, depois de "consertarmos". O ambiente da humanidade é incorrigível pelos homens; Deus o projetou para ser fútil, vazio e temporário (Jr 10:23). Ele projetou a vida para ser produtiva e satisfatória somente quando vivida sob Seu governo.

Deus previu esta fadiga e este vazio ao falar para Adão, "do suor do seu rosto, você produzirá pão até que retorne ao pó de onde você foi tirado" (Gn 3:19, parafraseado). A vida é cheia de gemidos até que a Vida Eterna é experimentada dentro da alma do homem. Depois, tudo na vida se torna radiante – até as experiências negativas se tornam em bênçãos. A vida se torna mais leve, fácil de se levar, e a pessoa "tem por motivo de grande alegria" quando as coisas negativas lhe acontecem (Tg 1:2).

Experiências negativas servem um propósito útil no plano de Deus de transformação: Elas se tornam combustível para o fogo do poder transformador de Deus, e a pessoa vai "de glória em glória" como Paulo disse quando expressou a mesma verdade (2Co 3:18). A promessa de Jesus que "nada vos causará qualquer dano" se torna viva e real dentro da alma transformada e renovada (Lc 10:19). "Todo amargo é doce" para o tal abençoado (Pv 27:7).

O que é a Inclinação do Espírito?

A inclinação do espírito se refere a um indivíduo cuja mente se tornou submetida à parte espírito daquele cristão. Em outras palavras, a alma se tornou mais uma vez, secundária e o espírito, primário na vida interior do cristão. Seu espírito cresce, expande e permeia-o, o espírito se torna a sua maior parte ao invés de sua menor parte como era o caso, antes do seu novo nascimento.

Depois da experiência do novo nascimento, o espírito do cristão começa a crescer, mas somente ao ponto que o discípulo de Jesus permitir que seu espírito se torne dominante no seu dia a dia, o que ocorre após uma consagração pessoal como um sacrifício vivo, que o espírito do cristão verdadeiramente governe a sua alma (mente, vontade e emoções). Devido à fusão do seu espírito com o Espírito Santo, a pessoa se torna mais do que governada pelo espírito (com "e" minúsculo); ela se torna governada pelo Espírito Santo e cresce como um pleno e maduro filho de Deus (Rm 8:14). Este crescimento acontece rapidamente durante a experiência de transformação – verdadeiramente, isto é um milagre. A alma se funde com a parte espírito do cristão neste milagre e há uma expansão imediata da Presença de Deus no espírito do cristão para encher a sua alma.

A "vida e paz" que Paulo se refere na "inclinação espiritual" é indescritível. Não há palavras para descrevê-la corretamente. Eu me lembro de uma história a respeito de um velho pregador no sul dos EUA, há mais de um século, que passou por uma grande transformação e gastou mais de uma hora descrevendo a alegria que ele então, conhecia. Vendo que a congregação não podia compreendê-lo, ele finalmente desistiu e disse, "Pessoal, é melhor experimentada do que falada.

Capítulo 10

Fique de fora dos zoológicos da mente

Quando minhas irmãs e eu éramos pequenos, nossos pais nos levaram a um zoológico. Ah, que alegria! Ficamos juntos como família e fomos de uma jaula à outra. Eu ainda consigo me lembrar da visita aos Chimpanzés. A jaula comportava oito ou nove chimpanzés e eles amavam nos entreter. Pulando de galho a galho, guinchando enquanto balançavam ao redor da jaula, provocados pelas muitas risadas de todas as crianças e entretinham até mesmo os pais e avós à medida que se achegavam à exibição.

Nunca esquecerei que após termos visto o bastante, saímos dos chimpanzés e nos dirigimos à outra exibição. De repente, um chimpanzé começou a guinchar. Todas as crianças e alguns adultos se assustaram. O macaco colocou sua mão no peito e caiu de um galho ao chão. Todos tínhamos acreditado que algo sério havia acontecido e corremos o mais rápido que nossas pequenas pernas nos permitiam. "Ele está morto?" perguntamos uns para os outros. O chimpanzé estava deitado quieto e imóvel. De repente ele pulou, olhou para nós e deu risada. Outros chimpanzés se uniram na zombaria sobre os tolos humanos; alguns de nós rimos também. Depois saímos mais uma vez.

O chimpanzé tentou seu truque de novo, mas nenhum de nós foi enganado na segunda vez, pois fomos para os hipopótamos. Ele logo cansou de seus guinchos e tudo ficou em silêncio na jaula do chimpanzé até que outro grupo chegou mais tarde. Todos podiam ver a Exibição dos Chimpanzés de outras exibições porque o zoológico era planejado numa estrutura circular. Então, tudo se repetia. Quando aquele grupo de cansava do entretenimento do macaco e saia, o mesmo chimpanzé (bem, pode ter sido um outro, como você sabe, todos eles se parecem) guinchava bem alto, prendia seu peito e caia no chão da jaula. As pessoas retrocediam e corriam de volta à jaula. As crianças confundiam aquilo com morte e algumas até choravam. E aí os chimpanzés pulavam e riam hilariamente, assim como os outros chimpanzés. Aqueles de nós que estávamos observando os humanos enganados, riamos deles também, como outro grupo anterior, talvez, riram de nós.

O parágrafo acima não te faz lembrar de sua mente? Ela não tem seguido uma estrutura similar no decorrer de sua vida? Ela não tem rido de você? Sua mente não tem sido como um zoológico, às vezes, com muitas atividades inúteis e barulho acontecendo em seu interior com criaturas estranhas? É desta maneira que você quer continuar a viver? Você não precisa disso.

Teresa viu este tipo de mente há séculos

Muitas décadas depois, quando eu estava lendo Teresa de Ávila, algo que ela escreveu chamou minha total atenção: "se você fizer sua mente-macaco dormir, seus passos se tornarão leves". Mente-macaco? Esta expressão me faz lembrar da minha visita ao zoológico muitos anos atrás. Minha mente era como a jaula dos chimpanzés? Ouvi uma voz forte vinda de dentro de mim – sim.

Foi um momento de clareza, atravessando anos e camadas de auto engano. Eu havia colocado tamanha importância na mente. Minha mente carnal amava isto, pois este falso *eu* a tinha colocado na sala de controle para o ego dentro de mim. Sou a única pessoa a quem isto já aconteceu? Talvez não... pode ser que o falso *eu* tenha feito um trabalho parecido em você? Você valoriza a sua mente acima de tudo? A maioria das pessoas o faz. São governadas pela mente, dominadas pela mente e controladas pela mente. Algumas destas pessoas governadas pela mente carnal são profundamente religiosas. Suas mentes carnais lhes dizem que elas são "melhores" do que as outras pessoas.

O Eu ama atenção

A natureza da carne, o velho *eu*, o velho homem, o *eu* carnal, o ego (seja qual for o termo que lhe agrade) se mantém em poder através da mente carnal em muitos cristãos.

A mente carnal ama jogar jogos mentais tolos. Até que a pessoa aprenda que eles não devem ser levados seriamente, permanecerá centralizada ou baseada na alma, ao invés de centralizada no espírito, onde Cristo habita em cada cristão. A mente carnal ou mente-macaco ama atenção e, prospera sobre a atenção que muitas pessoas lhe oferecem. Está continuamente jogando. Ignore-a e veja se ela não vai implorar a atenção que costumava a oferecer-lhe. Este é um hábito inconsciente com a maioria das pessoas. Libertar-se desta estrutura é algo que você pode começar agora. Você não precisa ter uma experiência de transformação total para se libertar de estruturas da mente carnal. Considere a sugestão seguinte: a próxima vez que você observar a mente-macaco fazendo barulho, ao invés de dar-lhe atenção, ignore-a. Ao invés de levar cada pensamento que vem à sua mente a sério, leve-os em alegria. Ria do pensamento, internamente, e permita-o passar pela sua mente. Não vincule seriedade a ele. Perceba que muitos dos pensamentos que você teve durante sua vida nunca se materializaram e, a pilha de suas preocupações passadas não serviu pra nada. Você desperdiçou muita energia interior com preocupação, correria, "e se" e "se apenas".

A consciência da mente-macaco diminui a sua influência em sua vida. Não fique chateado com a mente-macaco, pois isto é outro de seus truques para lhe manter sob sua influência. Também não lhe resista, pois isto só vai fortalecer o falso *eu*. Pelo contrário, apenas ignore-a e deliberadamente volte sua atenção para outra coisa. Se você prestar alguma atenção, ria de seus pensamentos tolos.

A medida que você abandonar a mente-macaco, ela perceberá que está perdendo sua influência sobre você durante as horas que você está acordado. Então, ela pode ir desenfreadamente em seus sonhos. Também não cometa o erro de levar seus sonhos a serio. Muitos sonhos são produto da mente-macaco. Se o Senhor lhe der um sonho espiritual, sempre haverá um profundo estado de serenidade interior em sua alma quando você acordar, mesmo que o sonho contenha em si mesmo uma mensagem perturbadora. Sonhos espirituais são ocorrências raras; os outros são comuns e devem ser descartados quando você acordar. Fique quieto interiormente e permita que o que quer que você tenha sonhado durante seu sono se dissolva. Um sonho espiritual não se dissolverá. Ele será intensificado na Presença de Deus durante a quietude. Um sonho de mente-macaco se dissolverá quase que imediatamente nos primeiros segundos que você acordar, uma vez que você aprenda a acordar e se aquietar com Deus (Sl 139:18).

Pare de levar a velha natureza a sério e ela perderá seu poder sobre a nova natureza em Cristo – o espírito nascido de novo. Por ser consciente de quando a mente-macaco está falando, você imediatamente se liberta do seu poder. Esta prática é muito libertadora, pois ela expõe mentiras que você inconscientemente acreditou desde a sua infância. Quando você conhece a verdade intimamente, uma vez que ela começa a ser vista em sua consciência, você está experimentalmente livre (Jo 8:32).

A mente carnal resiste ao presente

Uma outra coisa que irá ajudá-lo se livrar da mente-macaco é a consciência de quando sua mente está indo para o passado ou para o futuro. Muitos de nós, na verdade, acreditamos que o passado é. Em outras palavras, inconscientemente, acreditamos que o passado é real e que ainda está acontecendo em algum lugar agora. Onde está indo, não sabemos, mas temos uma crença interior induzida pela mente carnal que ele é presente em algum lugar de alguma forma. Pergunte a si mesmo se isto não é verdade e espere pela resposta. Você descobrirá que isto é verdade no nível inconsciente (eu pessoalmente, prefiro "inconsciente" do que "subconsciente" mas, seja o que for que funcionar para você, está bem). As pessoas na verdade, assistem shows de televisão e filmes que mostram pessoas voltando ao passado ou indo para o futuro. Isto prova que elas, inconscientemente, acreditam que tanto o passado como o futuro são realidades presentes. Que insano! Passado e futuro são conceitos mentais e isto é tudo que eles são. Eles somente existem na mente carnal. É por isto que muitos não apenas acreditam que o passado é, eles também acreditam que o futuro é também, em algum outro plano imaginário, outra dimensão ou numa galáxia longínqua!

Paulo disse que a mente carnal é inimiga de Deus e não é submetida ao Seu governo. A razão pela qual a mente carnal (ou mente-macaco) foca no passado e no futuro é porque este é o lugar que ela pode ativar sentimentos negativos na conexão corpo-alma. Estes sentimentos: lamento, culpa e desespero são produzidos por pensamentos que estão focados em histórias do passado. Os sentimentos de ansiedade, medo e pavor são causados por pensamentos focados no futuro. Ao começar a ter devaneios, você pode monitora-los, observando os sentimentos no seu corpo. Ouvindo o seu corpo, você pode facilmente paralisá-los.

Quando desespero e desânimo atam suas energias negativas ao seu corpo, você se sente prostrado e desanimado. Isto significa que sua mente está focada no passado não existente, mas você ainda acredita que ele é. Você é um adulto, mas ainda não superou os contos de fada. Você, sem saber, os produz em sua mente carnal.

Quando seu corpo está tenso ou sentido-se apavorado, sua respiração se torna ofegante e seu batimento cardíaco aumenta. Sua mente está focada no futuro, que nunca chega nem é experimentado. Como o passado, o futuro é um conceito mental ilusório. Seu corpo não sabe o que sua mente está pensando é irreal, então ele responde com sentimentos que um incrédulo ou um cristão ignorante aceita como real. É por isto que a inteligência do corpo, que opera independentemente da mente humana, fala ao seu corpo para se desligar para impedi-lo de envelhecer prematuramente. O corpo se desliga tornando você cansado. Ele espera que você adormeça para que ele possa se recuperar.

O corpo não foi projetado pelo seu Criador para viver no passado nem no futuro; ele somente funciona bem neste momento. Porém, com os "e se" da mente-macaco saltando para o futuro ou os "se ao menos" recuando para o passado, o corpo tenta ajustar com o que ele acha que está realmente acontecendo e os órgãos do corpo se tornam sobrecarregados, especialmente o coração e as glândulas adrenais. Como ele poderia operar de outra maneira ao passo que recebe sinais de uma mente confusa?

A inteligência do corpo gradualmente se torna consciente que está hospedando uma mente insana e tenta se desligar. Ela gera ainda mais cansaço para poder adormecer. A mente carnal e doentia reage vigorosamente tentando manter o corpo acordado com estimulantes suplementares, como a cafeína ou agitações externas. O sofredor se mantém acordado ou apenas cochila.

O indivíduo vive na tortura criada por si mesmo, inconsciente do dano que ele está causando para si próprio. Sua mente carnal é uma máquina de fazer assassino, não se engane sobre isto. Se o stress não acabar com sua vida física prematuramente, ele com certeza, diminuirá sua doçura e prazer. A mente carnal, como afirmei no início deste livro, é um parasita que eventualmente mata seu hóspede. Não é apenas uma tortura produzida pelo *eu*, tolerada em nossa sociedade, muitos veem a tortura induzida pelo *eu* nas formas de ansiedade, medo e pavor como normal. Quanto nossa sociedade tem sido enganada! Algumas pessoas, na verdade, acreditam que não conseguem funcionar bem sem stress. Isto é insano.

"Ele trabalha melhor sob pressão, então eu sempre tento mantê-lo desta forma", uma chefe de departamento relatou para sua supervisora que a elogiou por manter seu funcionário extraordinariamente produtivo. Ela continuou dizendo, "eu raramente digo-lhe que ele está fazendo um bom trabalho; ao invés disto, constantemente ameaço demiti-lo. Ele me odeia, mas os excelentes resultados falam por si só!" Ela mal sabia que estava a ponto de ser cortada em menos de um mês (história verídica). Sua supervisora percebeu que seu subordinado poderia dar conta do trabalho dela. Então ela o promoveu e a demitiu.

A supervisão excessivamente exigente e crítica não sabia a verdade espiritual da lei da semeadura e colheita e como esta verdade opera em todas as facetas da vida. Se você não der valor aos seus empregados, seus superiores eventualmente não te valorizarão. O que quer que o homem semear, ele colherá e qualquer julgamento que você colocar em outros, será colocado em você com maior intensidade (Mt 7:1,2; Gl 6:7).

A medida que você tem lido este livro, você tomou consciência de estruturas mentais que previamente considerava como necessárias e úteis mas, que são de fato, completamente desnecessárias e até mesmo prejudiciais? Você tomou consciência que suas estruturas mentais comuns, que envolvem "passado" e "futuro" são especialmente ofensivas? Toda a sua vida sempre ocorreu agora e sempre irá se desenrolar no presente. Isto é frequentemente ouvido em grupos de reabilitação: "Ontem é história. Amanhã é um mistério. Hoje é um presente, por isso é chamado de 'presente'." Nada ocorreu com você no passado que não fosse no presente quando aconteceu. Nada ocorrerá com você no futuro que não estará no presente quando ocorrer. Parece tolo dizer o óbvio, eu sei, mas não é ainda mais tolo viver como se o passado e o futuro fossem verdadeiras entidades ao invés de conceitos mentais?

Viver neste chamado jeito "normal" te adoece. Não é insano ficar desgastado, cansado e até mesmo doente pelas manobras fictícias de sua mente carnal?

Estar no presente é onde O Todo Poderoso habita eternamente. É por isso que Ele disse para Moisés que Seu nome é "Eu Sou" (Ex 3:14). O Deus "que é, que era e que há de vir" escolhe viver no Presente Eterno (Ap 1:8). Se Ele que é o mais sábio, mora no presente eterno, talvez seria sensato nos tornar "focados no agora", pois é aí onde a fé é operante (Hb 11:1; Ap 1:4). Estar no presente é um presente do EU SOU para você. Aceite o Seu presente do presente e você será transformado. Sua fé aumentará, pois não há praticamente nada de tão perigoso acontecendo, há? Se o seu foco permanecer no presente, quando algo "grande" acontecer, você terá clareza para processar e lidar com isto muito melhor, se você tiver uma mente sadia gerada pelo Espírito (2Tm 1:7).

Todos aqueles que são orientados pelo passado ou orientados pelo futuro são agora resistentes. Não há exceções. Eles estão sempre reclamando da maneira que as coisas são, desejando que fossem diferentes do que elas são. Isto é "resistência ao agora". O clima não está do jeito que a pessoa prefere, então uma reclamação é pensada e falada. O café está muito forte ou fraco, então outra reclamação é pensada e falada. A calça jeans está muito justa ou folgada, o trânsito está muito congestionado, o Presidente é lamentavelmente estúpido assim como, a chefe no escritório. Que porca! E, coitada de mim, tenho que trabalhar abaixo dela! E pra minha sorte, vou ter que ficar presa a ela pelo resto da minha vida! Ah, não! Neste parágrafo, a mulher que está reclamando está acordada por apenas duas horas do seu dia. Ela viu o clima lá fora pela janela do seu quarto, desceu e fez café, vestiu sua calça jeans, entrou no carro, ligou o rádio e ouviu as notícias sobre o Presidente que ela julgou como estúpido. Isto fez com que ela pensasse na sua chefe, que ela também julgou como estúpida e, depois projetou que ela teria que trabalhar abaixo da "a porca" pelo resto de sua vida. Ela tem mantido seu presente trabalho por menos de dois anos. Ela saiu do carro, temendo o dia à sua frente e entrou em seu local de trabalho, melancólica com pavor e autocomiseração. É assim que pessoas "normais" vivem!

Paulo disse que o pecado da murmuração sempre destrói (1Co 10:10). Uma coisa que a murmuração sempre destrói é a consciência da Presença de Deus no presente. É por isto que pessoas murmuradoras são profundamente miseráveis e raramente satisfeitas com qualquer coisa que possuem na vida.

Resistência gera mais resistência. Uma camada de dor se empilha no topo de outra camada de dor auto-infligida. Não seria melhor se fosse apenas o diabo fazendo tudo isso conosco? Poderíamos paralisá-lo instantaneamente, no nome de Jesus. Mas estas são as coisas que a mente carnal faz conosco, em sua aliança com o inimigo. O falso *eu* em você que opera na área mental como a mente carnal, é o culpado por trás da resistência e da dor. É por isso que ele tem que morrer. Satanás não tinha nada em Jesus porque Ele não tinha ego (Jo 14:30). Simão Pedro era uma história diferente (Lc 22:31). Satanás tinha acesso a Simão através da palha do *eu* nele.

Viver em resistência do agora é uma maneira de estar aprisionado no *eu*. As coisas raramente, ou nunca, são boas o suficiente. Mesmo um agradável piquenique é permeado com reclamações de como seria mais legal "se apenas" a brisa estivesse um pouco mais suave, mais forte, mais quente ou mais fria. Ou, este piquenique seria muito mais legal "se apenas" as moscas não estivessem em torno de nossa comida. Na verdade, por que Deus criou as moscas ou foi o diabo quem as criou? Por que Deus criaria tais pestes? Como pode Deus ser bom e criar mosquitos? Então, há formigas aqui, também. Oh, estas formigas terríveis! Elas estão andando por todos os lugares aqui. Olhe para elas. Tudo que nós queríamos era ter um agradável piquenique de família, pelo menos uma vez. Por que coisas ruins acontecem conosco? Elas não acontecem com outras pessoas o tempo todo, acontecem? Por que nós somos os escolhidos? Rápido, vamos nos levantar e mudar para aquela outra mesa. Provavelmente há menos moscas e formigas lá.

Sim, "a grama é sempre mais verde" na mente carnal. As pessoas vivem como escravas do velho *eu*, criando miséria dentro delas, assim como, em outros ao seu redor. Formigas, mosquitos, vespas e moscas simplesmente existem. Você não precisa entender como eles vieram a existir, nem por que Deus os criou. Por que questionar a sabedoria de Deus durante um piquenique de família ao invés de desfrutar de seus amados, completamente focado neles, comungando com eles num amor mais profundo? Quando se trata de "formigas" da vida superficial, você pode escolher comer com elas ou não. Se você compartilhar sua refeição com elas, elas não comerão muito. Simplesmente coma em paz quando comer, onde comer e o que comer (1Co 10:31).

Formigas não comem muito

Deus tentou me ensinar esta lição nas Filipinas aos meus 20 anos. Eu ficava continuamente assustado com meus hospedeiros filipinos e suas atitudes com as formigas. Quando as formigas mergulharam no ketchup dos nossos pratos, em vão, eu tentei removê-las. Meus hospedeiros riram de mim dizendo em uníssono: "Não se preocupe, Irmão Alsobrook. As formigas não comem muito". Tentei explicar para eles sobre os germes que elas carregam. Meu hospedeiros tentaram reprimir a risada enquanto eu explicava a existência dos germes, mas eventualmente todos explodiram em risos, copiosamente. Eu, com certeza, não conseguia ver nada de engraçado sobre germes. Não conseguia, de forma alguma, entender porque eles riam, muito menos porque tanto e por tanto tempo. Era um mistério para mim.

O mistério foi desvendado um pouco mais tarde quando por acaso ouvi dois jovens pastores rindo baixinho entre si: "O Irmão Alsobrook é tão esperto na Bíblia e acredita que há pequenos Alemães (Germans em inglês) nas formigas!" "Sim" um outro que estava cozinhando fez um comentário: "Outro dia o Irmão Alsobrook me perguntou: 'Você lavou suas mãos depois que você acariciou o cachorro? Eles têm Alemães neles. Ele é tolo". Mal sabiam eles, que eu estava em meu quarto momentos antes reclamando sobre "estes pobres, estúpidos e idiotas" e depois choramingando em minha voz religiosa: "Amado Senhor, por que o Senhor me trouxe aqui? Pensei que o Senhor me amava!" Como eu era religiosamente governado pelo *eu* neste ponto de minha vida, erroneamente chamava isso de oração fervorosa!

Não resista aos negativos - ao invés, pratique o princípio de aceitação

É isto que Jesus quis dizer em Seu ensino do Reino quando Ele disse: "Eu, porém, vos digo que não resistais ao mal..." (Mt 5:39). O que Jesus está ensinando aqui é **o princípio da aceitação**. O que Ele está se referindo, concerne às coisas que parecem más no dia a dia. Alguém atacando você parece mal, mas ao invés de revidar, você sensatamente escolhe seguir o exemplo Dele: "Quando o injuriavam, não injuriava, e, quando padecia, não ameaçava" (1Pe 2:23). Peça ao seu Ajudador, o Espírito Santo, para ajudá-lo a ser como Jesus, quando o que se apresentar como mal parecer te assaltar.

As pessoas, com muita frequência, nos resistem com palavras, ao invés de tapas na cara. Houve apenas poucas vezes que bateram no meu rosto no serviço de Cristo, mas em todas as vezes havia uma nova infusão de graça para não revidar, acompanhada de uma profunda paz a medida que aceitava a Sua vontade naquele momento. Houve centenas de vezes que recebi "tapas de palavras" ou "tapas de olhares", especialmente na igreja. Estas ocasiões não foram submetidas ao Senhor tão bem como os tapas na cara! Eu, muitas vezes, retornei mal por mal com um "retorno" bem colocado – um golpe de palavra em refutação. Isto sempre resultou na diminuição da Presença de Deus em meu coração. Graças a Deus, não revido mais, nem resisto internamente à avaliação de alguém sobre quem eu sou, e consequentemente a paz e a Presença de Deus permanecem. As pessoas com frequência ficam muito agitadas comigo quando falo do assunto deste livro, então tenho muitas oportunidades de praticar o princípio da aceitação. Suas reações negativas me capacitam a me tornar mais profundo na paz.

A Igreja Primitiva levou este mandamento a sério – Seu mandamento de não resistir o que é mal. Tiago comentou anos depois que era comum para os cristãos passarem por assassinatos e não oferecerem resistência aos homens perversos que faziam tais coisas. Falando com o rico opressor de sua sociedade, Tiago observou: "Condenastes e matastes o justo, sem que ele resistisse a vós" (Tg 5:6).

É comum em nossos dias, resistir a tudo que possa se tornar negativo ou apenas neutro. Tomando o clima, por exemplo, ele é sempre neutro. Muitos cristãos, como os não cristãos, constantemente classificam o clima como "bom" ou "ruim". Você pode tomar a decisão que afetará a aparência de sua vida inteira se você decidir dar boas vindas ao clima em todas as suas expressões. É Deus que envia o vento, o relâmpago, a chuva, o gelo, a neve e o brilho do sol (Gn 7:4; Sl 48:7, 78:26, 107:25, 135:7, 147:8; Mt 5:45). Por não mais resistir ao clima em suas várias formas, você irá desfrutá-lo e ver a beleza que ele continuamente apresenta. "Os céus declaram a glória de Deus" – sempre – não apenas quando o sol está se pondo ou quando as nuvens são como algodão branco no azul profundo (Sl 19:1).

Quando o clima parece estar interferindo nos seus planos de piquenique, ao invés de reclamar ou murmurar, faça algo diferente e escolha não resistir. Esta é uma prática útil para produzir contínua paz no dia a dia – ofereça submissão a Deus a respeito do clima e de todas as outras coisas, pela prática da contínua entrega no decorrer do dia. Em dias chuvosos, "dias ruins" como são chamados, o jogo do filho é cancelado. Você pode ficar em pé do lado de fora repreendendo o diabo se quiser e aumentar sua própria infelicidade, uma vez que você está resistindo ao Autor do clima ou você pode escolher apenas aceitar o dia como ele é, com alegria. E assim, no seu lugar de aceitação do presente, uma ideia virá a você de outra coisa que você e seu filho podem fazer para estreitar a ligação entre vocês.

Assim você pode transformar um "dia mal" num dia bom. O que é ainda melhor é isto: o dia é apenas um dia, nem "bom" nem "ruim".

Em dias ensolarados, dias que a mente nomeou como "dias bons", o jogo continua conforme planejado e seu filho completou o circuito das bases. Oh, o "bom dia" acabou de se tornar um "ÓTIMO DIA", a mente agora diz, enquanto você toma sorvete com seu filho radiante. Um outro dia que iniciou-se como "um bom dia para o jogo", seu filho teve um dente da frente arrancado por uma bola errante e o "bom" dia imediatamente se tornou um "mau" dia. Você dirige até o dentista murmurando e reclamando sobre a injustiça de tudo isso e de sua infelicidade geral com a vida. "Por que coisas ruins sempre acontecem comigo?" você pode se lastimar (a verdade é que não é assim). A reclamação não mudará nada. Irá, todavia, aumentar o nível de miséria dentro de você. O dia por si só não é nem bom nem ruim. É apenas a sua mente que mudou o dia. A mudança no dia é somente em você e em mais ninguém. No exato momento que você classificou este dia como "ruim", uma outra pessoa acabou de pedir sua amada em casamento há poucas milhas de distância. Ele vai lhe dizer que hoje é um ótimo dia. Ambos estão errados. Hoje é apenas hoje. Não é bom, ruim, ótimo, nem terrível. O dia é apenas o que ele é, como qualquer outro dia.

Uma outra área que o pensamento na função resistência é evidente, é o trânsito. Oh, que lamento quando a fila de carros é longa! Você os vê nos celulares e pode facilmente ler suas linguagens corporais. Eles estão reclamando para alguém em outro lugar sobre o trânsito "horrível". Alguns motoristas sentados em seus veículos em marcha lenta, tentando empurrar o trânsito para frente! Você pode observar seus esforços em suas linguagens corporais. Observe como as pessoas verdadeiramente movem seus corpos para frente, achando que de alguma forma farão o trânsito se mover mais rápido. Isto é insano, mas verdadeiro. Apenas observe e você vai continuamente, se divertir com o que vai constatar no auge da "hora de pico". Testemunhar a insanidade em outros produz imediata gratidão pela mudança que Deus tem operado dentro de você. Você também não os julga. Você sente grande compaixão, sabendo que as suas vidas, provavelmente em todas as áreas, são miseráveis – continuamente se arrastando na vida, de maneira geral "enlouquecendo" a si mesmos e os outros através da resistência.

Comece a praticar o ensino de Jesus sobre aceitação em todas as situações da vida. No estado de inclinação da carne, você criou um hábito inconsciente de julgar as coisas antecipadamente. As coisas vão sair de determinadas maneiras, geralmente "bem" ou "mal". Mais tarde, você perceberá que vai acabar com o oposto do que você havia predito. Adivinha? Você estava errado! Então, você parou de julgar resultados antecipadamente, certo? Errado. Você manteve a insanidade de prever o futuro. Isto acontece várias e várias vezes com pessoas "normais" que nunca observaram seus padrões de pensamentos. Veja este padrão de pensamento como insano e tome uma decisão de qualidade agora de parar de tentar ir ao futuro porque você não consegue fazer isto, nem mesmo num único dia. Se você previr que algo sairá de certo modo e a vida encaminhá-lo de outra maneira, você então se tornará feliz ou infeliz de acordo com o seu julgamento inicial. Você pode parar de julgar um dia antecipadamente e fazer deste momento, um momento feliz pelo seu alinhamento interior com o que quer que esteja acontecendo. Você pode praticar o ensino de Jesus sobre o princípio de aceitação, cessando internamente, de resistir o que quer que inicialmente pareça mal. Um dia, por volta de quatro décadas atrás, um jovem se aproximou de mim e me deu um soco no rosto, derrubando-me no chão. Eu apenas senti amor e compaixão por ele, não houve retaliação interna enquanto eu estava deitado no chão e nem retaliação externa depois que lentamente, me levantei (levou um tempo para retomar meus sentidos. Claramente lembro-me de ter ficado impressionado com o amor de Cristo dentro de mim mesmo antes de perceber em meus sentidos que eu tinha sido agredido). Anos depois, Saul se tornou um evangelista de fogo e, publicamente incluiu esta história no seu testemunho de conversão. Saul falou que, com raiva por ouvir um colega de classe falar de Jesus, desferiu um gancho de direita e derrubou "o fanático por Jesus" no chão. Saul esperava retaliação, mas ouviu, "Saul, Jesus te ama". Ele foi para casa. Pensou sobre o amor que sentiu e finalmente entregou seu coração para Jesus Cristo.

Na minha perspectiva, lembro-me de ter levantado lentamente do chão, o que levou um tempo considerável (Saul tinha um poderoso gancho de direita), e sentindo o impressionante amor de Deus derramado sobre mim. Lembro-me de ter dito, "Saul, Jesus te ama" e de ter saído de perto dos outros meninos que tentavam me instigar a devolver mal por mal. Eles estavam esperando ver uma briga pois eu tinha conquistado uma boa reputação de sujeito durão antes da conversão. Eles me chamavam de nomes depreciativos, com a esperança de ativar a raiva dentro de mim, esperando que eu iria voltar e brigar com Saul que também tinha conquistado uma reputação de sujeito durão. Lembro-me de ter ouvido de longe, pessoas diferentes fazendo apostas sobre quem venceria a briga. Seus comentários apenas suscitavam compaixão que surgia de algum lugar no meu interior e que transbordava do meu coração para eles. Eu falei para todos eles o quanto Jesus os amava.

Em vez de retaliação com socos ou ameaças, não senti nenhum desejo de revidar. Eu estava tão impressionado com uma nova compreensão do grande amor de Deus por mim que rapidamente me despedi do âmbito externo onde me encontrava entre um bando de meninos agitados. Fui tomado completamente no profundo amor de Cristo. Se eu tivesse revidado, teria perdido a paz de Cristo que estava me impressionando naquele momento. O impulso de revidar nunca veio. Tal pensamento nunca entrou em minha mente. Naquele momento eu estava completamente rendido a Deus. Independente do que a vida me trouxe, eu estava na palma de Sua mão. Eu estava estudando que todos os meus dias foram escritos antes que qualquer um deles existisse, nos dias que precederam este incidente (Sl 31:15, 139:16). Não senti medo, nem raiva e a pouca dor que senti em meu corpo foi transformada pelo grande amor que emanava do meu espírito para a minha alma e corpo.

A recompensa imediata que recebi era maior do que qualquer coisa que a vida externa poderia ter me dado na beleza daquele momento. Este foi um prenúncio de como minha vida inteira seria vivida décadas mais tarde. Hoje dou boas vindas aos insultos, às cartas desagradáveis, telefonemas depreciativos e e-mails grosseiros. Sempre sinto um amor mais profundo transbordando de dentro de mim – sempre.

Jesus nos mandou não julgar

Este é o significado mais profundo do ensino de Jesus sobre a insegurança de fazer julgamentos ou de vincular títulos mentais às coisas no âmbito externo. Quando Jesus disse: "Não julgue nem condene e você não será julgado nem condenado. Pois na mesma medida que você proferir julgamento aos outros, o julgamento será amontoado em você" (Mt 7:1,2 tradução alternativa), Ele estava ensinando além do que normalmente se acredita sobre julgar o destino eterno de outro ser humano. Muitos cristãos nem ao menos praticam isto. Eles continuamente mandam outras pessoas para o inferno em seus pensamentos.

Jesus estava falando da inclinação da carne em continuamente julgar ou nomear qualquer coisa que surge no dia a dia como boa, má, muito quente, muito fria, insuficiente, muito, inferior, superior, feio, bonito, muito gordo, muito magro e, finalmente, "simplesmente correto" ou "repugnante". Não é de se admirar que pessoas que vivem centralizadas em suas mentes estão cansadas e esgotadas no final do dia! Suas mentes estão constantemente trabalhando. A mente não é projetada para uma contínua sobrecarga sem cessar as atividades mentais.

Eu li numa revista científica que mentes sobrecarregadas causam interferência na atividade elétrica das ondas cerebrais, causando ruptura no processamento mental. Você percebe que é você e não a sua esposa, que está te enlouquecendo? Você percebe que as linhas de preocupação em seu rosto são muito mais profundas e definidas do que deveriam ser neste ponto de sua vida? Por quê? Você pensa demais, muito e o tempo todo. Muito dessa atividade de pensamento envolve julgar as coisas, constantemente. Não se sente em frente à televisão e lamente a programação ruim taxando-a de ímpia. Você está julgando. Você pode estar certo, mas por que afligir sua alma como Ló fez? (2Pe 2:8). Isto o ajudou? Isto te ajuda? Pare de julgar! Tem alguém segurando uma arma na sua cabeça enquanto você assiste um programa de televisão que irrita o seu espírito? Você é incapaz de desligar a televisão? Tome uma atitude positiva ao invés de continuar no padrão de pensamento negativo.

Quando a transformação ocorre dentro de você, esta prática de julgar as coisas pela aparência cessará (Jo 7:24). Meu conselho é que você não espere por algo melhor acontecer com você; um outro julgamento mental resultante da leitura deste livro sobre algo esperado para o estado futuro. Talvez um pensamento baseado no futuro surgiu em sua mente ao ler este livro: se ao menos eu puder experimentar uma transformação na alma logo, serei muito melhor. Se tudo que você recebeu ao ler este livro foi uma esperança de que em algum dia no futuro você receberá paz total, então você perdeu seu tempo. Perder seu tempo lendo este livro não é o pior tempo que você já perdeu porque algumas sementes de verdade caíram em seu espírito e podem crescer daqui há alguns anos. Perder tempo realmente não importa de forma alguma porque você já perdeu anos de sua vida nos pensamentos do passado ou futuro e pode continuar perdendo tempo até morrer. Na verdade, você provavelmente perdeu "toneladas de tempo", como as pessoas dizem, o que revela que o tempo, na sua visão, é bastante pesado.

Ao invés de esperar por algo maravilhoso acontecer com você no futuro, comece agora a parar de classificar mentalmente a qualidade do seu dia, do seu hambúrguer, do seu cônjuge, do seu carro, da sua casa e do seu trabalho. O hambúrguer é o que ele é. Você pode comê-lo ou descartá-lo, mas faça isto sem barulho mental. Isto tornará a qualidade da vida terrena inteira, muito mais simples e mais agradável. Não sugiro que você descarte seu cônjuge, mas você pode sair um pouco do ambiente se ele ou ela ficar temporariamente insano(a). Você não precisa se submeter a abusos em nenhum de seus relacionamentos. Você pode sair do ambiente quando alguém estiver "explodindo" com você. Apenas não bata a porta quando sair. Saia em paz e com compaixão em seu coração por ele. Siga seu caminho e esteja focado em Cristo e na paz que Ele dá neste momento (Jo 14:27). Deixe que Seu amor encha seu coração mais uma vez pela pessoa atormentada que mora ou trabalha com você. Se o abuso se tornar físico ou interminável, você pode ser guiado pelo Senhor a finalizá-lo, mas você pode fazer isto em paz também e com grande compaixão pelo agressor. "Porque com alegria saireis e em paz sereis guiados; os montes e os outeiros exclamarão de prazer perante vossa face, e todas as árvores do campo baterão palmas" (Is 55:12).

O que você precisa fazer ao invés de julgar e rotular é viver pelo princípio de aceitação do presente. Esta prática não permitirá que a carne controle você. Ela vai se enfraquecer e você receberá mais e mais vislumbres gloriosos da transformação total que espera por você.

Sua mente pode estar te falando que o que você acabou de ler é impossível. Que não tem como você conseguir praticar a paz, continuamente em sua presente existência cotidiana. Seguindo este pensamento de "impossível" até a sua raiz, você verá que foi o *eu* que sugeriu a palavra "impossível" para você. Na luz desta consciência, o falso *eu* começa a se dissolver. Isto é porque você está vendo sua própria natureza à luz do seu novo espírito. Isto é precisamente como a transformação ocorre. Você reconhece que é impossível para você controlar a carne. Esta consciência proporciona uma abertura dentro de você para que Deus entre e te transforme. Milagres acontecem quando reconhecemos nossa fraqueza. Mas se um milagre não acontecer neste momento, aceite isto também. E na próxima vez que algo negativo surgir e você internamente julgar como "mau" ou que "não deveria" ou "ah não", recobre seu equilíbrio e diga, "Eu posso permitir esta situação como ela é e habitar em paz".

Meu novo ministério

Você pode se surpreender de como sua total perspectiva pode mudar, em pé numa enorme fila do supermercado.

A ocorrência de "colisão na traseira" acontece muito nas filas de supermercado, como você também irá observar a partir desta leitura. Eu frequentemente sou esbarrado nos supermercados nestes dias porque não fico constantemente prestando atenção na pessoa à minha frente, empurrando meu carrinho em cima dela, ofegante. Ao invés, simplesmente fico parado, enquanto espero minha vez no caixa. Eu posso ficar olhando para a frente do supermercado sem notar que a pessoa na minha frente acabou de mover alguns centímetros. A pessoa atrás de mim concentrou seu olhar na frente da fila e está internamente resistindo sua posição na fila. Então uma ideia insana surge dentro dela que empurrando seu carrinho na minha traseira irá de alguma forma, fazer com que o caixa trabalhe mais rápido. O pensamento surgiu por causa de sua impaciência. Quando sou esbarrado, me viro e digo "obrigado" e isto procede do meu coração. Por que digo "obrigado"? Não sei. Simplesmente digo. Quando sua vida é vivida no Espírito, você faz coisas sem pensar antecipadamente.

Após agradecê-los, movo meu carrinho quando sou esbarrado? Não, não vou esbarrar a pessoa na minha frente porque a pessoa atrás de mim me esbarrou. Eu perderia a minha paz se tomasse uma atitude violenta. Continuo esperando pacientemente a despeito de qualquer coisa que comece a ouvir atrás de mim por não ter movido meu carrinho mais perto da traseira na minha frente. Geralmente há sons de gemidos de dor, de palavrões, ou reclamações vocais como: "Já basta! Vamos em frente!" Eu permaneço em silêncio e deixo a pessoa impaciente ficar mais irritada se isso é o que ela escolher. Programas de recuperação me ensinaram que sou impotente sobre os outros. Eu estou ajudando "empurradores de carrinhos" aprender a futilidade da "colisão na traseira" na fila do supermercado. Este é o meu novo "ministério".

Recentemente sentei no carrinho atrás de mim porque a empurradora não parava de empurrar. Eu estava resistindo a resistência dela? Não, descobri que sentar era mais confortável que ficar em pé. Sentei-me no seu carrinho em absoluta paz. Não havia resistência interior nem vingança. De repente me encontrei descansando no carrinho dela. Finalmente, ouvi risada. Me virei e olhei para ela com muita paz e ela disse: "Obrigado. Eu precisava disso." Ela parecia estar genuinamente aliviada da ansiedade contida. Eu fiquei feliz por ela e ri com ela. E aí, pedi-lhe para ir um pouco para trás. Ela foi e eu peguei o lugar atrás dela, insistindo que ela fosse na minha frente. Foi tudo lindo e agradável. Ela me agradeceu quatro vezes por meu exemplo. Foi uma experiência de abrir os olhos na sua vida assolada. Se ela refletiu mais tarde no que a havia compelido a esbarrar no cliente à sua frente e na estranha resposta dele, ela pode ter experimentado algo ainda mais profundo no seu interior.

Deus pode usar até mesmo experiências comuns do cotidiano para suavizar as cargas de tempos difíceis que as pessoas carregam, sem saber.

Sim, você pode realmente viver a vida desta maneira e começar a experimentá-la como agradável em qualquer forma que ela tomar. Comece a praticar os princípios de aceitação e não julgamento agora e veja o que acontece! Não espere por uma experiência gloriosa de transformação total. Ao invés, obedeça a ordem de Jesus para não resistir o mal e faça isto agora.

Alguns cristãos me escrevem que eles não podem esperar que o que aconteceu comigo aconteça com eles. Eu me lembro de um rapaz que percebeu que precisava de mais paciência. Ele orou: "Senhor, me dê mais paciência... e saiu depressa!"

Aqueles que esperam impacientemente por uma experiência de transformação estão projetando um positivo "e se" num futuro não existente. Isto mantém suas vidas presentes inalteradas. Eu estava praticando o princípio de aceitação por meses antes que o milagre da transformação fosse experimentado ao sentar tranquilamente na pedra. Eu não esperava que nada acontecesse, apenas me aquietei na pedra. Meu o *eu* foi dissolvido. Qualquer outra coisa que acontecesse na minha percepção da natureza ao redor de mim seria bom, mas não necessário. O importante era o milagre interior. Minha vida já tinha começado a mudar de maneiras significantes antes da dissolução do meu *eu*.

Esperar por um milagre especial de transformação acontecer antes que você consiga ser mais tranquilo é similar ao que os cristãos têm feito no decorrer da história. Eles projetaram o estado futuro do Céu como inatingível na realidade negativa ou mundana da vida presente, então eles atrelaram sua felicidade ao seu estado futuro da bem-aventurança celestial. Muitos hinos de gerações anteriores não eram focados nas glórias de Cristo, mas nos desejos de homens insatisfeitos. "Quando todos nós chegarmos ao Céu cantaremos e gritaremos a vitória", mas no meio tempo, apenas teremos que "nos virar e segurar até o fim". Alguém rapidamente "lance a salvação". Sim, "os fardos desta vida sobrecarregada são acima do que podemos suportar", gememos como búfalos morrendo, mas "num dia lindo cantaremos lá em cima". Estas músicas baseadas no *eu* são parte de nossa "adoração" ao Senhor! Não é surpreendente? Cantamos sobre como será o Céu depois que chegarmos lá, como se fosse a nossa presença lá que tornasse o Céu maravilhoso!

Não adie sua felicidade por depender de algo futuro que pode ou não acontecer. Em vez disso e, por nenhuma boa razão, simplesmente vá em frente e seja feliz agora. A vida não é o que você quer que ela seja? Seja feliz mesmo assim. Não julgue, não rotule e nem se frustre diante de nada negativo. Ao invés, apenas permita. Se você sentir a presença do maligno, com calma, mande-o embora em nome de Jesus. Não entre em pânico e comece a gritar no extremo de sua voz. Isso irá apenas te deixar rouco e não livre. Além disso, o seu nome, provavelmente não está na Lista dos Dez Melhores Santos mais Procurados pelo inimigo. O que é mais provável do que legiões de demônios te atacando é que sua carne esteja te assediando. Se for isso, você pode "amarrar Satanás" o dia inteiro, mas não habitará em paz.

Jesus incorporou os princípios de aceitação e não julgamento no decorrer de Sua vida terrena, reprovando a resistência de Pedro aos soldados, com a pergunta: "acaso não beberei o cálice que o meu Pai me deu?" (Jo 18:11). Ele não tinha rotulado o cálice, anteriormente, como "ruim" ao pedir para o Pai removê-lo; era simplesmente "o cálice" que o Pai havia dado para Ele beber. Ele não o rotulou de "cálice ruim" ou de "cálice terrível" quando pediu para o Pai que passasse dele. Era simplesmente "o cálice". O Aba disse não. Jesus o tomou. Jesus aprendeu a obediência pelas coisas que sofreu e, assim será com você uma vez que tiver cessado de resistir a tudo que parecer mal (Hb 5:8).

Se você estiver resistindo a tudo que existe no presente momento, você é internamente miserável. Não está acordado espiritualmente; seu íntimo está baseado na alma não regenerada e não no novo espírito. Somente quando você está no novo espírito que você pode, por experiência, entrar no Reino de Deus (Jo 3:3-7; Ef 5:14).

Aceitar o que aparecer na vida superficial não significa que você prefere o que acabou de te acontecer. Isto também não quer dizer que você não vai tomar nenhuma atitude positiva. Por exemplo, se o seu carro quebrar no trânsito, você não se senta na beira da estrada. Você toma os passos necessários para remover seu carro da estrada para o mecânico e não fica desejando que ele não tivesse quebrado, nem fica imaginando o quanto custará nem se você terá o dinheiro suficiente. As coisas são como são. Depois, você deve orar e pedir ao Senhor que Ele seja glorificado nesta presente situação. Peça para Ele fazer com que Sua vontade seja feita na terra como ela é no Céu. Agradeça-O por liberar Sua provisão. Peça Sua ajuda para se manter em paz. E ai, apenas permaneça quieto enquanto aguarda o guincho. Olhe ao seu redor observando uma árvore ou flores diferentes. Sorria para as pessoas conforme elas andam na calçada perto do seu carro. Elas ficarão impressionadas com a sua paz. Deus é glorificado e você permanece calmo, sem perturbação e, seu carro eventualmente é consertado. Sim, eu tenho praticado isto.

O âmbito externo está em constante mudança

Pessoas carnais e governadas pelos sentidos estão à beira de uma miséria contínua porque sempre têm a atenção voltada para o âmbito externo: clima, contas, problemas familiares, vizinhos desagradáveis, etc. Este não é o lugar onde o Reino de Deus está presentemente localizado na terra. O Reino de Deus está dentro (Lc 17:21).

Estar concentrado no âmbito externo da vida, e basear sua esperança de felicidade em acontecimentos que podem ou não ocorrer neste âmbito externo da existência, é infalível para mantê-lo infeliz. Na verdade, isto tem mantido você miserável por toda a sua vida, embora você professe que tem sido um seguidor de Jesus desde seus 5 anos de idade. Jesus não entende discipulado sem obediência: "Por que me chamais Senhor, Senhor, e não fazeis o que eu digo?" (Lc 6:46).

Existe algo que é sempre verdadeiro a respeito do âmbito externo: nunca fica do mesmo jeito por muito tempo. Está constantemente mudando. O carro velho estava se desgastando (isto era "ruim") então eu troquei por um novo que, inicialmente trouxe felicidade (isto era "bom"). Depois ele começou a mostrar sinais de desgaste, e ainda não está pago (oh não! Isto é "ruim" de novo). Você estava num apartamento apertado e pequeno ("ruim"), então, recebeu um aumento e mudou-se para uma casa nova ("bom"). Desde o começo havia coisas erradas acontecendo na casa nova (o quê? "ruim" de novo), ou o encanamento não está certo ou a energia cai toda hora (ah não, mais coisa "ruim"). A resistência do cristão ao âmbito externo daquilo que é, pode levá-lo a um comportamento muito diferente de Cristo ao lidar com outros, e impedir a obra de Jesus de atrair para Si todos os homens (Jo 12:32).

O encanador parece não conseguir consertar o que está de errado na casa ("ruim"), então ele acaba sendo repreendido pela dona de casa "cristã". Ele vê a doce face de Jesus na parede, atrás de seu chateado e irritado semblante (agora, isto é ruim porque ela está valorizando sua casa temporária mais do que a alma do encanador). A crença interior do encanador é que todos os cristãos são hipócritas (ele julga todos os cristãos baseado no comportamento horrível da mulher); ao menos, ele é um "pecador honesto" (seu rótulo interior). O coração dele foi endurecido mais uma vez. Ele persiste em sua ilusão que tal coisa como um "pecador honesto" realmente existe (isto não existe, assim como todo pecado é baseado na mentira, como foi o primeiro pecado) e sua decepção continua. Ele deixa a dona de casa cristã, com seu coração mais duro do que era antes de conhecê-la. Ele fala uma porção de coisas a respeito dela em seu carro à medida que vai embora furioso. Percebe que precisa "esfriar a cabeça", então "sobe em direção às montanhas" (o bar da região) e "toma umas". À medida que está engolindo, está julgando a mulher várias e várias vezes. Isto produz mais dor dentro dele, então ele continua bebendo. Durante todo o tempo ele a está xingando para os outros no bar. Todos eles tinham tido más experiências com hipócritas, também. Eles, também contam suas histórias inúteis, xingam e julgam um pouco mais.

Depois ele vai para casa e desconta seu "mau dia" em sua esposa e em seus filhos. Dor produz dor que por sua vez, produz mais dor que gera ainda mais dor. Vivemos numa sociedade cheia de dor! O índice de crimes aumenta à medida que aumentam a dores na alma. Sempre que você viver em paz, você está ajudando a diminuir o índice de criminalidade em sua cidade. A sua paz emana para fora em direção a outros. Vizinhos que conheci já me disseram que "sentiram algo" ao dirigirem perto da minha casa. "Ah, é aí que você mora?" Eles olhavam atônitos. Por quê? Algo dentro deles registrou num nível mais profundo, aquela paz que permanecia, habitava e emanava da minha casa (Mt 10:13).

Praticando o ensino de Jesus de aceitar seja o que for no âmbito superficial da vida, lhe ajudará a manter a paz não importa o que aconteça no âmbito superficial e externo. Você não estará debaixo de dor nem causando dor em outros a despeito do que acontecer. Isto também lhe ajudará a manter o espírito correto em situações adversas e as pessoas apreciarão sua paciência e expressarão isto após você ter esperado numa longa fila ou ter chamado o encanador para vir e arrumar o mesmo problema pela terceira vez e em cada vez ter falado com ele em amor. Você terá uma oportunidade dada por Deus para compartilhar Cristo e conduzir outros para Ele através do seu amável espírito. O ensino de Jesus de aceitar seja o que for, neste momento não exclui tomar atitudes positivas. Não significa que você gostou do que aconteceu. Também não quer dizer que você aceitou isso como a vontade de Deus. O que acabou de acontecer pode não ter sido a vontade de Deus.

Não muito tempo atrás, eu estava numa loja de conveniência numa manhã bem cedo, comprando uma xícara de café. Três jovens entraram de repente pela porta, pegaram caixas de cerveja saíram porta a fora tão rápido que um deles quebrou o vidro com sua caixa de cerveja. Latas de cerveja foram de repente, arremessadas por toda a entrada da lojinha batendo nas vitrines. Os jovens estavam xingando bem alto e continuaram a correr, deixando um tênis muito bonito de alguma maneira, preso na porta.

Eu estava tomando meu primeiro gole de café quando eles apareceram na porta da frente. Continuei calmo, bebendo meu café enquanto eles fizeram tudo aquilo na loja. Meu corpo não ficou tenso, não tremeu nem reagiu.

Eu permaneci em paz. O único funcionário da loja chamou a polícia e comecei a ajudá-lo a montar a vitrine de chocolate que um dos jovens havia derrubado em sua pressa de sair. O empregado estava irritado frustrado e, imediatamente começou a xingar e reclamar de sua vida, enquanto eu ajudava-o arrumar a vitrine. Eu permaneci em paz e notei como a paz de Deus estava intensificando dentro de mim enquanto colocava os chocolates de volta em seus devidos lugares. Eu deixei o funcionário extravasar emocionalmente enquanto continuei a ajudá-lo em paz. Depois comecei a compartilhar do Senhor com ele, encorajá-lo e falar-lhe coisas que o confortaram grandemente. Eu já estava de saída da loja e me mantive em profunda paz. O único funcionário estava sorrindo. O policial chegou, então parei e perguntei para ele se ele precisava de mim como testemunha. O policial pediu para eu esperar. Depois, o policial se voltou para o funcionário e perguntou: "Por que você está sorrindo?" O funcionário disse que não sabia, apenas se sentia bem porque "aquele cliente ali foi muito legal comigo". O policial se voltou para mim e me agradeceu. Eu o agradeci por servir à comunidade. Houve uma afinidade instantânea entre nós e ele disse, "você é cristão, não é?"

Você pode sofrer um acidente e estar em intensa dor. Ao invés de resistir o que acabou de acontecer e desejar que aquilo não tivesse acontecido ou julgar o outro motorista como negligente, aceite-o agora como ele é. Ore pelo outro motorista e por você para serem curados da dor em seus corpos. Perdoe o outro motorista por sua negligência. Se você acordar com uma dor de garganta, não entre na história de que você pegou de outra pessoa, em sua casa, que recentemente teve dor de garganta e que "se apenas" ela tivesse sido mais cuidadosa, você não teria pego. Em vez disso, aceite que você está com dor de garganta sem culpar você ou outra pessoa pelo fato de sua garganta doer. Depois, numa atitude de paz, a fé surgirá em seu espírito e antes mesmo que você termine sua oração para cura, toda dor sairá e não retornará. Essas duas coisas aconteceram comigo desde que a transformação ocorreu em minha vida. A outra motorista se arrependeu de sua deselegância e eu orei por ela e ela foi instantaneamente tocada pelo poder de Deus. Seus olhos se arregalaram de espanto. O que minha mente teria anteriormente rotulado como um acidente "trágico" que "não deveria" ter acontecido, se tornou numa oportunidade de glorificar a Deus. Nós dois fomos abençoados.

É assim que as coisas acontecem na vida externa, uma vez que você tenha começado a andar no Espírito, que é a maneira que Deus planejou que você deveria andar (Gl 5:16). E se as coisas estivessem sempre mudando e sem controle? À medida que você vive na Presença Dele, os negativos são mantidos fora do seu coração. Você não pode, através do desejo, impedir que coisas negativas aconteçam – elas acontecem e continuarão acontecendo nesta vida. Você pode impedir que negativos externos se tornem negativos internos, através de aceitá-los sem murmurar, acusar ou julgar.

As oportunidades acontecem na vida aparente

João observou esta mudança constante no âmbito externo ao dizer: "O mundo passa, e sua concupiscência; mas aquele que faz a vontade de Deus permanece para sempre" (1Jo 2:17).

Nada que é aparente continua o mesmo, pelo menos, não por muito tempo e, tudo que se refere a ele está num estado de declínio e entropia. Uma vez que você aceita isto, aquela vida aparente se torna o que Isaías descreveu como "folhas que caem". Você não vai entrar em desespero quando seu carro quebrar pela terceira vez e, você tiver que desembolsar mais R$2.000,00 que você não tem para consertá-lo. Ao invés, você estará num estado de paz e, de repente você terá uma impressão para ir numa mecânica em particular. Lá você vai esbarrar em um imigrante europeu recém-chegado da Tchecoslováquia. Acontece que, ele é especialista no trabalho que seu velho Volkswagen precisa.

Quando você retira seu carro, dias depois, o mecânico vai querer saber mais sobre você. "Por que o senhor é tão legal, Sr. David?" (mesmo ainda com dificuldade de falar a sua língua). Então você terá a doce alegria de dizer simplesmente, "Jesus" com um sorriso. O mecânico sujo não deixará você sair da mecânica sem abraçá-lo, enquanto você ora por ele, sentindo sua solidão neste país estranho e diferente. Você sentirá o corpo dele tremer enquanto ele chora em meio ao seu abraço caloroso. A doce Presença do Espírito Santo envolve ambos, à medida que ele relutantemente finaliza seu abraço com este quase totalmente desconhecido. Ele lentamente, abre a porta de seu escritório e permite que você saia, mas apenas se você prometer passar por ali para visitá-lo em breve. "O Deus de amor e paz" prometeu estar contigo quando você estiver envolvido numa circunstância negativa, porém apenas se você "viver em paz" (2Co 13:11).

Depois, você vai para o seu carro numa doce paz e dirige ao centro de inspeção estadual e, por fim, seu carro é aprovado no teste de emissões. Você sai cantando pneu em direção à sua casa e oferece gratidão e ações de graça a Deus. A vida continua agradavelmente e mesmo assim "nós caímos como folha – todos nós" (Is 64:6). Nada aqui é permanente, incluindo aquilo que é agradável ou desagradável. Você pode fazer as coisas desagradáveis se tornarem mais fáceis de se lidar, colocando-as numa atmosfera de paz que procede do seu espírito. Quando você coloca os negativos na paz e no amor, eles são transformados em objetos de grande valor.

Quatro meses depois o velho VW teve problemas de novo. Você leva o carro de volta ao mesmo mecânico. Ele se lembra de você. Ele pergunta, agora, como vai a sua mãe (a primeira vez que ele te viu o carro precisava de um trabalho feito rapidamente para que você pudesse dirigir ao Texas para ver sua mãe doente em seu aniversário de 79 anos). Ele sorri quando te vê, fica animado e lhe empresta sua própria pickup desta vez, pelo tempo que for necessário para consertar seu carro.

Como se faz pérolas

João viu a Cidade Santa, a Nova Jerusalém, descendo do Céu para a nova terra. Ele observou que havia doze portas para a cidade e que cada uma das portas era uma pérola: "As doze portas eram doze pérolas; cada uma das portas era uma pérola" (Ap 21:21). Uma porta é uma passagem que proporciona uma entrada para algo que, de outra maneira estaria fechado.

Há apenas uma maneira de fazer uma pérola e isto é através de permitir irritações e não de resisti-las. É assim que a ostra faz. Ela mantém sua boca quase que totalmente fechada, mas à medida que filtra a água para obter os nutrientes, um grão de areia sempre acaba entrando, causando uma agitação interna. A ostra, ao invés de resistir à irritação, envolve-a com aquilo que já estava dentro dela, formando uma linda camada sobre a outra com uma substância interna. Pescadores de pérolas entram na água para pescar as pérolas escondidas nas ostras porque as pessoas valorizam pérolas como coisas de grande beleza.

Jesus comparou Seu Reino com pérolas (Mt 13:44-46). Ele está nos falando que é através de nossa permissão de irritações externas que nós as envolvemos e as transformamos de algo comum para joias de grande valor. Também estamos criando uma porta dentro de nós que nos dará entrada para uma maior comunhão e intimidade com Deus.

As pessoas no mundo estão quase sempre vivendo na função resistência, mesmo sendo famosas ou ricas. A despeito das coisas agradáveis que lhes rodeiam, são internamente miseráveis na maior parte do tempo e causam miséria para outros que são "sortudos o suficiente" de estarem perto delas. É por isso que Paulo ensinou que se conformar com o mundo é uma receita para a miséria interior. Ele ensinou que o único "culto aceitável" é ser renovado em sua mente através de uma contínua apresentação do corpo do cristão e de tudo dentro dele como um "sacrifício vivo" para Deus (Rm 12:1-2). Em seu ensino, Paulo ecoa o ensino anterior de Jesus que enquanto o cristão estiver no mundo, se ele for um discípulo verdadeiro, ele não é do mundo. Sua oração ao Pai não foi para o nosso isolamento do mundo, enquanto vivermos no planeta, mas para nosso afastamento do mal que há no mundo, através de guardarmos Sua Palavra (Jo 17, leia o capítulo inteiro).

Se formos tirados do mundo para os vários grupos de "clausura" ou comunidades privadas, perderemos nossa influência no mundo. Como as luzes podem brilhar nas trevas se elas forem removidas dos lugares escuros? Certamente, comunidades cristãs eventualmente se desintegram dentro em si porque estes "santos segregados" trouxeram seus próprios Acãs para o campo: o Eu. A maioria dos que estão "se escondendo no deserto" pensam que estão "longe do diabo e do anticristo", e acabam tendo um colapso porque seus verdadeiros inimigos não estão "lá fora" como tinham imaginado. Eles tiveram sucesso em externar o que realmente está errado dentro de suas almas, e falharam na verdadeira prova que a vida apresenta: praticar o ensino de Jesus de aceitar tudo o que vier na vida superficial.

Seu "terrível" emprego pode ser o lugar que Deus te colocou para ser Luz para aqueles que habitam em trevas. Se você continuamente reclama do seu emprego, sua alma não regenerada se tornou o alqueire que você colocou sobre seu espírito iluminado. Os incrédulos ao teu redor não estão vendo Sua Luz através de você. Deus provavelmente te manterá neste emprego até que você mude. Você muda, com certeza, somente de uma maneira, não resistindo o que acontecer em sua atual circunstância de vida.

O princípio da aceitação te capacita a tomar a sua cruz

É por trazer aceitação à presente realidade de sua família, de seu emprego, de sua tão chamada "vida", que você se alinha com a vontade de Deus para você em qualquer dado momento. Este é o caminho para a verdadeira transformação da alma.

Isto é precisamente o que o Mestre quis dizer quando Ele instruiu cada um de Seus discípulos para "tomar a sua cruz". Isto foi explicado no início deste livro, mas vale a pena repetir e ampliar: Sua cruz é a sua própria e unicamente projetada cruz, a cura perfeita para a sua alma imperfeita. Sua cruz é vista quando qualquer situação da vida cruza com algo que você quer e, você se submete à vontade de Deus na questão. Após a submissão a Deus, Ele assume o comando e dá graça para suportar a situação ou a transforma totalmente. Sua única preocupação é que você esteja submetido à vontade Dele neste momento.

Sua "cruz a carregar" não é o que a religião a tornou. Sua cruz não é um cônjuge ou um filho teimoso, mas a sua própria resistência ao que existe no presente estado do cônjuge ou do filho. Quando você toma a teimosia de outros como ela é, a confia a Deus através da oração de fé, você então abre o caminho para Deus trabalhar no cônjuge teimoso ou na criança desobediente. Ele é melhor para transformar pessoas do que você e eu somos. Quando brincamos de Deus com membros da família e tentamos mudá-los através de nosso próprio poder almático, eles geralmente ficam piores depois que os "consertamos"! Quando você entrega o indivíduo totalmente para Deus, você remove o *eu* da equação, deixando espaço para Deus trabalhar e até mesmo te usar (a sua nova parte) como parte da solução para as necessidades mais profundas de outros. É certo que, de forma alguma Ele depende de usá-lo para poder suprir as necessidades dos outros ou para mudar as suas vidas.

O indivíduo pelo qual oramos por mudança pode não experimentar a obra de Deus, rapidamente. Assim como tem levado anos para você verdadeiramente ser mudado por dentro, pode levar anos para ele chegar ao fim do *eu*. O tempo não importa se você verdadeiramente entregou a pessoa amada a Deus e está livre para amar aquela pessoa no seu estado presente. Sua postura permanece constantemente na doce função de confiança. Você deu a pessoa-problema para Deus, defeitos e tudo, então você permanece livre.

Sua cruz foi feita sob-medida para te consertar

Cada um de nós precisa de conserto. Deus fez o perfeito conserto para cada um de nós. É por isso que minha cruz não é a mesma que a sua; cada cruz é feita sob medida por Aquele que melhor nos conhece. Você é diferente de mim e, eu de você. Podemos ter muitas das mesmas similaridades, mas cada um de nós é também único. A cura certa para o *eu* é a própria cruz de cada discípulo. Seu Pai Celestial, por Seu grande amor por nós, formou sua cruz específica, de acordo com suas necessidades específicas.

Praticando o princípio de aceitação para as coisas externas em sua vida, que no presente aborrecem ou perturbam você, é o caminho para a paz de mente e coração. Não espere por uma futura experiência transformacional para mudar você para um estado de praticar o princípio de aceitação. Se você fizer, isto pode nunca acontecer. Isto é apenas acrescentar outro conceito de futuro ao seu já sobrecarregado e pesado "eu". Ao invés, comece a praticar a aceitação agora. Olhe ao redor do cômodo que você está agora lendo estas palavras. Há algo irritando você neste cômodo, acima do seu poder de mudar? Traga aceitação a isto, e note como o som, comportamento ou situação não mais te irrita, mas parece passar por você. Parabéns! Você está em submissão! Esta é a "atualidade" do Reino de Deus surgindo do seu espírito para a sua alma. Sim, isto realmente é simples e profundo assim. Se você puder mudar o que te irrita, faça isso sem mentalmente rotulá-la disso ou daquilo. Apenas limpe, organize, etc. Caso contrário, aceite-a como ela é.

Um pensamento provavelmente, surgirá quando a aceitação brotar em seu entendimento: se ao menos eu pudesse fazer isto o tempo todo. Mais uma vez, a tensão está surgindo em seu corpo por este pensamento, puxando você para trás, para o estado de mente-macaco, de sempre aumentar a atividade mental, diminuindo a paz que por pouco tempo, você segurou em sua alma. Isto acabou de acontecer com você? O que você precisa fazer neste momento especifico é abrir mão desse pensamento e do próximo também. Continue com o que está atualmente na superfície da vida, aceitando-o e, a superfície vai mudar ou você irá mudar, ou ambos podem mudar. Isto te capacitará a desfrutar de momentos de "insignificância".

"Doce insignificância" ("paz e euforia")

Foi assim que Thomas de Kempis a descreveu e, se eu me lembro corretamente, assim o fez a Madame Guyon: uma "doce insignificancia" domina a alma quando ela está submetida ao espírito do cristão, a sua parte onde Cristo habita e reina. Períodos de "doce insignificância" dominaram minha alma como um jovem adolescente, durante longos momentos de oração. Algumas vezes eu habitei naqueles estados sublimes por horas, permitindo que minha mente fosse estabelecida na Presença de Deus. Pareciam minutos, e mais tarde quando eu finalmente olhava no relógio, ficava espantado na quantidade de horas que havia passado. "Doce insignificância" é na verdade o estado eterno do Ser de Deus se levantando dentro do seu espírito, não sendo resistido pela sua alma. A Presença que você está entretendo domina a alma por incontáveis períodos de tempo. Isto está em primeiro plano na maior parte do tempo depois que a transformação é recebida e, permanece em segundo plano o resto do tempo. É como o som de um doce riacho lembrando você que Deus está no Seu Trono, e Seu Trono está em você assim como no Céu.

Você já experimentou a "doce insignificância" antes? Foi glorioso para você no momento que aconteceu, porém mais tarde, você pode ter permitido que ela fosse minimizada por sua carnalidade, como algo rotineiro ou sem importância. Isto acontece o tempo todo com cristãos que participam de uma reunião, de um derramamento, ou de uma conferência "gloriosa". Agora, você se lembra? A carnalidade está perdendo sua influência sobre você no presente. Isto é crescimento espiritual verdadeiro e, aconteceu enquanto você lia este parágrafo. Crescimento espiritual, diferente do crescimento físico, não requer tempo. Na verdade, ele acontece somente no âmbito atemporal do Espírito.

Deixe-me compartilhar uma experiência antiga de "doce insignificância" que durou quase três meses na vida deste discípulo.

Kathryn Kuhlman

O ser humano que já vi mais rendido a Deus durante reuniões ministeriais foi a falecida Kathryn Kuhlman. Na tarde de 21 de julho de 1974, no Auditório Shrine em Los Angeles, Califórnia, a Sra. Kuhlman foi dirigida pelo Espírito a chamar um evangelista de 20 anos. Ela perguntou seu nome e o que ele fazia, riu um pouco com ele e, depois perguntou: "David, você quer a unção do Espírito Santo sobre a sua vida?" Eu respondi: "Eu já tenho a unção, Sra. Kuhlman." "Sim, eu sei, querido," ela riu com conhecimento de causa, "mas você quer uma unção AINDA MAIOR do Espírito Santo?" "Sim, senhora, eu quero."

Eu vi a Pessoa de Cristo em seus olhos radiantes enquanto ela levantava sua mão, orando: "Querido Jesus, abençoe-o". Seus dedos levemente batiam na minha testa, enquanto uma incrível flecha de pura energia, semelhante a um raio atingiu o topo da minha cabeça naquela tarde memorável. Foi algo que mudou a minha vida. A fragrância de Cristo permaneceu sobre mim por dias, até mesmo semanas depois. Por um período de três meses, todas as vezes que eu entrava em longos períodos de oração, a "doce insignificância" dominava a alma. Horas se passavam como minutos.

As reuniões que eu conduzia tomaram uma nova vida, energia e dinâmica. Avivamentos explodiam e continuavam por semanas em qualquer igreja que eu visitasse. Mas o *eu* se levantou em meio ao glorioso derramamento, primeiro no pastor anfitrião e depois neste evangelista jovem e imaturo e, uma amarga e particular divergência doutrinária ocorreu! (divergências de qualquer tipo sempre acabam com os avivamentos). Os períodos de doce insignificância foram trocados por longas e trabalhosas vigílias de oração, mas a benção de Deus havia evaporado das reuniões da igreja e das minhas vigílias pessoais também.

Todos estes anos se passaram e ainda posso lembrar como se fosse ontem, de como a visitação de Deus naquela igreja era tão especial, única e rara. Uma noite uma Nuvem Shekinah apareceu sobre as cabeças de todos os presentes. Todos testemunharam, maravilhados, e este sinal fez com que a multidão aumentasse dramaticamente. Um homem à beira da morte foi curado de leucemia e outros foram salvos, cheios do Espírito, curados, libertos de vícios e muitas outras bênçãos maravilhosas do Senhor aconteceram. Devido ao *eu* em mim e no pastor, posso ver como juntamente, ferimos o Espírito Santo durante nossos argumentos doutrinários e desde então pedi perdão ao Senhor por este pecado. Fui até o amado pastor anos depois e pedi o seu perdão e ele pediu o meu também. Ele foi para o Céu poucos meses depois. Ele era verdadeiramente um precioso homem de Deus, mas assim como muitos amados homens de Deus, ele permitiu que o *eu* impedisse o maior avivamento na história de seu ministério, para seu desgosto mais tarde. Ao nos encontrarmos de novo, anos mais tarde, ele disse que por alguma razão desconhecida, ele não tinha a percepção de quão altamente doutrinados muitos dos jovens evangelistas são. Além disso, ele disse que teria sido mais sensato não permitir que uma diferença doutrinária impedisse seu relacionamento com um garoto que as multidões estavam se reunindo para ouvir. Um garoto que poderia ter usado seu conselho paternal durante os anos que decorreram entre a nossa mágoa e nossa restauração.

É triste ver que os grandes avivamentos e visitações do Senhor sobre a Sua Igreja no decorrer da história tenham sido encurtados e até mesmo desviados pelo *eu* na liderança? O *eu* é o grande réu por trás da aparente lentidão do mover do Senhor em Sua Igreja. Ele nos permite fazer coisas do nosso jeito e perder o Seu melhor para nós.

A verdade permanece que um depósito do Tesouro Celestial foi recebido através da imposição de mãos da Kathryn, pois ela seguiu a liderança do Espírito Santo durante aquele culto memorável no Auditório Shrine. Este depósito resultou em grandes derramamentos ao longo de várias ocasiões em minhas viagens – especialmente quando o *eu* saía da frente e permitia o Senhor derramar Seu Espírito sobre as congregações. Aqueles tempos eram sempre preciosos e, amados santos de Deus me lembram deles sempre que nos encontramos anos depois. As pessoas realmente se lembram de verdadeiros toques do Céu. Eles se tornaram ainda mais preciosos com a passar do tempo cronológico.

Antecipações divinas

Deus se alegra em oferecer antecipações para os Seus servos. Uma antecipação é um pequeno toque que encoraja alguém a ir mais fundo em Deus. É uma promessa apontando o caminho para uma maior realização. Para colocar isto num contexto das Escrituras, é como os grandes cachos de uva carregados pelos espias hebreus. Cada uva, do tamanho do punho de um homem, era uma antecipação das bênçãos de Canaã que aguardavam a congregação inteira de Israel. Entretanto, eles foram informados por 10 dos 12 espias que ao passo que as bênçãos eram abundantes, assim eram os gigantes da Terra que estavam diante deles (Nm 13:23,24). Você sabe o resto da história... resultou num período de 40 anos de caminhada em círculos no deserto, antes que a próxima geração entrasse na Terra que Deus previamente havia dado a Abraão há mais de quatro séculos.

Uma uva de Escol foi o que a oração da Sra. Kuhlman foi para mim naquele memorável dia de 1974. Mais tarde, problemas em minha vida (rebelião, pecados da carne, posturas erradas, etc.) foram permitidos na minha parte alma rebelde (*eu*). Foram quase quatro décadas do tempo em que Ele me salvou (1969) para o tempo que Ele eventualmente me trouxe para a minha herança (2008). O que tem transparecido desde então em minha alma faz a benção em 1974 parecer pequena. Não foi pequena; nada que Deus faça dentro de alguém é "pequeno", mas ao refletir sobre isso agora, é "pequeno" comparado à "imensidão" dentro do meu espírito, hoje.

Durante noites sombrias da alma deste discípulo fraco e frágil havia sempre as doces memórias de várias uvas de Escol. Uma ocorreu com a imposição de mãos da Sra. Kuhlman. Uma outra ocorreu em abril de 2003 – a manifestação pessoal do Senhor Jesus me curando de um sério problema no coração numa esteira de ECG no Hospital Batista em Nashville, Tennessee. Houve outras no decorrer do caminho. O Senhor deixa cair "punhados de propósitos" para cada um de nós, como os servos de Boaz fizeram por Rute. Todas essas "uvas" e "punhados" são antecipações divinas do que está esperando por nós no Céu (se esperarmos tanto tempo) ou no Reino do Céu agora (se experimentarmos sua realidade agora).

Eu agradeço a Deus todos os dias porque Ele me trouxe para uma experiência genuína de tanto ver como entrar no Reino de Deus durante a minha vida. Houve uma morte real, entretanto, não uma física, mas uma tão real quanto, ocorreu por tomar a minha cruz e segui-Lo. Foi a morte do *eu*.

A transformação traz você ao reino

A transformação da alma traz o filho de Deus ao Seu Reino, por experiência. É como se você tivesse entrado num mundo inteiramente novo, mas ao mesmo tempo que você já havia visitado antes durante momentos em particular com o Senhor. Agora, você não é mais um visitante temporário, mas se tornou um verdadeiro cidadão que mora na Terra da sua herança (o Reino de Deus). A morte do *eu* foi a passagem, assim como o antigo Israel atravessou o Rio Jordão para a Terra. Jordão, em hebraico, significa descender e, conforme você descendeu, permitindo a diminuição do estado de alma não regenerada com a eventual dissolução do *eu*, você ascendeu no estado do espírito novo – A Vida de Deus. Para colocar isto nas palavras de Cristo, você humilhou a sua alma e foi exaltado no Reino (Lc 14:11). Isto é exatamente o que Jesus quis dizer quando disse: "quem perder sua vida (no grego: alma) por amor de mim, a achará (Mt 16:25). Se você, voluntariamente, der a sua vida baseada na alma, por amor a Jesus ou involuntariamente perdê-la e não resistir a perda, você então encontrará sua vida baseada no espírito e se tornará um pleno cidadão do Reino de Deus. Você então, desfrutará de todos os direitos e privilégios como um cidadão do Reino de Deus.

Talvez você tenha experimentado visitas na Terra Santa de sua herança espiritual no Reino de Deus. Essas visitas ocorreram quando Deus parecia mais real para você do que a sua respiração. Uma coisa é visitar a sua herança e outra totalmente diferente, é morar na Terra! Isto não é nada menos que "a glória de Sua herança nos santos" agora, uma vez que "os olhos do seu entendimento" foram "iluminados" (Ef 1:18).

Muitos visitam a Terra temporariamente através de reuniões ungidas, orações individuais ou profunda meditação na Palavra. As boas novas do Reino de Deus é que você pode na verdade, viver em sua herança agora antes de morrer ou ir para o Céu mais tarde.

Jesus prometeu que à medida que você tiver fome e sede do Seu domínio sobre a sua vida inteira, você será "cheio" (Mt 5:6). Este "enchimento" é o Ser de Deus entrelaçado em você como um. Não há nada mais na terra que possa ser comparado ao estado de bem-aventurança produzido pela transformação total da alma. Ah, e que paz neste estado! A doçura da "união com Deus", como a Jeanne Guyon cunhou este termo, é mais doce do que o mel, mais doce do que a uva mais suculenta de Escol.

Fique de fora dos zoológicos da mente a partir de agora e você continuará a se aprofundar espiritualmente. Vá mais fundo e encontre tesouros escondidos em Cristo (Cl 2:3). Os tesouros que estão esperando a sua descoberta irão enriquecer a sua alma, e a sua parte alma carregará a imagem do Celestial (1Co 15:49).

Capítulo 11

O mover divino em você

Nosso Exemplo Altruísta

Jesus de Nazaré foi o único humano que nunca conheceu o levantar da natureza carnal em Sua personalidade. Embora homem, totalmente homem, Ele foi imaculado diante do pecado de nossa raça, não apenas porque Ele nunca pecou, mas também porque Ele sabia quem Ele era desde o início, o Segundo Homem. Como o Segundo Homem, Jesus era inteiramente o novo tipo de homem. Todos que tinham vivido antes Dele eram continuações do Primeiro Homem em seu estado de queda. Paulo expressou este entendimento desta forma:

O primeiro homem, da terra, é terreno; o segundo homem, o Senhor, do céu. 1Co 15:47

Jesus como homem, era capaz de experimentar tentação, assim como Adão era capaz de experimentar tentação. Mas, diferente do Primeiro Homem e, de todos que, uma vez que nasceram de Adão, tinham se submetido à tentação e ao pecado, não era assim com o Segundo Homem. Jesus foi tentado em todos os aspectos que nós somos, mas permaneceu sem pecado (Hb 4:15). O Primeiro Homem (Adão) foi tentado e caiu, assim como todos que nasceram dele. O Segundo Homem foi tentado também, mas nunca caiu em nenhuma tentação que sofreu. Sua vitória em Sua existência terrena se tornou nossa vitória através de Sua obra completa na Cruz. Isto significa que nós também podemos nos tornar livres do pecado tanto em ação como em natureza. Paulo escreveu desta forma: "o pecado não terá domínio sobre vós" (Rm 6:14). Quando você nasce de novo em Cristo, há uma parte de você (seu novo espírito) que não peca porque a semente de Deus permanece em você (1Jo 3:9). Quando você experimenta a morte do seu falso *eu*, permitindo que ele seja dissolvido enquanto você toma a sua cruz, o domínio do pecado é quebrado de sobre a sua alma e do corpo também.

A singularidade e a unicidade de Jesus

Antes do nascimento, ainda no ventre de Sua mãe, o Filho comungava com Seu Pai. Ele falou pela boca de Davi enquanto em Seu estado Pré-Encarnado (a Palavra que depois se tornou carne e habitou entre nós, Jo 1:1-14). Ele falou de Sua Cruz no Salmo 22 como algo que já tinha acontecido ou que estava acontecendo enquanto Ele falava através da boca de Davi – "traspassaram-me as mãos e os pés" (vs 16). Ele também falou de Sua Ressurreição, Ascensão e Glorificação em outros salmos. Ele falou de Seu futuro reinado terreno, também. Qualquer estudo bíblico pode destacar muitas referências em Salmos que lhe mostram estas coisas com detalhes.

Você sabia que Cristo falou de Seu tempo de gestação no ventre de Sua mãe também, séculos antes de Seu nascimento em Belém? Foi nos dado o Salmo 139 onde Davi estava descrevendo o conhecimento íntimo de Deus sobre ele em toda a sua vida, mesmo em seu estado pré-nascido. De repente, alguém mais fala através de Davi, e mais uma vez, é o Cristo em seu estado pré-encarnado, falando do período de Sua Encarnação, a parte que se iniciou no ventre de Maria:

Meus ossos não te foram encobertos, quando no oculto fui formado e entretecido como nas profundezas da terra.

Teus olhos viram meu corpo ainda informe, e no teu livro todas estas coisas foram escritas, as quais iam sendo dia a dia formadas, quando nem ainda uma delas havia.

E quão preciosos me são, ó Deus, os teus pensamentos! Quão grande é a soma deles! Se os contasse, seriam em maior número do que a areia; se os contasse até o fim, ainda estaria contigo. (Sl 139:15-18).

Sim, Jesus de Nazaré, o Filho de Deus, comungou com Seu Pai no ventre de Maria. Ele sabia a respeito de areia porque Ele a havia criado eras antes como a Palavra Pré-Encarnada (antes Dele se tornar carne). Seu espírito comungava com Deus como Ele sempre comungou. Tudo foi convergido em pensamentos sobre o Pai e foram ativados em Seu pequeno cérebro como de um bebê em gestação. Por que estou pontuando tudo isto para você?

Há um erro não muito popular na Igreja hoje: A Doutrina da Consciência Gradual. Esta estranha doutrina ensina que Jesus era uma criança comum e um adolescente comum. Ele sentia que era diferente de alguma maneira, mas não entendia como. Quando Ele via uma montanha, Ele tinha uma vaga lembrança dela numa forma intuitiva, mas não conseguia se lembrar. O jovem Jesus, como um senhor arrumando sua oficina, via uma ferramenta que ele havia usado anos antes fazendo uma casa de cachorro, porém mal podia se lembrar de sua construção daquela casa de cachorro.

De acordo com este erro, Maria nunca contou para o seu recém-nascido os eventos únicos que cercavam Sua Concepção e nascimento (bom, isso pode ser verdade... não sabemos). Mas é aí onde a linha de pensamento claramente se desvia da verdade: como o filho do carpinteiro, Jesus não sabia que Deus era Seu Pai verdadeiro até que foi motivado por uma compulsão interna, que Ele não entendia, de ser batizado por João no Jordão. De acordo com este erro, foi somente ali no Seu batismo, quando o Espírito descendeu sobre Ele como uma pomba, e Ele ouviu a Voz do Céu, dizendo: "Este é o Meu Filho Amado", que Jesus se tornou consciente de quem Ele era e compreendeu que Ele era o Filho de Deus! Este erro é um bom exemplo de como a mente carnal, ao tentar interpretar as Escrituras, somente tem sucesso em distorce-las.

Aqui está alguém que experimentou tentação ao crescer, porém diferente dos outros garotos e jovens, Ele nunca caiu... nem uma vez. E ainda, de acordo com este erro, Ele assumiu que era apenas "um deles"? Aqui está um indivíduo que nunca brigou com Seus meios-irmãos e meias-irmãs. Ele observava que seus irmãos mais novos se comportavam como as outras crianças, sabendo que Ele nunca se comportava daquela maneira, mesmo assim, Ele não entendia Sua unicidade! (Isto é o que a Consciência Geral ensina).

Considere isto. Quando Jesus era uma rapaz de 12 anos, Ele foi erroneamente abandonado no término de uma semana de festa em Jerusalém, a Cidade Santa de Israel. Sua mãe pensava que Ele estava com o Seu pai e vice-versa (os homens viajavam com homens; as mulheres viajavam com mulheres). Em Lc 2:40-50 recebemos o relato histórico do tempo em que Jesus desapareceu. Maria que saiu do festival na companhia de suas parentes, pensou que Jesus estava com José, Seu padrasto. José, que estava viajando com os homens da parentela, pensou que Jesus estava com a Sua mãe.

Ao se encontrarem, talvez no final da tarde para reunir a família, os meios-irmãos mais novos de Jesus estavam todos presentes, mas Ele estava desaparecido. Em pânico, o casal deixou seus outros filhos com seus parentes e voltaram para Jerusalém. Visitaram todos os lugares que tinham estado durante o festival exceto um, o Templo, que Jesus mais tarde em Seu ministério público se referiu como "A Casa do Meu Pai". Tanto quanto pudemos determinar em pesquisas, ninguém chamou o Templo Santo de "A Casa do Meu Pai" no Israel antigo. Como Jesus, na idade de 12 anos, sabe que este reverenciado Templo era a Casa do Seu Pai se Ele não sabia quem Ele era?

Não é difícil de imaginar o pavor de alma que Sua mãe deve ter enfrentado durante aqueles dias! Sem dúvida, ela se lembrou da visita do Anjo Gabriel, da concepção quando o Espírito Santo veio sobre ela, a sua visita na casa de Elizabeth, onde o Espírito Santo encheu ambas novamente e elas profetizaram, dos anjos cantando após o Seu nascimento, da visita dos Magos que lhe trouxeram presentes e de outras coisas únicas a respeito de Jesus. Quando os pais finalmente foram ao Templo em busca de seu filho perdido, três dias já havia se passado desde que nenhum dos dois o tinham visto. Para sua surpresa, Jesus, 12 anos, um ano mais novo que a idade adulta judaica, não estava esperando na sessão de Achados e Perdidos, mas estava sentado no meio dos especialistas da Lei de Moisés e dos líderes religiosos. Ele estava os ouvindo e fazendo-lhes perguntas. Todos eles estavam atônitos pela Sua sabedoria e conhecimento da Torah, dos Salmos e dos Profetas. Eles nunca tinham visto nada parecido com este garoto prodígio. Ele não tinha recebido nenhuma educação especial, o suposto filho de um trabalhador comum. Ele pode citar as Escrituras perfeitamente como foram registradas nos raros Pergaminhos. Seu entendimento do assunto era profundo e esclarecedor bem como o que Ele comentava sobre as Escrituras diante de seus ouvidos.

Maria, muito aliviada, tomou Jesus e O repreendeu levemente, dizendo que ela e José, quem ela identificou para Jesus como "seu pai", estavam procurando pelo jovem, desesperadamente. Onde no mundo (ou em Jerusalém) Jesus poderia estar? Este havia sido seu preeminente pensamento, enquanto procuravam-no para baixo e para cima durante os três dias que Jesus estava desaparecido.

Jesus, ouvindo-a estava surpreso que eles não sabiam onde começar sua busca na cidade de Jerusalém. O que era mais surpreendente para Ele, dever ter sido que ela se referiu a José como Seu pai! Ele a ouviu pacientemente enquanto ela lhe relatava sua surpresa ao perguntar sobre o Seu paradeiro e suas palavras ditas, sem dúvida, de maneira errada e despercebida e sem a percepção sobre o "pai" de Jesus. Ele respondeu sua pergunta do mesmo modo que frequentemente respondia – com outras perguntas: por que vocês me procuraram por todos os lados, em angústia? Vocês não perceberam que eu não me perderia, antes estaria cuidando dos negócios do Meu Pai? Vocês não perceberam que deveriam ter começado sua busca aqui em Sua Casa?

Em essência, este garoto de 12 anos, tranquilamente relembrou Sua mãe dos eventos que nortearam Sua singular concepção e nascimento, e da forma única que Ele havia vivido na presença dela nos últimos doze anos.

Sua questão mais profunda foi: "Ei, mãe, você se esqueceu quem Eu sou? Eu não. Quando você e José não estavam ao redor, Eu fui para a casa do Meu Pai. Eu estava aqui o tempo todo. Nunca me perdi". No caminho de volta para Nazaré, Maria ponderou todas essas coisas em seu coração.

Alguém se pergunta por que ela ponderou até que se lembre do trabalho que o *eu* tem feito nele, também. Ela percebe que Jesus está falando para ela que Ele sabe quem Ele é, e que Ele não é filho de José. Ele é o Filho de Seu Pai, e é nos negócios de Seu Pai que Jesus deve estar envolvido. Isto soa como algo que um garoto de 12 anos falaria? O homem da teoria da consciência gradual deve estar de brincadeira!

Jesus de Nazaré era totalmente envolvido com os negócios de Seu Pai. E o ego de Jesus? Ele não tinha ego. Sua vida inteira foi gasta fazendo a vontade do Seu Pai. Ele nunca de desviou dela. É por isso que Seu Pai anunciou para todos no Jordão, incluindo o profeta profundamente reverenciado, João Batista que, somente momentos antes, viu o Espírito Santo, em forma corpórea, como uma pomba, descer e pousar sobre o Cordeiro de Deus: "Este é meu Filho amado, em quem me comprazo." (veja Mt 3:13-17; Lc 3:20-22).

Em pé ali no Rio Jordão, Jesus não havia pregado Seu primeiro sermão, não havia feito Seu primeiro milagre, nem havia ressuscitado um morto, mas já havia agradado Seu Pai plenamente. Ele tinha cuidado de Sua mãe e dos seus outros filhos, assumindo os negócios da família depois que José morreu, o que era algo comum naqueles dias. O filho mais velho, o primogênito, se tornava responsável por cuidar da família. Isto era nobre, mas não incomum.

O que era singularmente distinto sobre Jesus de Nazaré era o fato que Ele tinha prazer em fazer a vontade de Seu Pai durante "os Anos de Silêncio", como estes foram rotulados. No decorrer de três décadas – um total de 90% de Sua vida terrena – este trabalhador comum nunca se desviou nem por uma vez, da vontade de Seu Pai em pensamento, palavra, nem em feitos. Ele havia agradado Seu Pai completamente em toda a Sua vida terrena, antes mesmo que Sua "obra" tivesse começado. Teólogos usam a palavra "obra" para designar o ministério terreno de Jesus. Mas, estão errados. Jesus estava fazendo a "obra" de Seu Pai; na idade de 12 anos envolvido com os "negócios" de Seu Pai como Ele mesmo disse. Ele já estava fazendo os negócios de Seu Pai enquanto trabalhava em Nazaré. Tudo que Ele fez, Ele o fez como se fosse para Yahweh. Isto prova que uma pessoa não tem que ser um pregador para agradar a Deus.

O fato é que alguns pregadores não agradam a Ele, apesar de operar milagres, profecias e expulsar demônios (Mt 7:22).

O que alguém tem que fazer para agradar a Deus? Obedecer. Obediência era algo constante na vida de Jesus.

Foi a obediência perfeita deste Altruísta que agradava Seu Pai. Jesus sabia que a vida é somente vivida "neste momento". Ele sempre se envolvia apenas no momento presente, o que fez com que cada momento que Ele viveu, "Não a minha vontade, mas a Tua seja feita", fosse Seu foco e paixão. Jesus viveu por uma razão: agradar Seu Pai. Não havia consciência do *eu* em Jesus, nem vontade própria, nem amor próprio, nem havia uma agenda escondida produzida pelo *eu*, espreitando a Sua memória.

Durante Seu ministério terreno, Jesus não curava os enfermos porque Ele queria; Ele curava os enfermos porque o Pai queria (Jo 6:38; 8:29). Ou poderíamos dizer a mesma coisa desta forma: Ele queria curar os enfermos porque o Pai os queria curados; é por isso que Jesus atribuiu todos os Seus milagres para o Pai (Jo 14:10,11).

Tão íntimo e exato era o Seu constante alinhamento com Seu Pai, que os Dois eram Um (Jo 10:30). Ele somente fazia o que via o Pai fazer. Ele somente falava o que ouvia o Pai falar (Jo 5:30; 8:29; 12:49). Espantoso? Sim. Inacreditável? Sim, quando você O compara com o resto da humanidade. Único? Sem dúvida, Jesus era e é único.

Nosso substituto sem manchas fez uma pergunta

Quando o pecado de nossa raça foi colocado sobre Jesus na Cruz, Jesus de Nazaré, pela primeira vez em toda a Sua vida sentiu o desgosto do Aba. Não Nele, mas no pecado que Ele carregava. É verdade que Jesus nunca se tornou pecado em Seu espírito, mas carregou "nossos pecados em Seu próprio corpo no madeiro" quando Ele destruiu "a inimizade" entre Deus e o homem "em Sua carne" (Ef 2:15; 1Pe 2:24). Ele sentiu algo pesado se colocando sobre Ele, em proximidade íntima com Sua alma, o corpo interno que preenchia Seu corpo externo. A perda do sentimento de prazer do Seu Pai era quase mais do que o Homem sem Pecado poderia suportar.

Pela primeira vez em Sua vida, Ele questionou Deus: "Deus Meu, Deus Meu, POR QUE...? (Mt 27:46; Mc 15:34). Assim, ao perguntar para Deus o "por que", Jesus cumpriu Sua missão de se identificar completamente com a raça humana. Nós somos "porquês" ambulantes?

O "por quê?" na humanidade

Os "por quês" da vida... alguns são inocentes outros não. Uma criança aprende, perguntando por que a grama é verde. Esta é uma pergunta inocente. Uma criança se rebela contra uma ordem de seus pais com um "por quê?" também. Quando você e eu cometemos os piores erros de nossas vidas, estávamos perguntando "por quê?" a despeito da vontade declarada de Deus em Sua Palavra. Jesus nunca perguntou ao Seu Pai um desafiador, nem tão pouco um duvidoso "por quê?" em toda a Sua vida e, mesmo na Cruz, em grande agonia de alma e corpo, Ele perguntou um "por quê?" numa tentação temporária de duvidar de Seu Pai.

Até este momento pendurado ali na Cruz não apenas por nós, mas, como nós, Ele nunca havia questionado Deus. É isto que nossos primeiros pais fizeram no jardim quando eles foram tentados a comer o fruto proibido. Foi o "por quê?" que intrigou a família de Adão. A serpente falou para eles que Deus não queria que eles comessem da árvore proibida porque Ele não queria que eles fossem como Ele era. Foi assim que o "por quê?" surgiu em suas mentes. Não apenas o pecado entrou na raça, mas também o EU – a natureza por trás do pecado, também por causa do primeiro "por quê?".

São os "por quês?", especialmente quando eles são direcionados a Deus, que permitem a sensação de independência do *eu* e o ego se levantar dentro da alma. Jesus questionou Seu Pai uma vez e apenas uma vez. Foi na Cruz – fraco, com sede, nu, indefeso e em dor excruciante – que Jesus sentiu a exata essência daquilo que faz com que os humanos escolham suas próprias vontades sobre a vontade de Deus: o *eu*. O "por quê?" que Jesus perguntou não foi respondido por uma Voz externa vinda do alto, mas por uma Voz vinda de dentro dele. A resposta que Ele recebeu não nos foi dita, mas a pergunta Dele foi respondida. Ele conseguiu ficar tranquilo. Ele então entregou o cuidado de Sua mãe ao Seu amigo do peito, João. Sua atenção se voltou a suprir as necessidades dos outros, e Ele sabia que estava suprindo as necessidades mais profundas da humanidade naquele momento preciso, carregando nossos pecados.

É importante notar como mesmo em Sua dor e sofrimento, Jesus não cedeu à tentação de se desviar da vontade de Seu Pai. Foi a vontade de Seu Pai que Jesus carregasse tanto a natureza do nosso falso *eu* como os nossos pecados. Outros cederam aos "por quês?" da vida que surgiram durante as dores não merecidas e sofrimentos. Outros terminaram desobedecendo a Deus porque o inocente "por que?" questionado por um desejo de entender, transformou-se em um perverso "por que?" exigido em desafio. Porém, Jesus, pendurado ali em toda a Sua dor e sofrimento, não cedeu ao segundo "por quê?", mas retornou à Sua tenacidade. Ele não se rendeu em Seu estado interior a maior tentação que Ele já havia enfrentado – a tentação que veio na forma de questionar a sabedoria do plano de Seu Pai.

Esta foi a maior tentação que Ele já havia enfrentado. A tentação de questionar a sabedoria do Seu Pai era maior do que qualquer coisa no deserto depois dos 40 dias de jejum, assim como as muitas tentações que todos os homens sofrem. Era ainda maior que a tentação que Ele havia sofrido durante Sua maratona de oração no Getsêmani – a tentação de dizer não ao cálice que o Pai estava apresentando a Ele. Agora, com a legião de invisíveis poderes das trevas cercando-O enquanto estava pendurado na Cruz, juntamente com o grande peso de nosso Pecado esmagando-O, Jesus fez o oposto do que a Serpente sussurrou em Seu ouvido. Ele não perguntou o "por quê?" num desafio de rebelião, mas entregou-se mais uma vez à vontade de Seu Pai.

Aquele que começou a vida terrena em obediência ao Pai, terminou da mesma maneira. Sua morte na Cruz foi o plano que Ele conhecia teoricamente, o tempo todo, mas o conhecimento por experiência do plano veio apenas quando Ele o cumpriu em perfeita obediência na Cruz. É isto que Hebreus quer dizer ao afirmar: "Embora sendo filho, aprendeu a obediência mediante as coisas que padeceu" (Hb 5:8). E então, o Filho, em perfeita obediência, não pediu por doze legiões de anjos (Mt 26:53). Com a pouca força física que ainda lhe restava, Jesus vitoriosamente "clamou em alta voz, 'Pai, nas tuas mãos entrego o Meu espírito'" (Lc 23:46).

E com isso, Ele expirou.

Selah (pause agora e se aquiete). Esteja em reverência diante Dele agora. Deixe este livro de lado e adore o Cristo, seu Senhor.

(Mais tarde): Deixe que a morte de Jesus e tudo o que a envolve penetre em você. Não deixe a mente correr para o Túmulo Vazio – apenas permaneça com as mulheres e com João por um tempo. Medite na Cruz por um pouco mais de tempo. Medite sobre o que a morte de Jesus, quando Ele se identificou com você, significa para você. Pode isto, de alguma forma, implicar na morte do seu ego, do seu EU? Pergunte ao Senhor se isto é o significado mais profundo da Cruz – o significado que você evitou por toda a sua vida. Há muito mais na Cruz do que o perdão de seus pecados, não há? Ponha este livro de lado, novamente e, aquiete o seu interior. Depois, um mover divino, uma mudança, ocorrerá dentro de você.

Entregue seus "direitos"

Você já entregou para Deus seu suposto "direito" de entender as coisas que Ele escolheu não revelar a resposta? Quando você entrega o direito de entender tudo sobre Deus, Seu plano, este mundo, sua vida, sua família, seus amigos, suas circunstâncias e tudo o mais que lhe concerne, você recebe "a paz que excede e vai além do mero entendimento" (Fp 4:7, tradução alternativa).

Esta é uma das últimas marcas do *eu* a ser enfrentada, e isto acontece somente durante a entrega completa. É claro que quando nosso

Salvador perguntou "por quê?", Ele o fez porque não conseguia compreender tudo o que estava sucedendo naquele dia na Cruz. É muito desconfortável para um indivíduo ter questões deixadas sem resposta e situações deixadas sem explicação. É isto o que leva as pessoas a duvidarem da bondade de Deus e questionar Sua sabedoria. Mas se você entregar seu direito de entender as coisas acima da sua compreensão, mais a sua paz irá se aprofundar. A mesma experiência será sua, à medida que você entregar todo o "direito" que você acredita que lhe seja devido. É a vontade de Deus que você peça por entendimento; mesmo se ainda não for o tempo Dele revelar a você. Jesus disse: "Ainda tenho muitas coisas para vos dizer, mas não as podeis suportar agora" (Jo 16:12).

Isto é verdade até mesmo para a maioria dos cristãos governados pelo Espírito. Paulo era íntimo do Senhor, mas ainda havia algumas coisas que ele conhecia apenas "em parte" (1Co 13:9). Havia um espinho na carne de Paulo que o Senhor escolheu nunca remover. Ele sim, deu a Paulo mais graça para que ele pudesse lidar com aquilo com mais facilidade (2Co 12:7-10). Mas o "espinho" ainda permanecia em sua carne, incomodando-o. Paulo entregou seu suposto direito de tê-lo removido. O "espinho" se tornou seu amigo sem querer, à medida que ele ajudou Paulo a se render ainda mais inteiramente ao seu Senhor. Verdade, Paulo havia sido transformado muito tempo antes que o espinho lhe foi dado, mesmo assim ele foi necessário para ajudá-lo a continuar sendo um recipiente de graça ainda maior.

Somente quando um cristão aceita que a vida superficial sempre será deficiente no que tange a satisfação de todas as necessidades, vontades ou desejos, que o estado de entrega total será introduzido e estabelecido. Seu Pai é muito sábio em deixar você sem algumas coisas para estimulá-lo a ter mais Dele.

Você completamente novo

À medida que você meditou na morte do Senhor, você conseguiu se ver naquela Cruz? Tanto você como eu estávamos lá também. Fomos crucificados com Ele, como Paulo observou mais tarde (Rm 6:1-4). Permita o Espírito Santo fazer com que você saiba disto mais profundamente – como Ele fez com Paulo – e você será transformado como Paulo foi, e como incontáveis pessoas já foram desde então. Você experimentará uma transformação total da pessoa que você é agora, o resultado de uma mudança divina dentro de você. Você se tornará completamente novo:

Porque, se fomos plantados juntamente com ele na semelhança da sua morte, também o seremos na da sua ressurreição. Sabendo isto: que nosso velho homem foi com ele crucificado, para que o corpo do pecado seja desfeito, a fim de que não sirvamos mais ao pecado. Pois quem está morto está justificado do pecado. Rm 6:5-7.

Note que, não estamos apenas justificados do pecado (comportamento), somos justificados do pecado (natureza). A mensagem evangélica precisa de aprofundamento. Cristo não apenas morreu para que pudéssemos ser perdoados; Ele morreu para que pudéssemos morrer também. É depois de termos a experiência de morrer com Cristo que então podemos nos tornar completamente vivos, vivos por experiência, Naquele que nos ama. Somente assim podemos falar verdadeiramente as palavras de Paulo:

Já estou crucificado com Cristo; e vivo não mais eu, mas Cristo vive em mim. E a vida que agora vivo na carne, vivo-a pela fé no Filho de Deus, o qual me amou e se entregou por mim. Gl 2:20.

Capítulo 12

O tesouro no seu vaso

Porque Deus, que ordenou que das trevas resplandecesse a luz, é quem resplandeceu em nosso coração, para iluminação do conhecimento da glória de Deus, na face de Jesus Cristo.
Temos, porém, este tesouro em vasos de barro, para que a excelência do poder seja de Deus, e não de nós. 2Co 4:6,7

Sempre que um cristão experimenta a graça da transformação de alma, a imagem de Cristo dentro dele é impressa em sua alma. Isto pode ser comparado com a impressão feita por uma moeda pressionada numa argila mole ou num betume – tudo fica ali e aqueles que olham na impressão podem ver com clareza os detalhes da moeda.

Quando "a alma foi levantada ao Senhor" e Ele foi autorizado a agir do Seu modo dentro da pessoa entregue a Ele, esta pessoa começa a "carregar a imagem do Celestial" numa clareza que outros podem ver (Sl 25:1; 1Co 15:49). O tesouro de Cristo dentro dela torna-se mais fácil de ser visto pelas pessoas. Esta é a Luz do mundo que Jesus desejou que Seus representantes refletissem depois que Ele saiu da terra e retornou ao Céu. A alma renovada de um cristão não impede a Luz de Cristo brilhar através do seu espírito, como antes o fazia.

Esta é a razão que o inimigo das almas deseja que a Igreja permaneça no presente estado "de conformidade com o mundo", ao invés de experimentar o estado transformado da graça (Rm 12:2). Neste estado transformado, os cristãos não mais escondem a Luz de Cristo para aqueles em trevas. Não apenas os olhos de um cristão transformado são iluminados pela Luz de Cristo no interior, mas a Luz brilha no exterior dele ainda mais radiante do que antes. A alma ou o corpo interior é livre do princípio de pecado que vivia anteriormente, na forma do falso *eu* e, tendo sido transformada, a alma livre se torna transparente. O corpo físico de um cristão transformado se torna algo translúcido e, em algumas vezes, radiante. "Contemplai-o, e sereis iluminados; vosso rosto não ficará confundido" (Sl 34:5).

Não é que a Igreja não tem a Luz, nós temos. Porém estamos escondendo Sua Luz sob alqueires de almas sobrecarregadas, que impedem Sua Luz de brilhar para outros que estão assentados em trevas e na região da morte (Mt 4:16). Jesus disse, "Vós sois a luz do mundo... não se acende a candeia e se coloca debaixo do alqueire" (Mt 5:14,15). Os homens fazem isto, é verdade, mas os cristãos têm escondido a sua Luz por milênios. Temos escondido a Luz de Cristo dentro de nós e não nos tornamos faróis da Luz para aqueles em trevas, como Ele o era e, como Ele planejou que nós também fôssemos. Ele era e é a Luz, e Seu plano é que nós sejamos como Ele, permitindo que Sua Luz brilhe através de nós para um mundo solitário e escuro.

Em que "alqueire" você está escondendo a Sua Luz? Seu "alqueire" pode ser uma mente sobrecarregada com cuidados desta vida que impedem a Sua Luz em seu espírito, de brilhar para outros. Seu alqueire poderia ser uma máscara interna que você usa ao redor de algumas pessoas – geralmente as pessoas que você teme ou das que você deseja algo – você usa a máscara do falso *eu* para se esconder atrás dela. Peça para o Senhor te revelar qual o alqueire que você está escondendo a luz Dele, aquiete-se e espere para que Ele revele para você. Ele quer revelar.

A vontade de Deus é que manifestemos externamente o que já está dentro de nossos espíritos: LUZ. É somente aí que aqueles que estão em trevas verão Cristo através de nós: "no meio da qual resplandeceis como luminares no mundo" (Fp 2:15).

Qualquer Luz que ilumine, ilumina

O poder de transmutação da Luz é o que Paulo se referiu quando fez uma surpreendente e profunda afirmação. Muitas traduções não transmitem o verdadeiro impacto de suas palavras em Ef 5:13, porém consideremos estas versões.

Mas todas estas coisas se manifestam sendo condenadas pela luz, porque a luz tudo manifesta. (Almeida Corrigida Clássica)

Mas, tudo o que é exposto pela luz torna-se visível, pois a luz torna visíveis todas as coisas. (NVI)

Pesquisar este versículo mais profundamente, nos leva a reconhecer que Paulo está dizendo isto: "A Luz revela e reprova as coisas que são escuras e transforma-as em luz brilhando por si mesma". Assim a Luz de Cristo transmuta as coisas das trevas em Luz e torna-as (e quanto aos vasos, a Luz brilha através) pura Luz.

Paulo sabia que não havia nada nele de valor real que ele não tivesse recebido do alto, portanto ele não tinha razão de se orgulhar (1Co 1:31). O mesmo era verdade para aqueles que ele escreveu (incluindo você e eu):

Afinal, quem te faz diferente dos demais? E que tens tu que não tenhas recebido? E, se o recebeste, por que te glorias, como se não o tivesse recebido? 1Co 4:7

Uma vez que nada do que possuímos que seja de valor eterno se originou dentro de nós, não temos espaço para orgulho, a não ser no Senhor. Mas assim como não há espaço para orgulho, também não há nenhum espaço para lamento. Não há lamento na vida de alguém que foi divinamente transformado. É a graça de Deus que capacita uma pessoa a ver que foi o lugar da sua derrota que abriu sua alma para receber o Poder de Cristo para transformá-la de dentro para fora. É por isso que Paulo, que tinha assassinado cristãos antes de sua conversão, mais tarde falou para a igreja pedindo-lhes que o recebesse porque ele "não havia lesado ninguém" (2Co 7:2; 1Tm 1:13).

A profunda benção da experiência da transformação radical e repentina no Reino de Deus produz uma sensação de atemporalidade.

O tempo não é mais necessário, desejado ou nem mesmo experimentado na vida interior. Ninguém lamenta "quanto tempo levou" por ficar muito feliz com a atemporalidade dentro de si. Agora ele segurou Aquela Pérola de Grande Valor em suas mãos e, toda a dor que enfrentou antes de entrar no Reino invisível por experiência, é esquecida ou, se lembrada, é considerada como uma fonte de entretenimento sem fim.

Ninguém que tenha entrado no Canaã invisível perde tempo com círculos na areia do seu passado, pois o "novo agora" é muito agradável. Tudo o que era antigamente "desperdiçado" é esquecido diante da incomparável e disponível abundância no final. Você chega a perceber a verdade mais profunda que nenhum passo que você tomou no Deserto do *Eu* foi, de maneira alguma, um passo desperdiçado. Foi o melhor que você poderia tomar por si mesmo naquele tempo. Era muito abaixo do nível que Deus te trouxe agora, mas foi necessário para ajudar a ensinar-lhe que nada eterno pode ser feito pelo ser humano sozinho.

Um único olho

Como dito anteriormente, Jesus falou no dialeto aramaico judeu. Ele usava expressões no aramaico, tais como entrar pela Porta Estreita, um camelo passando pelo buraco de uma agulha e, muitas outras expressões comuns da época que Seus primeiros ouvintes entendiam com mais facilidade do que os leitores de hoje (você pode pesquisar no Comentário "Lamsa's Gospel Light"). O mesmo é verdade quando Jesus falou do olho sendo "um", resultando no "corpo inteiro" sendo cheio de Luz (Mt 6:22,23; Lc 11:34).

Um único olho se refere a ter um objetivo primário e, colocar toda a sua atenção nele. Quando o seu olho está unicamente sobre o Senhor Jesus, sua total atenção está em trazer o Seu Reino sobre você (o Reino de Deus). Seu corpo todo experimenta ser inundado com a luz, como George Fox experimentou durante sua meditação silenciosa sobre Cristo. Quando o seu corpo é "cheio de luz", o *eu* começa a se dissolver. Muitos dos Quakers que praticaram a quietude, experimentaram profundamente o Reino de Deus, pois foram cheios de luz e as pessoas notavam mudanças profundas em seus semblantes, condutas e comportamento.

Muitos cristãos de hoje não sabem nada sobre esta "experiência da Luz" por focar unicamente em Cristo. Seus semblantes e vidas são marcadas pelo medo, pela preocupação, rejeição, ganância, cobiça, inveja e contenda. É isto que os impede de herdar o Reino de Deus, agora num nível pessoal. O dócil governo de Deus sobre um de Seus súditos produz justiça, paz e alegria no Espírito Santo e muito, muito mais (Rm 14:17). O Senhor fez saber que a insatisfação interior e a confusão em que muitos cristãos vivem e expressam como "normal" ou "vida" terá fim para muitos à medida que eles acordem deste engano. Eles perceberão o domínio de Deus como algo alcançável nesta vida e, experimentarão o Reino de Deus e Sua Paz reinando no "agora" da vida superficial. Os fardos pesados do dia-a-dia serão substituídos por uma leveza que sempre se renova e pela alegria à medida que prosseguem ao longo de suas rotinas, sem se apavorarem, temerem ou se preocuparem a respeito de nada. Seus corações não conhecerão inimigos e, eles contemplarão todos sem julgamento de suas vidas ou estados (Mt 7:1). Não considerarão ninguém menor ou maior do que a si mesmos, nem gastarão tempo consumidos em si mesmos. Eles serão absorvidos na consciência de Cristo e habitarão em contínuo prazer Naquele em quem vivem, se movem e têm o seu ser (At 17:28).

A Luz de dentro deles vai brilhar através deles. Eles receberão um estado de transparência, em que outros os lerão como Cartas Vivas de Deus (2Co 3:2). Assim, a Vida de Deus fluirá em e através deles, permeando tanto eles como os outros, onde quer que forem como "o doce aroma de Cristo" (2Co 2:15). Seu Pai suprirá todas as suas necessidades à medida que eles se tornarem o que já eram – a menina dos Seus olhos, aqueles em quem Sua alma tem prazer.

Vendo o tesouro dentro de você

Muitos cristãos sinceros têm visto ou têm parcialmente visto, o tesouro de Cristo num vaso humano na forma de um amado pastor, de um evangelista ou de um cristão maduro. Quando são ensinados que o seu Senhor fez um depósito do Céu dentro deles também, eles balançam suas cabeças do lado de fora, mas discordam dentro de si. É muito difícil para aqueles que se conhecem melhor, acreditar que, em seus estados presentes, eles são úteis para o Senhor. A mensagem desta hora é que o Senhor não quer deixá-los em seus estados presentes, mas que Ele deseja acelerar a graça da transformação de alma dentro de Sua Igreja. Então nos tornaremos luz onde quer que estivermos fisicamente localizados. Outros veem a Luz e são atraídos para o Senhor. A Luz não é algo que você force, você simplesmente permite por habitar na paz de Cristo que vem de um contínuo alinhamento com Sua vontade e depois Sua Luz brilha através de você. Você não tem que fazer nada; você apenas precisa habitar (Jo 15:4,5).

O que é exigido para que você veja o tesouro dentro de você é um alinhamento de sua visão espiritual, que Paulo se referiu como os "olhos do seu entendimento sendo iluminados" então você pode ver "a riqueza da glória de Sua herança nos santos" que, com certeza, se refere a você e a mim (Ef 1:18). Nós somos "a herança de Deus" neste planeta, o povo que Ele tem depositado "a riqueza de Sua herança" (1Pe 5:3). Parte de cada cristão é a casa de Jesus Cristo "em quem todos os tesouros da sabedoria e da ciência estão contidos e escondidos" (Cl 2:3). De quem estes tesouros estão escondidos? Eles estão escondidos de Satanás que não pode vê-los. É neste esconderijo onde o Senhor faz com que você conheça o seu verdadeiro *eu* – a nova criação.

Porque já estais mortos, e vossa vida está escondida com Cristo em Deus. Cl 3:3

Analisaremos "a vida escondida" mais profundamente no final deste capítulo, mas por enquanto, vamos focar no que acontece sempre que um cristão se identifica totalmente com Cristo e perde sua ligação interior com uma antiga identidade falsa. O pensamento de se a pessoa é útil para o Senhor não entra na mente. Nem tão pouco a pessoa transformada pensa a respeito de sua função externa no ministério ou sociedade. A única coisa que é totalmente imprescindível é que ele continue alinhado com a vontade de Deus em toda a sua vida. O conceito de "toda a sua vida" é continuamente reduzido a este momento presente, então, ele nunca oprime. Esta pergunta nunca surge: "Eu estou alinhado com a vontade de Deus em toda a minha vida?", mas somente: "Eu estou alinhado com a vontade de Deus, agora?"

A alegria de simplesmente habitar em Cristo é algo que o próprio Senhor tornou real para mim depois de um ano vivendo a vida livre produzida pela Sua graça transformadora dentro de minha alma. Eu fiquei tão feliz dentro de mim, que nada poderia perturbar a paz que dominava o coração:

"Deixe a paz de Cristo dominar em vossos corações..." Cl 3:15

A palavra "deixar" em Cl 3:15 não significa "fazer", mas, "permitir". Paulo está dizendo "permita a paz de Cristo dominar em vossos corações".

Esta paz sem limites não era devida a nenhuma manifestação externa de benção, na verdade, o telefone tocava de 20 a 30 vezes por dia, de vários credores e algumas poucas igrejas que me convidavam a pregar. Nada disso tinha importância alguma para mim no âmbito da vida superficial. Eu experimentava tanta alegria compartilhando o amor de Jesus com uma pessoa numa cafeteria, ou num supermercado, como havia experimentado todos os anos pregando para congregações. Bem, isto não é exatamente verdade. Eu experimentava mais alegria em compartilhar com apenas uma pessoa do que quando pregando para congregações. Adivinha? A Luz brilhava nas trevas onde quer que o cotidiano me levasse.

Então, não havia necessidade não suprida neste vaso de fazer qualquer coisa no conceito comum do fazer. Para mim, significava que eu não precisava pregar ou ensinar para suprir uma necessidade em mim, como havia no decorrer dos anos anteriores. Havia apenas uma fonte contínua de prazer dentro de mim. Havia tanto do Reino do Céu em mim que as coisas do mundo não mais instigavam meu interesse. As horas passavam como minutos; algumas vezes, dias inteiros se passavam em êxtase e felicidade em Sua Presença.

O sono mudou também. Isto me lembrou de quando criança, eu acordava me sentindo novo e cheio de energia por dentro. Isto produzia um novo prazer na vida; todo o velho peso tinha ido embora. O Senhor me dirigia sobre quando trabalhar, quando comer, quando ir aqui ou ali. Isto tornou a vida divertida.

Eu não conseguia ficar agitado ou deprimido com os noticiários e, raramente os assistia. Há desde então, um doce campo de paz ao redor de tudo que acontece agora e, um firme conhecimento interior que tudo que os homenzinhos fazem neste globo pequenininho está nas grandes mãos de Deus. Não tinha mais preocupações a respeito de nada, apenas uma doce paz, alegria e períodos de felicidade ininterrupta. Eu sabia que o Senhor havia me feito inteiro.

À medida que tentei compartilhar o que o Senhor havia feito em mim, somente poucos conseguiram compreender ou entender. Então eu, cautelosamente, compartilhei com outros apenas pedacinhos à medida que eram capazes de receber. Se eu sentisse que não havia resposta interior neles capaz de se relacionarem com a novas coisas de Cristo em minha alma, eu permanecia em silêncio, segurando a doce paz dentro de mim.

Meu filho, que morava comigo, recebeu com alegria a nova Luz que ele via em meus olhos. Jordan havia testemunhado o quão angustiado e deprimido eu tinha sido, mas agora, via a nova alegria e o contínuo prazer na vida. Ele estava feliz por mim.

Nada que eu diga pode expressar a realidade dentro da alma. É difícil e na verdade, impossível de comunicar em linguagem, a realidade interior do Reino de Deus. Meu pastor e outros pastores para quem falei não conseguiam entender como eu podia estar tão satisfeito, continuamente, sem pregar ao público regularmente. Um ministro expressou seu estado interior desta forma: “Eu não saberia quem eu sou se eu não estivesse pregando o tempo todo". Minha resposta interior foi uma grande compaixão por ele, tendo o mesmo conceito errôneo de mim mesmo por anos e anos.

Mas, diferente destes pastores bem intencionados, eu não podia mais relacionar o encontro da satisfação em nenhuma função aparente, a não ser quando sentia o Senhor me dirigindo para algum lugar, os momentos de ministração eram sempre especiais e abençoados. Eu aproveitava cada minuto compartilhando as coisas profundas de Cristo com grupos. Quando as reuniões terminavam, a função de "pregador convidado" também terminava. Eu não carregava nenhum sentimento de "Eu sou um mestre no Corpo de Cristo" mas, ao invés, somente um sentimento de "Eu sou". Tudo quanto o Senhor mandava fazer, eu fazia, sem levar em conta a posição aparente ou o lugar aos olhos dos homens. A vida agora é vivida "*coram Deo*" – diante da face de Deus – e é muito mais agradável agora do que antes.

O caminho mais seguro de permanecer na vida

Viver no momento com Deus é o caminho mais seguro para a paz contínua. Sempre que a mente tentar retornar ao seu antigo estado, o coração permanece fixado no "EU SOU" e traz a mente de volta à calma centralizada na vontade de Deus. Depois de um tempo, a mente escolhe somente habitar neste momento tranquilo, pois ela gosta de não ser forçada a trabalhar o tempo todo. Os planos são feitos numa base prática, o horário é observado para as funções necessárias da vida aparente, então os compromissos sempre são honrados. Todavia, a mente não dá nenhuma importância à passagem de tempo como ela o fazia antes e, também, não há nenhum sentimento de identidade própria atrelada ao futuro. Tudo é deixado nas mãos de Deus num estado de confiança inabalável. Foi assim que finalmente foi descoberto em minha vida como "consertar" ou cimentar meu coração em Deus (Sl 57:7; 108:1; Is 26:3). É assim que você, também, pode viver em paz contínua, vivendo toda a sua vida, um dia de cada vez. Afinal, ninguém além de Deus, conhece o futuro: "Digo-vos que não sabeis o que acontecerá amanhã. Porque, que é vossa vida? É um vapor que aparece por um pouco e depois se desvanece (Tg 4:14).

Então, você para de criar grandes alvos para o futuro, resigna do estado "e se" da vida e, escolhe ao invés disto, habitar na confiança em cada momento. Por viver na confiança em cada momento, o coração é mantido em paz e "o pão de cada dia" vem do Pai Celestial que sempre pensa em nós e sabe que temos necessidade de coisas terrenas. Este é um dos ensinamentos essenciais de Jesus no Sermão da Montanha, as boas novas que o Reino de Deus é uma realidade presente (Mt 6:7-34).

Você não mais vê o seu trabalho com um pesado sentimento de obrigação, mas ele se torna algo que você carrega "apenas neste momento" no decorrer do dia "como para o Senhor", e seu coração permanece fixado em confiar no Senhor no decorrer de todas as horas da caminhada. Torna-se a segunda natureza, não se apoiar em seu próprio entendimento da maneira que as coisas acontecem, externamente (Cl 3:23). Você caminha por um compasso interno que nunca irá induzi-lo ao erro e, seu dia tem muitas "coincidências" como os carnais classificam. Mas não há coincidência na vida de um cidadão do Reino de Deus. Há "compromissos divinos" que são mantidos conforme ouvimos a Sua voz mansa e delicada.

Você sabe mais profundamente do que a mente poderia explicar ou mesmo entender que seu dia tem polvilhado dentro dele, compromissos divinos que você mantém à medida que avança em paz no fluir da vida que emana do seu espírito. As coisas são feitas no tempo Dele. Você usa a sua mente como um servo preparado, em estado de vigilância e outros lhe perguntam: "Como você pensou nisto? Esta é uma ótima ideia!" Você está tocando na verdadeira inteligência da "mente de Cristo" em seu espírito e, a sua mente humana recebe sua mensagens. Este é o âmbito da inclinação do espírito – o âmbito da "vida e paz" contínuas (Rm 8:6).

Vendo a simplicidade em você

No primeiro milagre da salvação, seu novo nascimento, a Luz de Cristo se ascendeu em seu espírito. Naquele momento em sua existência, você recebeu o maior milagre: a ressurreição do seu espírito morto. Na Luz de Deus você recebeu Sua Vida, Seu Amor e toda a Sua natureza em forma de semente. Na Presença de Deus você recebeu um selo do Espírito Santo, marcando você como uma propriedade Dele (1Co 6:19). Você se tornou Seu filho, gerado por Ele, e você clama "Aba Pai" pelo seu espírito (Jo 1:4,5; At 26:18; Gl 4:6; Ef 1:13; 5:8; 1 Ts 5:5; 1Jo 1:5; 2:10).

O tesouro dentro de você é abrigado em um vaso de barro comum, a sua simplicidade. Sua simplicidade não é a Luz de Cristo que começou a brilhar dentro de você ao ser transportado do domínio das trevas para o Reino do Filho do amor de Deus (Cl 1:13). Mas a simplicidade em que você vive e se move na vida natural se torna o ambiente do qual a Luz de Cristo brilha através de você. Quanto mais simples você for, mais extraordinário Cristo será visto através de você e em comparação com você. As pessoas veem que você é muito simples, mas sentem algo muito extraordinário a teu respeito e ficam curiosos sobre o que é que te faz parecer de alguma forma, extraordinário. É aí que as oportunidades surgem para falar com as pessoas sobre o tesouro que você recebeu de Deus.

O segredo de George Mueller

Foi através da confiança em Deus em cada momento, o que algumas vezes lhe custou horas para obter através da leitura da Bíblia e da oração, que o George Mueller alimentou e cuidou de milhares de órfãos a cada dia. Tem sido o hábito de milhares que ficam atônitos com a vida do Mueller e a frutificação produzida, dar desculpa de que foi uma distribuição de fé especial que ele recebeu, mas que foi vedada para eles. Se eles, ao invés, tivessem visto isto como uma confiança em cada momento, na qual o George habitava permanentemente, poderiam ter visto a mão de Deus demonstrada mais intensamente em suas próprias vidas também. Deus não faz acepção de pessoas; todos são especiais para Ele (At 10:34).

Durante a sua vida, Mueller constantemente minimizou esta crença comum, de que ele havia sido especialmente agraciado por Deus numa forma extraordinária. George não se via como um poderoso homem de fé. Ele insistia que era alguém simples e que sua fé era do tamanho de um grão de mostarda. Era o seu Deus, Mueller dizia, que era infinito e todo-poderoso. Ao invés de seus ouvintes e leitores perceberem a pepita de ouro nas palavras de Mueller, eles geralmente comentavam uns com os outros "Que homem estranho!" à medida que saiam de suas reuniões ou fechavam livros sobre o Mueller não transformados. "Ele é extraordinariamente abençoado por Deus e, mesmo assim, não pode sequer ver o que é visível para todos nós." Eles o julgavam numa excentricidade cega. Nenhum dos comentários ou atitudes pareciam incomodar Deus ou o George e, juntos continuavam a alimentar milhares, diariamente.

Mas a verdade é que Mueller não era estranho; ele era transformado. Ele era humilde, isto sim, porém não tão extraordinariamente humilde a ponto de se sobressair sobre outro cristão. Se havia alguma vantagem incomum no caráter de Mueller, era a sua honestidade nua e crua. Ele se via como uma pessoa comum e Deus como extraordinário. Este era o segredo do Mueller e a verdade da questão no que dizia a respeito dele e de Deus.

O temperamento tranquilo da natureza de Mueller, com frequência surpreendia os visitantes. Eles esperavam encontrar um homem sobrecarregado com grandes responsabilidades, mas ao invés disto, ele era alegre e tranquilo. A paz parecia esvair-se de seus poros, comentavam os visitantes. Aqui estava um indivíduo responsável pelo cuidado de milhares de órfãos diariamente, que não buscava em ninguém, exceto Deus, a provisão deles. "Tudo que ele tem que fazer é orar e Deus tem que suprir a necessidade", várias pessoas se espantavam, como se confiar em Deus fosse como andar no ar. O lembrete constante de Mueller para os curiosos carnais era que sob ele e a obra do orfanato não era o ar, mas "os braços eternos" (Dt 33:27).

Ele era um homem desprovido de grandes habilidades de oratória, inteligência extraordinária ou dons naturais que os homens apreciassem e, Mueller, ao invés de se ver como limitado, gloriava-se em suas limitações. George Mueller praticava o princípio da aceitação. Era por se gloriar em sua fraqueza que a provisão de Cristo manifestava-se diariamente através de George.

Você e eu, como Mueller e muitos outros antes de nós, devemos nos ver como vasos de barros comuns ou na linguagem de J.B. Phillips, "copos de isopor", para que nos tornemos mais úteis para o Senhor. Se formos comuns, Cristo pode ser extraordinário em e através de nós. Um copo de papel, plástico ou isopor é muito comum. "Homens servem seus vinhos mais finos em taças requintadas e raras. Mas Deus serve Seu melhor vinho em copos de isopor", Judson Cornwall uma vez observou, enquanto se dirigia a uma palestra. Ele provavelmente nunca percebeu o impacto que suas palavras tiveram sobre mim, e como elas ainda permanecem. Parece que Deus deve querer que as pessoas comentem sobre o gosto do Seu vinho fino mais do que de Suas taças.

Na transformação de alma a pessoa perde toda a sensação de excepcionalidade e, se vê claramente como parte da humanidade. É o depósito que Deus colocou dentro de cada um de Seus filhos, enriquecendo seus espíritos com muitos tesouros celestiais. Os tesouros dentro de nós é que são muito especiais, únicos e raros. A compreensão do tesouro que uma pessoa encontra no seu campo comum é que o tesouro no campo é o que é raro; o resto do campo é comum.

Por que Deus se agrada em usar o que é comum e simples? É fazendo isto que Ele recebe toda a glória por tudo o que faz (1Co 1:29).

A vida escondida

O que Paulo quis dizer ao nos falar que estamos "escondidos com Cristo em Deus"? Ele disse que estamos escondidos No Invisível: Naquele que apenas os que são "puros de coração" são autorizados a ver (Mt 5:8). No trabalho contínuo de Deus na redenção de nossas vidas, Ele nos dá a habilidade de ver a esperança do Seu chamado para as nossas vidas e nos enriquece com tesouros Celestiais.

Alguns destes Tesouros de Luz se tornam revelados para nós nos tempos sombrios que enfrentamos:

Darei a ti os tesouros das escuridades e as riquezas encobertas, para que possas saber que eu sou o Senhor, o Deus de Israel, que te chama pelo teu nome. Is 45:3

Se você estiver num lugar escuro agora, não se desespere. Vá à caça do tesouro! É importante que você entenda que nenhum mal pode tocá-lo se você tiver submetido sua alma a Deus e, ao mesmo tempo, você não recebeu o entendimento do que está acontecendo no âmbito externo de sua vida. Você está sob a proteção Dele; guarde sua mente dos "por quês" e aprenda a confiar mais Nele. Sua vida está escondida com Cristo em Deus.

O esconderijo em Deus não pode ser visto pelo maligno. "Essa vereda, a ignora a ave de rapina, e não a viram os olhos da gralha" (Jó 28:7). Há uma rodovia que podemos andar nesta vida que nenhum leão ou animal feroz tem permissão de andar (Is 35:9).

Você morreu com Cristo na Cruz; você foi sepultado com Ele no batismo; você ressuscitou com Ele em Sua Ressurreição e sua vida presente foi escondida com Ele "selada com o Espírito Santo da promessa" (Ef 1:13). Mas não apenas você está escondido em Deus, mas também todos os tesouros da sabedoria e do conhecimento também estão escondidos Nele. Eles estão onde você e eu estamos, colocados diante de nós, porém escondidos da percepção mental. Se Deus abrir os seus olhos espirituais e permitir que você os veja, você poderá recebê-los e "ser enriquecido por Ele em toda a Palavra e todo conhecimento" (1Co 1:5). Louvado seja Deus! Você nunca vai ser digno de um tesouro que almeje em Cristo, mas os Seus tesouros são dados gratuitamente. Todavia, há um pequeno preço a pagar. Faça parte do Seu programa "Lixo para Tesouro"!

O que Deus dá é comprado

O Ouro que Jesus nos aconselha a comprar Dele, é ouro purificado pelo teste de fogo; "Aconselho-te que compres de mim ouro provado no fogo, para que te enriqueças" (Ap 3:18). Este é o preço que você "paga" pelo Seu ouro. Sempre que você, com alegria, enfrentar provas de fogo, você será recompensado com mais de Sua natureza divina permeando a sua alma. O que é importante durante uma prova, é que você não reclame nem murmure sobre ela, mas enfrente-a com alegria sabendo que sua fé está sendo fortalecida enquanto você passa por ela. Pedro nos adverte que uma prova de fogo não deve ser considerada como "algo estranho" (1Pe 4:12). Se você considerá-la como algo repugnante, você estabelecerá uma resistência obstinada a ela. À medida que você permite que qualquer situação, aconteça sem nenhuma resistência, a prova terminará muito mais rápido e você receberá muitos outros tesouros que seu Pai lhe premiará. Reclamar de qualquer coisa é entristecer o Espírito Santo e prolongar qualquer prova de nossa fé (Ef 4:30,31). Aqui no Reino de Deus, não há reclamações em nossas ruas e as pessoas aqui são sempre felizes porque o Senhor é o nosso Deus (Sl 144:14,15).

Você já notou que as coisas que são "dadas gratuitamente por Deus" são coisas que em muitos casos, ainda temos que pagar um preço para recebê-las? Observe estas frases das parábolas de Jesus:

As insensatas disseram às prudentes: Dai-nos do vosso azeite, porque nossas lâmpadas estão se apagando.
Mas as prudentes responderam: Não, para que não nos falte a nós e a vós; ide, antes, aos que o vendem e comprai-o para vós (Mt 25:8,9).

Também o reino dos céus é semelhante a um tesouro escondido num campo, que um homem achou e escondeu; e, tomado de grande alegria, vai, vende tudo quanto tem e compra aquele campo.
Outrossim, o reino dos céus é semelhante ao homem, negociante, que busca boas pérolas; encontrando uma pérola de grande valor, foi, vendeu tudo quanto tinha e comprou-a (Mt 13:44-46).

Sim, é verdade que todas as coisas espirituais foram providas pela morte e pelo derramamento do sangue de Jesus. Nós apenas pagamos o preço de nos vender para Ele, perseverando em qualquer atraso ou obstáculo, com alegria motivada pelo amor de Deus. Que valor irrisório – o melhor negócio que você vai encontrar. Ele, então, derrama de sua recompensa. De outra maneira, os tesouros escondidos em Cristo, onde estamos, permanecem escondidos de nosso entendimento e mesmo que estejam perto de nós, não temos acesso a eles.

Um antigo pregador, uma vez olhou para mim e disse, "Filho, a graça é de graça, mas não é barata". Isto soa paradoxal, assim como muitas verdades divinas soam para a mente natural. Todavia, é verdade que as bênçãos que Deus está aguardando para derramar sobre a Sua Igreja, aquelas coisas que Seu povo ainda precisa desfrutar, são dadas gratuitamente para aqueles vendem tudo o que tem. Ele anseia que nós ansiemos por Ele, e aí quando estamos com fome, Ele enche nossas bocas com coisas boas (Lc 1:53).

Você pode curar os enfermos, expulsar os demônios, profetizar, e operar todos os milagres em nome de Jesus, sem pagar preço algum para fazer estas coisas, pois você já recebeu autoridade para fazê-las (Lc 10:19; Ef 1:20-23). Sim, você pode verdadeiramente operar nos dons do Espírito sem nunca pagar o preço necessário para obter Aquela Pérola de Grande Valor, as riquezas do Reino escondidas em Cristo e os tesouros da sabedoria e conhecimento. Os dons do Espírito são dons da graça, gratuitamente operados pela unção do Espírito Santo. Porém a sua herança no Reino vem com uma etiqueta: venda tudo o que você tem. Isto tem sido repetido várias e várias vezes na história da Igreja: cristãos têm confundido seus dons com sua herança. Os dons são inseridos pela rendição; a herança vem após a morte do *eu* na alma do cristão. É por isso que nenhuma função ministerial traz satisfação permanente depois que os dons são exercitados. É apenas a herança do Reino que traz a definitiva justiça, paz e alegria.

O que você "tem" que você precisa "vender" para "comprar" sua herança? Você tem tudo que está internamente atrelado à sua identidade aparente, função e relacionamentos. Você tem que entregar tudo a Deus, assim como vimos anteriormente que Abraão entregou seu amado Isaque. Isaque era uma benção de Deus, um presente Dele que abençoaria as nações e através de quem o Messias viria, aquele que abençoaria todos os que Nele cressem. Mas Deus sabia que Abraão tinha começado a atrelar sua identidade à Isaque ao invés de manter a sua identidade – o sentido de quem ele era – atrelada somente em Deus. Abraão começou a se atrelar ao âmbito externo, por isso é que Deus ordenou a sua morte interior para a benção aparente. Não foi Isaque quem morreu no Monte Moriá; foi Abraão.

Não é o seu ministério, o seu dom ou a sua função aparente na vida que morrerá como um resultado da sua transformação interior. É você que vai morrer para a antiga significância que você colocou nestas coisas externas – talvez coisas que foram grandemente usadas por Deus no passado e as quais você tinha atrelado seu sentido de identidade.

O projeto de Deus é que no que se refere a você, somente Cristo permaneça como sua vida, seu amor e seu apego.

Manter seu estado interior livre de qualquer tipo de apegos aparentes, não significa que você deve deixar sua família, mas significa que você deve mantê-la entregue a Jesus. Não significa que você deve abandonar sua posição profissional, mas significa que você não deve se apegar a ela como a sua identificação. Sua reputação como um bom ou ótimo seja o que for no mundo externo, também pertence a Jesus e não a você. Não significa que você deve se isolar do mundo, mas significa que você não deve colocar sua afeição sobre ele nem em suas coisas (Cl 3:1-3; 1Jo 2:16). Ao invés disto, como você habita no esconderijo do Altíssimo, você se torna apegado somente a Ele – em cuja Presença você descobre uma alegria transbordante e um prazer sem fim (Sl 16:11; 91:1).

Se você manter sua alma submetida ao Rei em seu espírito, você pode perder sua reputação e não sofrer internamente, pela perda. Você pode perder sua posição profissional e, também, não sofrer internamente.

Um ou mais dos membros de sua família podem escolher se distanciar de você ou até mesmo escolher abandoná-lo. Isto também não produzirá sofrimento porque a sua conexão interna com seu Pai Celestial permanecerá imperturbável e até aumentará ao você receber qualquer perda externa: Porque quando meu pai e minha mãe me desampararem, o Senhor me acolherá (Sl 27:10). Cristo é tudo em todos (Cl 3:11).

A vida toma uma novidade, profundidade e riqueza que você nunca anteriormente conheceu, pois você (por permitir o Espírito Santo se manter no controle) facilmente mantém a supremacia do seu espírito sobre a sua alma. No início de cada dia, você acorda quieto internamente; se você não estiver quieto internamente, você escolhe ficar quieto, focando-se em Jesus. Depois, você toma a sua cruz e renega qualquer sensação do *eu*. Você faz isto, através da prática do alinhamento interno com Deus, na caminhada do dia-a-dia, escolhendo a vontade Dele sobre a sua, no decorrer do dia. Você persevera no alinhamento com a vontade Dele em cada momento, permitindo seu espírito alertá-lo se você começar a entreter um pensamento que não venha da vontade de Dele. Isto é, na verdade, algo fácil de fazer e se torna uma atividade quase que inconsciente. Parece tão natural como respirar.

Neste novo estado de vida, de repente você fica rico!